Michael Meyer-Blanck

Glaube und Hass
Antisemitismus im Christentum

Michael Meyer-Blanck

Glaube und Hass

Antisemitismus im Christentum

Mohr Siebeck

MICHAEL MEYER-BLANCK geboren 1954; 1981 Pfarrer in Bramstedt; 1987 Dozent am Religionspädagogischen Institut Loccum; 1995–97 Professor an der Humboldt-Universität zu Berlin; seit 1997 Professor in Bonn; 2006–19 Vorsitzender der Liturgischen Konferenz in der EKD.

ISBN 978-3-16-162327-1 / eISBN 978-3-16-163389-8
DOI 10.1628/978-3-16-163389-8

Die Deutsche Nationalbibliothek verzeichnet diese Publikation in der Deutschen Nationalbibliographie; detaillierte bibliographische Daten sind über *https://dnb.dnb.de* abrufbar.

© 2024 Mohr Siebeck Tübingen. www.mohrsiebeck.com

Das Werk einschließlich aller seiner Teile ist urheberrechtlich geschützt. Jede Verwertung außerhalb der engen Grenzen des Urheberrechtsgesetzes ist ohne Zustimmung des Verlags unzulässig und strafbar. Das gilt insbesondere für die Verbreitung, Vervielfältigung, Übersetzung und die Einspeicherung und Verarbeitung in elektronischen Systemen.

Das Buch wurde von Gulde Druck gesetzt, in Tübingen auf alterungsbeständiges Werkdruckpapier gedruckt und gebunden.

Printed in Germany.

Geleitwort

Landesbischof Ralf Meister, Hannover

In den Tagen, in denen ich dieses Geleitwort schreibe, wächst in der Welt nach dem Terrorangriff der Hamas auf Israel die toxische Kultur von Antisemitismus und Antijudaismus auf erschütternde Weise. Die aktuellen Ereignisse führen vor Augen, wie sehr der Antisemitismus auch nach 1945 in Wort und Taten weiterlebt. Die Liste der Anschläge auf Juden und Jüdinnen wie auch auf jüdische Institutionen ist lang. Insbesondere im letzten Jahrzehnt zeigt sich eine Zunahme von Antisemitismus in allen Teilen unserer Gesellschaft. Antisemitismus ist ein aktuelles Thema nicht nur in Politik und Gesellschaft – sondern auch in Theologie und Kirche.

Absagen an und Verurteilungen von Antisemitismus finden sich in vielen Erklärungen, die evangelische Landeskirchen in Deutschland nach der Schoah veröffentlichten. „Hütet Euch vor Antisemitismus", heißt es in der Erklärung des Bruderrates, die 1948 veröffentlicht wurde. Dieser Aufforderung folgten viele in den folgenden Jahrzehnten. Ebenso begann mit der Gründung der AG Juden und Christen auf dem Evangelischen Kirchentag 1961 in Berlin eine Auseinandersetzung mit antijüdischen Denkmustern der evangelischen Theologie. Sie führte zu einer Erneuerung der christlich-jüdischen Beziehungen, die ihren Niederschlag in den drei Studien der EKD zu Chris-

Geleitwort

ten und Juden fand, ebenso wie in zahlreichen Synodalerklärungen bis hin zu der Veränderung von Verfassungen evangelischer Kirchen.

Ist hier zum einen von einem grundlegenden Paradigmenwechsel zu sprechen, so zeigen jedoch soziologische Untersuchungen, dass die Mitglieder der evangelischen Kirche in nicht geringerem Maß als der Durchschnitt der Bevölkerung antisemitische Einstellungen haben. Woher kommen sie? Weshalb sind sie immer noch da? Der Bonner Theologe Michael Meyer-Blanck hat es sich zur Aufgabe gemacht, judenfeindliche Denkmuster im evangelischen Glauben und in der Theologie von ihren Anfängen bis hin zu jüngsten Auseinandersetzungen nachzuzeichnen. Seine Arbeit richtet sich nicht ausschließlich an Theologen und Theologinnen, sondern bietet auch für Unterrichtende und Engagierte in Kirchengemeinden einen hilfreichen Zugang zur Langlebigkeit und Macht längst vergangen geglaubter Ideologien.

So konturiert Michael Meyer-Blanck deutlich und klar, wie die vier evangelischen Kernbegriffe „allein aus Gnade", „Christus allein", „allein die Schrift" und „allein der Glaube" antijüdische Auswirkungen hatten bzw. haben. Sie „arbeiten mit Abgrenzungen, die zugleich Unterstellungen implizieren." Meyer-Blanck spricht in einer treffenden Metapher vom „faulen" Denken: einem Denken, das zu kurz greift und das gleichzeitig „faul" im Sinn einer „Fäulnis" – also toxisch ist.

In einem Buch über die antijüdischen Tiefenstrukturen des evangelischen Glaubens darf eine Darstellung von Martin Luthers Judenhass wie auch dessen Rezeption vor allem im 19. und 20. Jahrhundert nicht fehlen. Auch hier ist der Autor nicht um klare Urteile verlegen.

Geleitwort

Es folgt eine Darstellung – vor allem evangelischer – antijüdischer Lesarten des Neuen Testaments und insbesondere des Johannesevangeliums wie auch der paulinischen Briefe. Knapp und pointiert formuliert Meyer-Blanck sieben Thesen gegen „landläufige Missverständnisse" in der Rezeption paulinischen Denkens.

Daran schließt sich eine Auseinandersetzung mit den Denkern und Theologen der Aufklärung und der ihr folgenden Zeit an. Im Fokus stehen hier Kant, Lavater und auch Schleiermacher. Der Autor beschreibt auf anschauliche Weise das „doppelte Gesicht" der Aufklärung: ihr emanzipatorisches Potential wie auch eine antijüdische Schattenseite. Ende des 19. Jahrhunderts breitete sich Antisemitismus an den Universitäten und somit auch an den theologischen Fakultäten aus. Am Beispiel von Adolf von Harnack und Adolf Stoecker zeigt Meyer-Blanck unterschiedliche Positionierungen.

Ein zentraler Aspekt des christlichen Verhältnisses zum Judentum manifestiert sich in der Bewertung des Alten Testaments bzw. der Verhältnisbestimmung von AT und NT. Hilfreich sind die Beschreibungen der großen Linien der hermeneutischen Zuordnung von Luther bis Bultmann. Zugleich zeigt Meyer-Blanck Wege zu einer nicht-antijüdischen Hermeneutik der Hebräischen Bibel.

Im letzten Kapitel führt Meyer-Blanck aus, auf welche Weise der Glaube an den Juden Jesus Christus eine Kraft gegen Antisemitismus entfalten kann. Sein Fazit: „Auf jeden Fall kann, wer an Jesus glaubt, kein Antisemit sein."

Michael Meyer-Blanck nimmt Leserinnen und Leser mit auf eine Reise in die Geistesgeschichte evangelischer Judenfeindschaft von ihren Anfängen bis in die Gegenwart. Er zeigt auf, wo – bewusst oder unbewusst – evangelische Judenfeindschaft im Denken evangelischer Theo-

Geleitwort

logie vorhanden ist und auf welche Weise diese in die Gegenwart hineinreicht. Als evangelischer Christ und Theologe begnügt sich Michael Meyer-Blanck nicht allein mit der Darstellung judenfeindlicher Denkstrukturen, sondern zeigt Wege auf, wie mit ihnen umzugehen ist. Das Buch sollte zum grundlegenden Wissensbestand aller Protestant:innen gehören und ist allen Multiplikator:innen in der evangelischen Kirche zu empfehlen.

Ralf Meister
Landesbischof der Evangelisch-lutherischen Landeskirche Hannovers

Vorwort

In diesen Wochen im Herbst 2023 macht sich offener Antisemitismus auf deutschen Straßen breit. Israelische Fahnen werden verbrannt und das Verschwinden des jüdischen Staates von der Landkarte wird gefordert. Die Bonner Lokalpolitik entscheidet sich gegen die Unterbringung von Flüchtlingen in der Nähe der Bonner Synagoge, weil antisemitische Ausschreitungen befürchtet werden. Noch vor wenigen Wochen hätte man das, was seit dem 7. Oktober 2023, dem Tag des Überfalls der Hamas-Terroristen auf Israel geschieht, nicht für möglich gehalten. Es gibt in Deutschland einen bleibenden Bodensatz an Antisemitismus, der anlässlich von bestimmten Ereignissen aufgerührt wird und die öffentliche Wahrnehmung Israels und des Judentums prägt. Der zutage tretende Hass auf den Staat Israel und das Judentum ist immer wieder erschreckend. Ungebrochene Vorurteile und Antipathien gegenüber Juden kommen plötzlich zum Vorschein. Die Begründungen wechseln, aber der Hass scheint kontinuierlich zu sein.

Das vorliegende Buch war vor dem erneuten Nahostkrieg so gut wie abgeschlossen und ist in seinem analytischen Anspruch bescheiden. Es bietet keine politischen oder kulturellen Deutungen, sondern beschränkt sich auf die theologischen Aspekte des Antisemitismus. Es beschäftigt sich mit der christlichen Kirche und der zu ihr gehörenden Theologie, besonders mit dem deutschen Pro-

Vorwort

testantismus. Die evangelische und die katholische Kirche haben in den letzten Jahrzehnten viel in den jüdisch-christlichen Dialog investiert und ihr Verhältnis zu Israel neu bestimmt. Trotzdem erweisen sich antisemitische Einstellungen und Vorurteile in Deutschland, auch unter Kirchenmitgliedern, als sehr langlebig. Warum ist das der Fall? Gibt es theologische Denk- und Urteilsstile, die – teilweise ungewollt – dem Antisemitismus förderlich sind und diesem zuarbeiten?

Das evangelische Christentum steht von Anfang an für ein selbstkritisches Verhältnis zu Glaube, Dogma und Kirche. Entsprechend gehe ich historischen und systematischen Tiefenstrukturen nach, die zum Anlass von Antijudaismus bzw. Antisemitismus werden konnten bzw. dies bis heute können. Im kurzen ersten Kapitel (§§ 1–3) beginne ich mit einer Situations- und Begriffsklärung und schließe im zweiten Kapitel (§§ 4–12) neun historische Skizzen an, bevor ich im dritten Kapitel (§§ 13–16) biblische und systematische Aspekte zum Glauben an Jesus Christus, den Juden, zusammentrage. Den roten Faden der Darstellung bildet die Frage, wie die evangelische Theologie – gerade durch ihren Glauben an den Juden Jesus – dem antisemitischen Denken etwas entgegensetzen kann.

Die 16 Paragraphen des Buches sind in sich abgeschlossen, so dass sie auch für sich stehen und als einzelne thematische Essays gelesen werden können. Dazu dienen jeweils eine vorangestellte Literaturliste, eine knappe Hinführung und eine Zusammenfassung.

Ich bedanke mich bei meinem Freund Wolfram Kinzig, der große Teile des Manuskripts gelesen und kritisch kommentiert hat. Von seiner umfassenden Expertise zum Thema habe ich viel lernen können – und weiß mich

Vorwort

selbstverständlich für den Text allein verantwortlich. Herr Landesbischof Ralf Meister (Hannover) war so freundlich, ein Geleitwort zu diesem Buch zu verfassen, wofür ich außerordentlich dankbar bin. Außerdem bedanke ich mich sehr bei der Evangelischen Kirche im Rheinland, bei der Union Evangelischer Kirchen in der EKD und bei der Evangelischen Kirche in Deutschland. Sie haben diese Publikation durch namhafte Druckkostenzuschüsse gefördert, die den Verkaufspreis des Buches im Rahmen halten. Darüber hinaus freue ich mich über dieses Zeichen der Zusammengehörigkeit von wissenschaftlicher Theologie und Kirche.

Bonn – Bad-Godesberg, am Reformationstag 2023
Michael Meyer-Blanck

Inhaltsverzeichnis

Geleitwort von Landesbischof Ralf Meister,
Hannover V
Vorwort IX

1. Kapitel:
Deutschland und Juden – eine toxische Beziehung?

§ 1 Vom Vorurteil zum Hass: Antisemitismus in der Gegenwart 3

1. Antisemitismus in Deutschland heute 4
2. „Schonzeit vorbei" 6
3. Antisemitismus auf der „documenta 15" in Kassel 2022 11
4. Boykottaufrufe (BDS) und Apartheidsvorwürfe gegen Israel 14
5. Die Auseinandersetzung um die „Judensau" in Wittenberg 2022 16

§ 2 Positive Neuanfänge: Der jüdisch-christliche Dialog und das erneuerte Verhältnis der evangelischen Kirche zu Israel 20

1. Der rheinische Synodalbeschluss (RSB) „Zur Erneuerung des Verhältnisses von Christen und Juden" (1980) 22

Inhaltsverzeichnis

2. Die Handreichung „Kirche und Israel" der
Leuenberger Kirchengemeinschaft von 2001 . . 30
3. Die neue Perikopenordnung (OGTL) in der
Evangelischen Kirche Deutschlands von 2018 . 33

§ 3 Strukturen von Hass und Vorurteil:
Antisemitismus, Antijudaismus, Antizionismus . . 38

1. Die Begriffe „Antijudaismus" und
„Antisemitismus" 40
2. Zionismus 45
3. Antizionismus, Antiisraelismus und
struktureller Antisemitismus 49

2. Kapitel:
Faules Denken: zur Genese
antijudaistischer und antisemitischer Strukturen
in der evangelischen Theologie

§ 4 Antijüdische Fallstricke reformatorischer
Theologie 59

1. „Allein aus Gnade" und die Abwertung
der biblischen Tora als „Gesetz" 61
2. „Christus allein" und die Abwertung
des Alten Testaments 67
3. „Allein die Schrift" und die Abwertung
der jüdischen Tradition 73
4. „Allein der Glaube" und die Abwertung
des glaubenden Ethos 76

Inhaltsverzeichnis

*§ 5 „Luthers Juden" und Luthers Judenhass –
eine hermeneutische Hypothek des evangelischen
Glaubens* 80

1. „Antijudaismus" oder „Antisemitismus"
   bei Luther? 82
2. Noch einmal „Christus allein" und
   „allein die Schrift" 83
3. Der Judenmissionar: „Dass Jesus Christus ein
   geborener Jude sei" (1523) 86
4. Der Judenhasser: „Von den Juden und
   ihren Lügen" (1543) 91
5. Die fatale Lutherrezeption im 19. und
   20. Jahrhundert 97

*§ 6 Das „Ende des Gesetzes": Wie man Paulus
falsch verstehen kann* 100

1. „Tora" und „Gesetz" 100
2. Wie man Paulus, den Juden, verstehen sollte:
   Sieben Thesen gegen landläufige
   Missverständnisse 104
3. Paulus, Luther und die „neue Perspektive"
   in der Paulusforschung 113

*§ 7 Heilsbringer und Teufelskinder: „die Juden"
im Johannesevangelium* 118

1. Das Johannesevangelium als Dokument
   entstehender christlicher Identität 120
2. Differenzierung von Christentum und
   Judentum: Entstehungsbedingungen des JohEv
   um das Jahr 100 124

Inhaltsverzeichnis

3. Die Juden im JohEv als exemplarische
   Adressaten für prophetische Kritik?   126
4. „Die Juden" im JohEv: Chiffre für die nicht
   glaubende Welt   127
5. „Teufelskinder" – das Ärgernis Joh 8,44   130
6. Antijüdische Untertöne in Bachs Matthäus-
   und Johannespassion?   132

*§ 8 Die „höhere Religion" und der implizite
Antijudaismus der Aufklärung*   136

1. „Sapere aude!"   137
2. Jüdischer Rationalismus und christlicher
   Antirationalismus: Moses Mendelssohn und
   Johann Caspar Lavater   141
3. Christliche Vernunftreligion in judenkritischer
   Zuspitzung: Immanuel Kant   149
4. Lebendige (christliche) versus abgestorbene
   (jüdische) Religion: Schleiermachers 5. „Rede
   über die Religion"   155

*§ 9 Das Aufkommen des modernen Antisemitismus
an der deutschen Universität*   159

1. Emanzipation, Ungleichheit und soziale
   Rahmenbedingungen   160
2. Der Berliner Antisemitismusstreit 1879/80
   als Geburt des universitären Antisemitismus . .   164
3. Antisemitismus am Ende des Kaiserreichs:
   Houston Stewart Chamberlain und Adolf von
   Harnack   172

Inhaltsverzeichnis

§ 10 Theorieloser, nationalistisch aufgeladener christlicher Antisemitismus: Adolf Stoecker (1835–1909) 181

1. Christlicher Antisemitismus 181
2. Notizen zu Stoeckers Leben und Werk 185
3. Christlicher Antisemitismus als Populismus . . 187
4. Biblische Elemente in Stoeckers Reden 190
5. Stoeckers Distanzierung vom Rassenantisemitismus 192

§ 11 Die Umwertung aller Werte und der Antisemitismus: Friedrich Nietzsche 197

1. Nietzsches Zeit und die Zeit des Antisemitismus 198
2. Nietzsches Atheismus, Antimoralismus und Christentumskritik 202
3. Nietzsches später Anti-Antisemitismus 207
4. Antisemitische Klischees und Nebentöne bei Nietzsche 209
5. Nietzsches Wirkung im 20. Jahrhundert 212

§ 12 Alttestamentliche Hermeneutik und Antijudaismus: Historische Schlaglichter 218

1. Das Verständnis des Alten Testaments von Luther bis Friedrich Schleiermacher (1768–1834) 220
2. Von Schleiermacher zu Adolf von Harnack (1851–1930) 227
3. Von Harnack zu Emanuel Hirsch (1888–1972) 230
4. Von Hirsch zu Rudolf Bultmann (1884–1976) . 235

Inhaltsverzeichnis

3. Kapitel:
Der Jude Jesus Christus: Christlicher Glaube im Angesicht Israels

§ 13 Zur aktuellen Hermeneutik des Alten Testaments im Dialog mit dem Judentum 245

1. Der Berliner Bibelstreit 2013–2017 246
2. Bekennen statt Bewerten: Maximen für die christliche Rede vom und mit dem Alten Testament 252
3. Die Predigt mit alttestamentlichen Texten ... 258

§ 14 Die Bedeutung Israels und des Judentums für den christlichen Glauben 263

1. Der nahe, erhabene Gott im Judentum und der christliche Schöpfungsglaube 265
2. Liebe, Gerechtigkeit, Vergebung im Judentum und die Christologie 268
3. Tora, Prophetie, Gebot und der Glaube an den Heiligen Geist 272
4. Die Geschichtlichkeit des jüdischen Glaubens und die trinitarische Denkform im Christentum 275
5. Die kommende Welt: Eschatologische Perspektiven 278

§ 15 Ein Seitenblick: Römisch-katholische Kirche und Judentum 282

1. Traditioneller Antijudaismus am Beispiel der Karfreitagsfürbitte für die Juden 283
2. Eine grundlegende Neubestimmung: die Konzilserklärung „Nostra Aetate" (1965) .. 288

Inhaltsverzeichnis

3. Der ungekündigte Bund mit Israel und der
   Evangelisierungsauftrag der Kirche 293
4. Bund, Messias, Inkarnation, Ethik: Voten aus
   der wissenschaftlichen katholischen Theologie 297

§ 16 Der Glaube an Jesus Christus, den Juden,
als Kraft gegen den Antisemitismus 304

1. Jesusglaube und Jesusforschung 304
2. Der historische Jesus und der christliche Glaube 307
3. Jesus, der jüdische Lehrer des glücklichen Lebens
   (prophetisches Amt, munus propheticum) . . . 312
4. Jesus, der jüdische Heiler und Versöhner
   schuldiger Menschen (priesterliches Amt,
   munus sacerdotale) 314
5. Jesus, der jüdische Überwinder menschlichen
   Unheils (königliches Amt, munus regium) . . . 318
6. Glauben mit Jesus – Glauben mit Israel 320
7. Glauben an Jesus, den Juden, und der moderne
   Antisemitismus 322

Bibelstellen 325
Personen. 330
Sachen und Orte 336

1. Kapitel

Deutschland und Juden – eine toxische Beziehung?

§ 1 Vom Vorurteil zum Hass: Antisemitismus in der Gegenwart

Literatur: Laura Cazès (Hg.): Sicher sind wir nicht geblieben – Jüdischsein in Deutschland, Frankfurt (Main) 2022 ♦ Juna Grossmann: Schonzeit vorbei. Über das Leben mit dem täglichen Antisemitismus, München 2018 ♦ Walter Homolka/ Erich Zenger (Hg.): „damit sie Jesus Christus erkennen". Die neue Karfreitagsfürbitte für die Juden, Freiburg 2008 ♦ Navid Kermani: Sehnsucht. Während Theater und Kirche in einer Krise stecken, feiern die Passionsspiele in Oberammergau vor Tausenden von Zuschauern Triumphe, in: Die ZEIT Nr. 33 (11.8.2022), 44 ♦ Peter Schäfer: Kurze Geschichte des Antisemitismus, München ²2020 [2020] ♦ Thomas E. Schmidt: Die Gesellschaft hat geantwortet. Die Empörung über die Documenta 15 zeigt, dass der kulturell inszenierte Antisemitismus in Deutschland keine Chance hat, in: Die ZEIT Nr. 30 (21.7.2022), 49 ♦ Christoph Schröder: Künstliche Intelligenz und die Algorithmen des Antisemitismus, in: ZPT 75 (2023), 198–211 ♦ Monika Schwarz-Friesel: Toxische Sprache und geistige Gewalt. Wie judenfeindliche Denk- und Gefühlsmuster seit Jahrhunderten unsere Kommunikation prägen, Tübingen 2022 ♦ Stefanie Schüler-Springorum/Natan Sznaider: „Versöhnung ist Quatsch". Wo steht die deutsche Erinnerungskultur? Ein Gespräch mit der Historikerin Stefanie Schüler-Springorum und dem Soziologen Natan Sznaider über das Gedenken zwischen Demokratiekrise und Kolonialismusstreit, in: Die ZEIT Nr. 4 (19.1.2023), 17

1. Kapitel: Deutschland und Juden

1. Antisemitismus in Deutschland heute

Es ist ein beunruhigendes Faktum, dass die Judenfeindlichkeit (Antisemitismus) in Deutschland trotz der verschiedenen Erinnerungsorte an die Shoah nicht verschwindet. Antijüdische Klischees, wie sie seit Jahrhunderten geläufig sind, werden immer weiter wiederholt, besonders auf den neuen digitalen Kommunikationsplattformen (SCHRÖDER 2023). Vielfach gehen die Stereotype in blanken Hass über, der sich in grausamen Verbrechen wie dem Synagogenanschlag in Halle im Oktober 2019 niederschlagen kann. Warum sind Vorurteile so langlebig? Warum hilft Aufklärung so wenig? Woher kommt das Potenzial an Hass?

Lange Zeit hatte man gedacht, in Deutschland sei der Antisemitismus auf dem Rückzug oder sogar gänzlich vorbei. Doch kommt es immer wieder zu Äußerungen, die theoretisch antisemitisch und voll von Hass auf Juden sind. Das ist so, obwohl die Naziverbrecher zwar erst verzögert (erster Frankfurter Auschwitzprozess 1963–1965), aber dann konsequent verfolgt wurden und die deutsche Nachkriegspolitik deutlich und dauerhaft für den Staat Israel eintritt. Das Existenzrecht Israels gehört zur deutschen Staatsraison. Diese Grunddaten deutscher Nachkriegspolitik lassen keinen Zweifel daran: Dem Antisemitismus wird hierzulande konsequent entgegengetreten.

Die Verbundenheit mit Israel gehört zu den politischen Grundannahmen und daran soll es keinerlei Zweifel geben. Als Papst Benedikt XVI. (1927–2022, Pontifikat von 2005–2013) im Februar 2009 die traditionalistische „Pius-Bruderschaft" und mit ihr auch den Holocaust-Leugner Richard Williamson rehabilitierte, meldete sich überraschend Bundeskanzlerin Angela Merkel zu Wort. Sie äu-

§ 1 Vom Vorurteil zum Hass

ßere sich zwar grundsätzlich nicht zu kirchlichen Problemstellungen, erklärte sie; in diesem Falle jedoch gehe es um eine Grundsatzfrage. Wenn durch eine Entscheidung des Vatikans der Eindruck entstehe, dass der Holocaust geleugnet werden könne, dürfe dies nicht ohne Folgen im Raum stehen bleiben. Die Bundeskanzlerin damals: „Es geht darum, dass von Seiten des Papstes und des Vatikans sehr eindeutig klargestellt wird, dass es hier keine Leugnung geben kann."

Zehn Jahre später fasste der Deutsche Bundestag einen Beschluss gegen die Israelboykott-Bewegung „BDS" („Boycott, Divestment and Sanctions", Boykott, Desinvestition und Sanktionen). Der Beschluss vom Mai 2019 trägt den Titel „Der BDS-Bewegung entschlossen entgegentreten – Antisemitismus bekämpfen" (SCHÄFER 2020, 290). Bemerkenswert ist, dass der Deutsche Bundestag damit kritischer gegen die BDS-Bewegung Stellung bezog als manche israelischen Politiker. Auch der Antisemitismusforscher Peter Schäfer warnt davor, jegliche Kritik an der israelischen Politik mit Antisemitismus gleichzusetzen, denn der Antisemitismusvorwurf werde so leicht „zur Waffe, die sich selbst gegen Juden richten kann" (SCHÄFER 2020, 292).

Als Kennzeichen für eine „rote Linie" bezeichnet Schäfer die Frage, ob das Recht auf einen jüdischen Staat (in welchen Grenzen auch immer) anerkannt oder prinzipiell in Zweifel gezogen wird (293). Schon hier sei bemerkt, dass diese Abgrenzung in der Tat sinnvoll ist. Denn der Antisemitismus ist in Deutschland leider keineswegs vorbei. Nicht nur extreme Ereignisse zeigen, dass es in Deutschland auch heute noch alltäglichen und banalen Antisemitismus gibt.

1. Kapitel: Deutschland und Juden

2. „Schonzeit vorbei"

2.1 Die Museumsmitarbeiterin Juna Grossmann, eine 1976 in Ostberlin geborene Publizistin, hat 2018 ein ganzes Buch dazu geschrieben unter dem Titel „Schonzeit vorbei. Über das Leben mit dem täglichen Antisemitismus". Grossmann fühlt sich nicht mehr sicher auf der Straße in Deutschland (GROSSMANN 2018, 137). Im Zusammenhang mit den Anti-Israel-Demonstrationen 2014 erhielt sie die folgende Hass-Mail: „Ihr Juden seit keine Menschen, sondern eine Krankheit, das man vermeiden muss. […] Der ganze Terror in den Muslimischen Ländern ist ein Produkt von euch Juden und diesen Drecks-Amerikanern" (GROSSMANN 2018, 57, Orthographie ebenso; es folgen weitere nicht zitierfähige Beleidigungen). Beispiele aus anderen Mails: „Diese widerliche Schaechterei z. B. Aber es sind ja immer die andern Schuld gell? Und lasst Eure Finger von unseren Kindern verdammt noch mal!!!" (ebd., 58) oder ganz kurz: „Jeder der nicht Christ ist sollte sich löschen und erhängen" (ebd.). Grossmanns Fazit zu den von ihr erlittenen Beleidigungen:

„[…] es sind nicht nur die Bildungsfernen, es sind nicht nur die Zugewanderten. Antisemitismus gibt es überall, in allen Gesellschaftsschichten, allen Altersstufen, allen Einkommensklassen, allen Bildungsgraden. Nichts ist ein Garant, davor gefeit zu sein. Die Unfähigkeit, den eigenen Hass zu reflektieren, findet sich meiner Erfahrung nach vor allem bei den sogenannten Eliten." (59)

Darüber hinaus begegne immer wieder die Ansicht, Juden müssten keine Steuern zahlen und würden vom Staat entschädigt. Juden hätten mehr Stimmrechte – und sie müssten nicht arbeiten (87).

§ 1 Vom Vorurteil zum Hass

2.2 In einem 2022 erschienenen Buch beklagt die Linguistin Monika Schwarz-Friesel, Lehrstuhlinhaberin am Institut für Sprache und Kommunikation der Technischen Universität Berlin, dass die deutsche Sprache seit Jahrhunderten und bis in die Gegenwart von judenfeindlichen Denk- und Gefühlsmustern durchzogen und bestimmt und damit vergiftet („toxisch") sei:

„Wenn man die Massen von judenfeindlichen Texten liest, ganz gleich aus welchem Jahrhundert, hat man stets den Eindruck, man lese eigentlich immer das Gleiche. Diese Monotonie, diese Gleichförmigkeit der judenfeindlichen Rhetorik und Argumentationsmuster zieht sich als roter Faden durch die gesamte westliche Geschichte, ungebrochen durch die Erfahrung der Shoah, bis zum heutigen Tag. Judenfeindschaft basiert auf der Wiederholung der Wiederholung der immer gleichen Fantasien." (SCHWARZ-FRIESEL 2022, 34)

Wie auch immer die Anlässe und Gründe für antijüdische Vorurteile wechselten, stets kehrten die mittelalterlichen Schablonen wieder: „Rachsucht, Gier, Gewalt- und Machtausübung" wurden den Juden schon im 16. Jahrhundert vorgeworfen (35). Dabei liegt dem „toxischen" Gedankengut gerade kein Bildungsproblem zugrunde. Vielmehr waren es immer wieder die Gebildeten aus der Mitte bzw. an der Spitze der Gesellschaft, die antijüdische Klischees entwickelten und diesen zur Beachtung verhalfen.

Monika Schwarz-Friesel kommt mehrfach auf zwei Gegebenheiten zurück, unter denen der Judenhass Gestalt gewonnen hat: Das ist zum einen die *Sprache,* die als Bedingung der Möglichkeit fungiert, Vorurteile und Hass zu denken, zu formulieren und zu verbreiten. Tradierte „Sprach- und Denkstrukturen" sind es, die bis heute den Antisemitismus „aus einer sprachkonstruierten Fiktion" entwickeln und legitimieren (26). Kurz: „Das Gift heißt

1. Kapitel: Deutschland und Juden

Judenfeindschaft, das Mittel ist die Sprache und der Tatort der Verabreichung ist die tagtägliche Kommunikation" (8). Schimpfwörter wie „Juden-Hure" sind keine Ausnahme (so z. B. in russischen sozialen Medien für Angela Merkel: 117).

Zum anderen, und das ist für eine theologische Analyse des Problems von Bedeutung, war es besonders das christliche Denken und speziell die christliche *Theologie*, die einem vergifteten Meinungsklima zuarbeitete: Mit christlich-theologischen Schriften „kam die Abgrenzung, die Abwertung, die Verteufelung des Judentumes in die Welt" (14). Der Judenhass „kam in die Welt durch die Texte der frühen Christen" unter der „Verfluchung ihrer Mutterreligion" (43). Auch wenn dieses Urteil einseitig zugespitzt ist, denn es gab Judenhass auch schon in der vorchristlichen Antike (SCHÄFER 2020, 19–42), behält es etwas zutiefst Beunruhigendes, das die christliche Theologie herausfordert. Auch in der Gegenwart geht Schwarz-Friesel von einer „noch immer festsitzenden und toxisch strahlenden Antonymie zwischen Christen- und Judentum" aus (212). Es sind demnach nicht nur rassistische Vorurteile, sondern auch eingefahrene theologische Denkgewohnheiten, die große Gefahren in sich bergen. Allein der Konkurrenzkampf des Christentums gegen das Judentum habe „zwei Jahrtausende Elend und Unglück über das jüdische Volk" gebracht (55) und der christliche Anti-Judaismus sei die „toxische[...] Ursubstanz aller Formen des Antisemitismus" (59).

Für eine andere Studie zum Judenhass im Internet (Erhebungszeitraum 2007 bis 2018) hat Schwarz-Friesel 60.555 antisemitische Kommentare im Netz gesichtet, von denen 21.590 im Detail analysiert wurden. Danach ist „der abstrakte Hass und die besessene Suche nach konkreten Belegen, um diesen Hass zu legitimieren, für ein Verständnis antisemitischer Ressentiments zentral" (zitiert nach SCHRÖDER 2023, 205). Dieses Muster ist typisch für den Antisemitismus: Primär ist der Hass, sekundär die Begründung. Hass, besonders immer wieder gegen den Staat Israel, ist die am häufigsten kodierte Emotion in den Web-Texten (SCHRÖDER 2023, 206).

2.3 Zum spezifisch christlichen Antijudaismus gehört der ständige Rückgriff auf die Talionsformel „Auge um Auge, Zahn um Zahn" (2 Mose 21,24) in den Medien. Wird die Formel „Auge um Auge, Zahn um Zahn" (in der Form ihrer Zurückweisung) in der fünften Antithese der Bergpredigt zitiert (Mt 5,38), so wird sie in Zeitungs- und Rundfunkkommentaren immer wieder als Beispiel für „zügellose und blutrünstige" Rachegedanken im Alten Testament und im Judentum genannt – obwohl schon der Wikipedia-Eintrag verzeichnet, dass die Formel im Sinne des Täter-Opfer-Ausgleichs und als *Begrenzung und Überwindung* des Rache- und Vergeltungsgedankens gemeint war („um die im Alten Orient verbreitete Blutrache illegal zu machen", Wikipedia-Art. „Auge um Auge"). Bei dem Vers 2 Mose 21,24 dürfte es sich um die am meisten zitierte alttestamentliche Wendung halten – wobei die Erwähnung nahezu ausnahmslos mit antijüdischer Stoßrichtung erfolgt.

2.4 Zu erinnern ist auch an die hochproblematische Karfreitagsfürbitte der katholischen Messe. Mit dieser wurde nach dem Missale Romanum von 1570 bis zum 2. Vatikanischen Konzil für die Erleuchtung der „treulosen Juden" („pro perfidis Judaeis") gebetet. Die Bitte hatte gelautet, dass Gott „wegnehme den Schleier von ihren Herzen" und sie Christus als Herrn erkennten (HOMOLKA/ZENGER 2008, 15). Allein das lateinische At-

1. Kapitel: Deutschland und Juden

tribut „perfidis" machte den antijüdischen Subtext deutlich. Im Missale Romanum von 1970 hatte die Bitte für die Juden dagegen gelautet, Gott möge es ihnen schenken, „in der Liebe zu seinem Namen und in der Treue zu seinem Bund voranzuschreiten" (ebd. 19). Damit war der Judenmission eine eindeutige Absage erteilt worden. Doch Papst Benedikt XVI. hatte im Februar 2008 für den „älteren Usus" der Messe (den er selbst 2007 wieder zugelassen hatte) die Bitte hinzugefügt, dass Gott das Herz der Juden erleuchten möge, „damit sie Jesus Christus als den Heiland aller Menschen erkennen" (ebd. 20). Das klingt nun wieder sehr nach Judenmission.

Zwar heißt es in einer Verlautbarung des Vatikanischen Staatssekretariats vom 4. April 2008 dazu erläuternd, die wertschätzenden Aussagen des 2. Vatikanums blieben weiter in Kraft: Der Papst weise „jede geringschätzige oder diskriminierende Gesinnung gegen Juden zurück" und distanziere sich „klar von jeder Form des Antisemitismus" (22). Doch das Kind war schon in den Brunnen gefallen. Benedikt wurde seinen antijüdischen Ruf nicht mehr los.

Landesrabbiner Henry G. Brandt hielt die in Benedikts Karfreitagsfürbitte zum Ausdruck kommende Haltung für „arrogant, überheblich, gefährlich und einladend zur Gewalt und Ausgrenzung" (ebd. 27) und Walter Homolka, damals Rektor des Abraham-Geiger-Kollegs an der Universität Potsdam, konstatierte: „Das Klima des Einvernehmens und des gegenseitigen Vertrauens ist nicht mehr gegeben" (59). Es handle sich um einen „unfreundlichen Akt", der die Beziehungen zwischen katholischer Kirche und Judentum einer „Zerreißprobe" aussetze und er befürchte eine Rückkehr zur *ecclesia triumphans* (63). Die neue Fürbitte Benedikts habe den Dialog inhaltlich und praktisch „weit zurückgeworfen", urteilte der Braunschweiger Rabbiner Jonah Sievers (76). In der Tat: Die theologischen Vorwürfe gegenüber den Juden waren immer wieder der Ausgangspunkt für antisemitische Klischees. Gerade aus dem christlichen Vorwurf der „Verstocktheit" der Juden, vom „Podest der ‚christlichen Erleuchtungsmission'" aus, hatten sich im Laufe der Jahrhunderte „zahlreiche säkulare Stereotype" entwickelt (Schwarz-Friesel 2022, 161).

Ich werde in § 15 ausführlich darauf zurückkommen. Jedenfalls sieht man schon an der durch die Karfreitagsfürbitte entstandenen Debatte, ein wie schwaches Pflänzchen die Gemeinschaft zwischen Juden und Christen in Deutschland immer noch ist. Analoges zeigt sich im Hinblick auf die jüdische und deutsche Öffentlichkeit der Gegenwart.

3. Antisemitismus auf der „documenta 15" in Kassel 2022

3.1 Die 15. „documenta" in Kassel im Sommer 2022 war für viele Juden in Deutschland – ebenso wie die damalige Diskussion um Israel als „Apartheidstaat" – ein herber Einschnitt. Der in Tel Aviv lehrende Soziologe Natan Sznaider dazu: „Das war für viele Juden in Deutschland das Erwachen aus einer Illusion. Von wegen, es gibt hier für Antisemitismus keinen Raum! Es hat sich gezeigt, dass es einen ‚progressiven' linken Antisemitismus gibt, der in Teilen an den reaktionären rechten andockt." (Schüler-Springorum / Sznaider 2023) Er habe das Gefühl, so Sznaider weiter, ihm werde „mit einem Messer die Haut abgezogen" von Leuten, mit denen er „auf einer Wellenlänge zu sein glaubte" (ebd.).

1. Kapitel: Deutschland und Juden

Die weltweite Kunstschau „documenta 15" vom 18. Juni bis 25. September 2022 war bewusst gegen westliche Kunstgewohnheiten konzipiert worden: Nicht mehr das Genie des bewunderten und gut bezahlten einzelnen Künstlers sollte im Mittelpunkt stehen, sondern die Gruppe von Künstlern. Das mit der Durchführung beauftragte indonesische Künstlerkollektiv Ruangrupa folgte dem gemeinschaftsbezogenen „Lumbung"-Konzept (eigentlich: gemeinsame Lagerung und Verwaltung von Lebensmitteln). Ruangrupa lud vor allem Kollektive zur Ausstellung ein. Die Stoßrichtung der „documenta 15" war dezidiert antikolonialistisch. Die Ausstellung kritisierte die westliche Art zu wirtschaften und zu leben und damit auch den Staat Israel. Auch die Israelboykottbewegung BDS stand erkennbar im Hintergrund. Künstler aus Israel waren in Kassel nicht eingeladen, denn die Vertreter des globalen Südens weigerten sich, gemeinsam mit Israelis aufzutreten. Auf diese Zusammenhänge wies Bundespräsident Frank Walter Steinmeier bereits bei der Eröffnung am 18. Juni 2022 hin.

3.2 Zum Eklat kam es dann zwei Tage später wegen des Banners mit dem Titel „People's Justice" („Die Gerechtigkeit des Volkes") des indonesischen Künstlerkollektivs Taring Padi. Das bereits aus dem Jahr 2002 stammende Banner war auf dem Kasseler Friedrichsplatz zu sehen. Darauf ist eine Figur dargestellt, die eine Art Judenhut mit SS-Runen trägt; ein Soldat hat ein Schweinsgesicht, ein Halstuch mit einem Davidstern und einen Helm mit der Aufschrift „Mossad". Mehrere Politiker protestierten scharf. Das Banner sollte zunächst abgedeckt werden, wurde dann aber ganz entfernt. Das kuratierende Kollektiv Ruangrupa entschuldigte sich am 23. Juni für die eigene Unaufmerksamkeit gegenüber den antisemitischen

§ 1 Vom Vorurteil zum Hass

Motiven. Doch auch bei weiteren Werken wurden antisemitische Klischees festgestellt und die Ausstellung kam nicht mehr aus den negativen Schlagzeilen heraus.

Gerade deswegen aber wird man die „documenta" des Jahres 2022 weniger als Zeugnis für den Antisemitismus in Deutschland zu werten haben, sondern mindestens ebenso als Anlass, Widerstand dagegen zum Ausdruck zu bringen. Die mediale Berichterstattung war überwiegend kritisch gegenüber Kuratoren und Aufsichtsgremien. In der „ZEIT" vom 21. Juli 2022 hieß es dazu:

„Mit Nachdruck wies die Öffentlichkeit die Position der postkolonialen Geschichtsaktivisten zurück. Die Empörung über antijüdische Klischees fiel einhellig aus. […] Diese Zurückweisung ist tatsächlich ein diskursgeschichtliches Ereignis: Welche Rolle der Antisemitismus in der Gesellschaft spielt, darüber befinden nicht mehr Experten. Vielmehr reagierte die Zivilgesellschaft" (SCHMIDT 2022, 49).

3.3 Und doch: Viele Juden und viele israelische Staatsbürger waren tief verstört. Die Infragestellung des Existenzrechts Israels und die Wiederkehr von Klischees, wie man sie aus der Nazizeit kennt, waren mehr als ästhetische Quisquilien, zumal das Konzept der „documenta 15" eine politisch engagierte Kunst beabsichtigt hatte. Antijüdische Aussagen mit staatlicher Duldung (und staatlicher finanzieller Förderung) schienen auf einmal in Deutschland wieder möglich zu sein.

Dennoch betonte Kulturstaatsministerin Claudia Roth im Januar 2023 im Rückblick auf die „documenta 15", dass es rechtlich gesehen nur eingeschränkte Einflussmöglichkeiten des deutschen Staates auf die Präsentation von Kunst gebe. Aus grundrechtlicher Sicht sei es „kategorisch ausgeschlossen", Ausstellungen einer Vorab-Kontrolle zu unterziehen (General-Anzeiger Bonn, 25. Januar 2023, 9).

4. Boykottaufrufe (BDS) und Apartheidsvorwürfe gegen Israel

4.1 Die oben bereits erwähnte Israelboykottbewegung BDS („Boycott, Divestment and Sanctions") will den Staat Israel dazu bringen, die seit dem 6-Tage-Krieg von 1967 besetzten palästinensischen Gebiete zu räumen und das Recht auf Rückkehr der arabisch-palästinensischen Flüchtlinge in ihre Heimat zu achten. Die im Jahre 2005 gestartete internationale BDS-Kampagne sucht den Staat Israel auf dem Wege von politischer, wirtschaftlicher und kultureller Isolation unter Druck zu setzen und zu einer anderen Palästina-Politik zu bewegen. Die Politik Israels wird als „Kolonialismus" und „Rassismus", der Staat Israel wird als „Apartheid-Staat" bezeichnet. Maßgebliche BDS-Vertreter votieren dafür, den Staat Israel abzuschaffen. Die damit gegebene Negation des Existenzrechts Israels wird allgemein „Antizionismus" genannt; ob es sich dabei um eine Spielart des Antisemitismus handelt, ist in der Diskussion strittig (→ § 3.1). Dezidiert polemisch gibt Monika Schwarz-Friesel das Akronym BDS mit „Brüllen, Drangsalieren, Stigmatisieren" wieder (131).

4.2 Eine zusätzliche Problematik ergibt sich durch die Verbindung mit der aktuellen Antikolonialismus-Debatte. Wenn Antisemitismus als eine Form des Kolonialismus unter diesem subsummiert wird, dann drohen die besondere Abgründigkeit und die spezielle Schreckensgeschichte von Antisemitismus und Shoah nivelliert zu werden, so dass die lange Kulturgeschichte des Antisemitismus ausgeblendet wird: „Die geläufige Sammelkategorie

,Antisemitismus, Rassismus, Fremdenfeindlichkeit' mit dem Oberbegriff ,gruppenbezogene Menschenfeindlichkeit' erlaubt eine Aufklärung light mit einer Soft-Definition von Antisemitismus. [...] Alles ist Genozid, alles ist Kolonialismus, ist weiße Vorherrschaft." (SCHWARZ-FRIESEL 2022, 153) Dem Antisemitismus wird damit seine phänomenologische, historische und religiös-theologische Spezifizität genommen. Darum wird jedenfalls die deutsche Geschichtsschreibung diesen Weg nicht beschreiten können, auch wenn die Frage auch unter jüdischen Historikern strittig ist.

Auf jeden Fall gehört das Eintreten für das Existenzrecht Israels seit der Konsolidierung der Bundesrepublik Deutschland zur Staatsraison. Das machte auch den Umgang mit der „documenta 15" als einer staatlich geförderten Kunstschau so heikel. Weder die staatliche Beschneidung der Kunstfreiheit noch die Unterstützung von BDS-Anschauungen war eine mögliche staatliche Option, so dass Kulturstaatsministerin Roth vor einem schwerwiegenden Dilemma stand.

4.3 Die BDS-Bewegung spielt auch über die „documenta 15" hinaus in der deutschen Öffentlichkeit eine große Rolle. Das traf etwa auf die 11. Vollversammlung des Ökumenischen Rates der Kirchen (ÖRK) vom 31. August bis 8. September 2022 in Karlsruhe zu. Im Vorfeld war mehrfach von dem Vorwurf die Rede, bei dem Staat Israel handle es sich wegen Menschenrechtsverletzungen an Palästinensern um einen „Apartheid-Staat". Dies hatte in den evangelischen Kirchen in Deutschland zu erheblicher Unruhe und Besorgnis geführt. Eine öffentliche Kennzeichnung als „Apartheid-Staat" durch die ÖRK-Vollversammlung wäre ein verstörendes Signal für die Beziehungen zu Israel gewesen. In der entsprechenden Erklärung der Karlsruher Vollversammlung vom 7. September taucht der Apartheid-Vorwurf jedoch nicht wieder auf. In dieser Erklärung ist lediglich distanzierend im Stile des Referates davon die Rede, dass Menschenrechtsorganisationen „die Politik und die Maßnahmen Israels als ‚Apartheid' im Sinne des Völkerrechts beschreiben." Damit hatte man den Konflikt mit der gastgebenden Ev. Kirche in Baden und den Kirchen der EKD vermieden.

5. Die Auseinandersetzung um die „Judensau" in Wittenberg 2022

5.1 Wie sehr die deutsche Kultur und Sprache von jahrhundertealten antijüdischen Klischees durchsetzt ist, zeigt der Darstellungstypus der „Judensau", der in vielen mittelalterlichen Kirchen (innen und außen) begegnet. Bei allen dargestellten Variationen kehrt das Hauptmotiv stets wieder: Durch ihre Hüte zu erkennende Juden saugen am After bzw. an der Vulva eines weiblichen Schweins. Sie nähren sich von den Ausscheidungen eines von ihnen selbst für unrein erklärten Tieres. Das allgemein verbreitete Schimpfwort „Sau" wird mit der Identität der Juden verbunden. Allein das Wort „Judensau" bringt Missachtung, Diffamierung und Aggressivität zum Ausdruck.

Von den „Judensau"-Reliefs sind in Deutschland heute noch gut 30 Exemplare vorhanden. Das älteste befindet sich an einem Säulenkapitell im Kreuzgang des Doms zu Brandenburg von 1230. Auch im Kölner Dom gibt es eine entsprechende Holzschnitzerei am Chorgestühl und einen Sau-Wasserspeier am Südostchor. Die bekannteste Skulptur, die an der Fassade der Stadtkirche Wittenberg angebracht ist, stammt etwa aus dem Jahr 1300 und hatte sich ursprünglich im Altarraum der Stadtkirche befunden. Sie ist mit der Inschrift „Schem Ha Mphoras" („der unverstellte Name") versehen, so dass das unreine Tier mit dem für gläubige Juden nicht auszusprechenden Gottesnamen verbunden wurde. Diese Diffamierung und Verhöhnung des jüdischen Glaubens ist kaum zu übertreffen.

5.2 Das Wittenberger Relief stand im Jahr 2022 im Fokus der öffentlichen Aufmerksamkeit. Das war nicht nur der Fall, weil es sich um die Predigtkirche Martin Luthers (→ § 5) handelt, sondern auch, weil über die Wittenberger „Judensau"-Darstellung eine viel beachtete juristische Auseinandersetzung geführt wurde. Die beklagte Kirchengemeinde in Wittenberg hatte sich mit einer Bronzeplatte 1988 ausdrücklich von der Aussage der mittelalterlichen Plastik distanziert, diese selbst aber nicht entfernt, sondern 2017 restaurieren lassen. Auf der Gedenkplatte am Boden befindet sich als Inschrift Ps 130,1 („Aus der Tiefe rufe ich, Herr, zu dir") auf Hebräisch und dazu auf Deutsch der Satz „Gottes eigentlicher Name, der geschmähte Schem Ha Mphoras, den die Juden vor den Christen fast unsagbar heilig hielten, starb in sechs Millionen Juden unter einem Kreuzeszeichen."

Der Rechtsstreit über die Wittenberger Plastik wurde bis zum Bundesgerichtshof geführt. Schon im Vorfeld des Reformationsjubiläums hatte es eine breite Initiative dafür gegeben, die Plastik abzunehmen und ins Museum zu überführen. Doch Kirchenvorstand und Stadtrat beschlossen 2017, sie an ihrem Platz zu belassen. 2019 klagte ein Mitglied der jüdischen Gemeinde gegen die Beschlüsse, doch die Klage wurde von verschiedenen Instanzen abgewiesen. Schließlich stellte der Bundesgerichtshof in seinem abschließenden Urteil vom 14. Juni 2022 fest, die Wittenberger Darstellung könne aufgrund der deutlichen

1. Kapitel: Deutschland und Juden

Distanzierungen durch die unübersehbare Bronzeplatte erhalten bleiben. Landesbischof Kramer, die ehemalige EKD-Ratsvorsitzende Margot Käßmann und der hannoversche Landesbischof Ralf Meister kritisierten das Urteil scharf. Am weitesten ging Bischof Meister, der nach Gesprächen mit Jüdinnen und Juden das zutiefst Beleidigende der Wittenberger Skulptur neu erfasst hatte. Er schlug am Reformationstag 2022 vor, die Skulptur abzunehmen und zu zerstören, denn es gebe genug Lernorte für Antisemitismus und auch in einem Museum könne die Darstellung nur Unheil anrichten.

Landesbischof Meister hat mit diesem Votum darauf hingewiesen, dass Erklärungen und Relativierungen von sehr begrenzter Tragweite sind. Die bloße Gegebenheit eines beleidigenden Zeichens behält ihr verletzendes Gewicht. Die Signifikanten triumphieren über die Signifikate und behalten das Potenzial neuer Signifikationen. Es ist ähnlich wie mit verbalen Kränkungen: Werden sie erst einmal ausgesprochen, wirken sie, egal, wie sie dann in den Kontext eingeordnet werden. Das ist aus dem antirassistischen Diskurs („N-Wort") nur allzu bekannt. Es stellt sich mithin die Frage, welchen kulturellen Mehrwert Darstellungen wie die in Wittenberg wirklich haben. Es wäre nichts verloren, wenn allein das Wort „Judensau" aus der deutschen Sprache verschwände – im Gegenteil. Das mögliche Hasspotenzial dieses Ausdrucks ist nicht zu unterschätzen.

Zusammenfassung

Trotz allen mahnenden Gedenkens an die deutsche Schuld während der Shoah halten sich in Deutschland weiterhin antijüdische Vorurteile, die immer wieder in Hass und

§ 1 Vom Vorurteil zum Hass

Straftaten übergehen können. Der alltägliche Antisemitismus wird nicht nur durch persönliche Äußerungen unterstützt, sondern auch durch verschiedene antisemitische Zeichen in der Öffentlichkeit, wozu einige Darstellungen bei der „documenta 15" im Sommer 2022 in Kassel sowie die verschiedenen „Judensau"-Darstellungen an mittelalterlichen Kirchen zu zählen sind. Mindestens eine Tendenz zum Antisemitismus findet sich auch in der internationalen Kampagne, die den Staat Israel wegen seiner Palästinenserpolitik ökonomisch, politisch und kulturell zu isolieren sucht („BDS").

§ 2 Positive Neuanfänge: Der jüdisch-christliche Dialog und das erneuerte Verhältnis der evangelischen Kirche zu Israel

Literatur: JEHOSCHUA AHRENS: Zum jüdisch-christlichen Dialog im deutschsprachigen Raum, in: Kraus/Tilly/Töllner 2021 (s. u.), 849–853 ♦ ALEXANDER DEEG: Neue Speisen am Tisch des Wortes. Zehn Thesen zur evangelischen Perikopenrevision und ihren liturgischen Implikationen, in: JLH 57 (2018), 11–40 ♦ SIEGFRIED HERMLE: Evangelische Kirche und Judentum – Stationen nach 1945, Göttingen 1990 ♦ WOLFRAM KINZIG: Der Rheinische Synodalbeschluss und die Reaktion der Bonner Professoren, in: Wolfgang Hüllstrung/Hermut Löhr (Hg.): „Nicht du trägst die Wurzel, sondern die Wurzel trägt dich." Gegenwärtige Perspektiven zum Rheinischen Synodalbeschluss „Zur Erneuerung des Verhältnisses von Christen und Juden" von 1980, Leipzig 2023, 249–298 ♦ KIRCHE UND ISRAEL. Ein Beitrag der reformatorischen Kirchen Europas zum Verhältnis von Christen und Juden, hg. von Mario Fischer und Martin Friedrich, Leipzig 2021 (= „GEKE Studie" [2001]) ♦ KONFERENZ LANDESKIRCHLICHER ARBEITSKREISE CHRISTEN UND JUDEN (KLAK): Die ganze Bibel zu Wort kommen lassen. Ein neues Perikopenmodell, in: Begegnungen, Sonderheft Dez. 2009 ♦ WOLFGANG KRAUS/MICHAEL TILLY/AXEL TÖLLNER (Hg.): Das Neue Testament – jüdisch erklärt, Stuttgart 2021 [engl. 2017] ♦ KATJA KRIENER/JOHANN MICHAEL SCHMIDT (Hg.): „...um seines NAMENs willen". Christen und Juden vor dem Einen Gott Israels. 25 Jahre Synodalbeschluss der Evangelischen Kirche im Rheinland „Zur Erneuerung des Verhältnisses von Christen und Juden", Neukirchen-Vluyn 2005 ♦ MICHAEL MEYER-BLANCK: Gottesdienstlehre, Tübingen ²2020 [2011] ♦ ANDREAS

§ 2 Positive Neuanfänge

PANGRITZ: Vergegnungen, Umbrüche und Aufbrüche. Beiträge zur Theologie des christlich-jüdischen Verhältnisses, Leipzig 2015 ♦ PERIKOPENBUCH, hg. im Auftrage der Deutschen evangelischen Kirchen-Konferenz, Stuttgart 1897 (= „Eisenacher Perikopen") ♦ PERIKOPENBUCH. Nach der Ordnung gottesdienstlicher Texte und Lieder, hg. von der Liturgischen Konferenz für die Evangelische Kirche in Deutschland, Bielefeld/Leipzig ²2019 [2018] ♦ NOTGER SLENCZKA: Die Kirche und das Alte Testament, in: Marburger Jahrbuch Theologie XXV, hg. von Elisabeth Gräb-Schmidt und Reiner Preul, Leipzig 2013, 83–119

Insgesamt soll dieses Buch den theologischen Wurzeln des Antisemitismus im evangelischen Christentum nachgehen. Doch nach den einleitenden Schlaglichtern zum aktuellen Antisemitismus in Deutschland (→ § 1) sind zuerst die positiven Entwicklungen im christlich-jüdischen Verhältnis nach der Shoah in den Blick zu nehmen. In den Jahrzehnten nach 1945 hat es zahlreiche kirchliche und theologische Initiativen gegeben, die nicht nur das Bewusstsein für theologische Vorurteile, Versäumnisse und die Schuld der evangelischen Kirche und Theologie geschärft, sondern auch den Dialog und das gegenseitige Verhältnis gefördert haben. Besonders die über 80 Gesellschaften für jüdisch-christliche Zusammenarbeit haben ein Netzwerk an Kontakten und Freundschaften ermöglicht.

Unmittelbar nach Kriegsende bestimmte der Antisemitismus noch mehr als die Hälfte der deutschen Bevölkerung (HERMLE 1990, 58). Das Ende der Naziherrschaft bedeutete zunächst nur das Ende des Antisemitismus als Staatsideologie. Ein Schuldeingeständnis der Kirche gegenüber dem Judentum gab es erst 1950 und das Abklingen antijüdischer Tendenzen in der evangelischen

1. Kapitel: Deutschland und Juden

Theologie dauerte mehrere Generationen. Erst ab den 1970er Jahren wurden in der neutestamentlichen Exegese (→ §§ 6–7) die Bezugspunkte der Texte auf die Quellen des antiken Judentums entdeckt und erschlossen (KRAUS/ TILLY/TÖLLNER 2021). Die evangelischen Kirchen in Deutschland haben sich seit dieser Zeit genauer mit dem jüdisch-christlichen Verhältnis und dem Judentum beschäftigt.

Im Folgenden sollen zu diesen Entwicklungen drei recht unterschiedliche Initiativen in den Blick genommen werden, die exemplarisch für das Bemühen um ein besseres Verstehen sind: der rheinische Synodalbeschluss von 1980 (RSB), die Studie „Kirche und Israel" reformatorischer Kirchen in Europa von 2001/2011 und die neue Ordnung gottesdienstlicher Texte und Lieder (OGTL) von 2018. Erst wenn die dadurch repräsentierten Entwicklungen deutlich geworden sind, kann die Frage gestellt werden, inwiefern das evangelische Christentum auch weiterhin mit dem belastet ist, was man als „Antijudaismus" bzw. als „strukturellen Antisemitismus" bezeichnet.

1. Der rheinische Synodalbeschluss (RSB) „Zur Erneuerung des Verhältnisses von Christen und Juden" (1980)

1.1 Der jüdisch-christliche Dialog kam nach 1945 nur sehr langsam in Gang. Wichtig dafür war die Erklärung der EKD-Synode in Berlin-Weißensee 1950 unter dem Titel „Schuld an Israel". Diese Synode bekannte, „dass wir durch Unterlassen und Schweigen vor dem Gott der Barmherzigkeit mitschuldig geworden sind an dem Frevel, der durch Menschen unseres Volkes an den Juden begangen worden ist." (HERMLE 1990, 354) In dieser Erklärung wurde außerdem erstmals die bleibende Erwählung Israels anerkannt. Es hieß darin, „dass Gottes Verheißung über dem von ihm erwählten Volk Israel auch nach der Kreuzigung Jesu Christi in Kraft geblieben ist" (HERMLE 1990, 352f.). Dieser Satz bedeutete den Durchbruch zu einer neuen Sicht Israels.

Trotzdem war die deutsche Nachkriegszeit nach der Shoah „vor allem geprägt von Schweigen und Gleichgültigkeit dem Judentum gegenüber, und der Antisemitismus war nach wie vor präsent." (AHRENS 2021, 852) Im Vorfeld der Weißenseer Synode hatte es antisemitische Ausschreitungen (u.a. Friedhofsschändungen) gegeben; einer der Auslöser war der Prozess gegen Veit Harlan, den Regisseur des antisemitischen Films „Jud Süß" im März/April 1949 in Hamburg (HERMLE 1990, 58f. 349). Der Präses der EKD-Synode Gustav Heinemann, der spätere (1969–1974) Bundespräsident, missbilligte dies ausdrücklich und forderte die Gemeinden auf, in ihren Gottesdiensten Röm 11,18 zu bedenken – also jenen Vers, der 1980 dem rheinischen Synodalbeschluss vorangestellt wurde.

1961 wurde die „Arbeitsgemeinschaft Juden und Christen" beim Deutschen Evangelischen Kirchentag unter maßgeblicher Beteiligung von Friedrich-Wilhelm Marquardt (1928–2002) gegründet; Leitgedanke war damals die an Martin Buber anknüpfende Rede vom „ungekündigten Bund". Marquardt entwickelte sich zu einem der einflussreichsten Dogmatiker im jüdisch-christlichen Dialog (zu Marquardt s. PANGRITZ 2015, 167–209). Ein Markstein auf katholischer Seite war die Erklärung „Nostra Aetate" des Zweiten Vatikanischen Konzils von 1965, die erstmals einen kirchlichen Antisemitismus einräumte und verurteilte (→ § 15.2).

1. Kapitel: Deutschland und Juden

Das Jahrzehnt der drei Frankfurter Auschwitzprozesse (1963–1968) zwanzig Jahre nach Kriegsende wurde damit zugleich zur Epoche der beginnenden Neubestimmung des Verhältnisses der Kirchen zu Israel und dem Judentum. Der Rat der EKD setzte 1967 eine Kommission „Kirche und Judentum" ein, die die Studien „Christen und Juden" erarbeitete (Studie I: 1975, Studie II: 1991, Studie III: 2000).

1.2 Der rheinische Synodalbeschluss vom Januar 1980 (RSB) ist in diesem Zusammenhang das entscheidende Ereignis im Dialog zwischen den evangelischen Kirchen in Deutschland und dem Judentum. Der RSB erwies sich unter anderem deswegen als „bahnbrechend", weil er sich „zu einer christlichen Mitverantwortung und -schuld am Holocaust" bekannte (AHRENS 2021, 852). Der RSB hat große kirchliche sowie öffentliche Resonanz gefunden. Viele andere theologische und kirchliche Voten haben daran angeknüpft.

Der für das christlich-jüdische Verhältnis entscheidende Punkt in dem Beschluss dürfte die neue soteriologische Qualität sein, die dem Glauben Israels beigemessen wird. Es gibt nach dem RSB für den Menschen nicht nur den Weg zum Heil über die Person und das Werk Jesu Christi, sondern das Heil Gottes für die Menschen beginnt mit der Erwählung Israels. Nach dem RSB ist und wird Israel gerettet durch den Einen Gott, den Christus als den Vater anzubeten gelehrt hat. Verbunden damit sind eine explizite und endgültige Absage an die christliche Bekehrung von Juden („Judenmission") und eine besondere Wertschätzung für den Staat Israel.

1.3 Einleitend benennt der RSB vier Gründe für ein neues Verhältnis der Kirche zum jüdischen Volk: 1. die Erkenntnis „christlicher Mitverantwortung und Schuld

§ 2 Positive Neuanfänge

an dem Holocaust", 2. neue biblische Einsichten (explizit genannt werden hier Röm 9–11), 3. die Einsicht, dass „auch die Errichtung des Staates Israel Zeichen der Treue Gottes gegenüber seinem Volk" ist und 4. die Bereitschaft der Juden zu Dialog und Zusammenarbeit. Besonders die theologische Einordnung der Gründung des Staates Israel (3.) ist in der Rezeption des RSB immer wieder kontrovers diskutiert worden.

Im Text des RSB folgt die eigentliche Erklärung der Landessynode, die in der Form eines acht Punkte umfassenden Glaubensbekenntnisses abgefasst ist (die Sätze beginnen mit „Wir bekennen..." bzw. mit „Wir glauben..."). Die entscheidenden theologischen Weichenstellungen liegen mit den Bekenntnissätzen 3, 4 und 6 vor: Hier geht es (3.) um das Bekenntnis zu Jesus Christus, dem Juden, (4.) um die Hineinnahme der Kirche in den Bund mit Israel und (6.) um die Absage an die Judenmission. Die zentrale soteriologische Passage ist der recht kurze Bekenntnissatz (4.), der das vorgängige und umfassende Heil für Israel – durch die Erwählung – und das davon abgeleitete Heil für die Christen folgendermaßen benennt (vollständiges Zitat): „Wir glauben die bleibende Erwählung des jüdischen Volkes als Gottes Volk und erkennen, dass die Kirche durch Jesus Christus in den Bund Gottes mit seinem Volk hineingenommen ist". Dazu passend ist der gesamte RSB so überschrieben: „Nicht du trägst die Wurzel, sondern die Wurzel trägt dich. Römer 11,18b".

1.4 Zugespitzt interpretiert: *Israel hat gegenüber dem Christentum keinerlei soteriologisches Defizit, sondern vielmehr den soteriologischen Vorrang.* Gerettet wird der Mensch durch Gottes Zuwendung, die sich erstmals und originär in der Zuwendung zu Israel gezeigt hat. Auch die Erwählung der Kirche durch Christus führt nicht an Israel vorbei, sondern in den Bund Gottes mit seinem Volk hinein; man hätte hier das Wort Jesu an die Samaritanerin zitieren können: „[…] denn das Heil kommt von den Juden" (Joh 4,22; → § 7.1.3). Der entscheidende Punkt liegt darin, dass die Kirche mit diesem Bekenntnissatz vom Judentum keinerlei Änderung des Glaubens mehr verlangt, sondern vielmehr bei sich selbst Lernbedarf in Sachen des Glaubens ausmacht: Ohne Israel, genauer: ohne die *Erwählung* Israels kann es kein Verhältnis zu Christus, keine Christologie geben, weil Christus das Ereignis der Erwählung Israels für die Nichtjuden ist. Betet die Kirche traditionell *zum* Vater *durch* den Sohn *im* Heiligen Geist, so müsste man nach dem RSB sagen: Gott begegnet der Kirche *im* Sohn und *im* Geist *durch* den so eröffneten Weg zur Erwählung Israels, weil „die Kirche durch Jesus Christus in den Bund Gottes mit seinem Volk hineingenommen ist" (RSB Punkt 4.4). Der originäre Israelbund ist das Ziel, Christus ist der Weg für die Nichtjuden (vgl. Joh 14,6). Die Absage an die Judenmission ist damit bereits gegeben, wird aber unter Punkt 4.6 noch explizit genannt: Die Synode zeigt sich „überzeugt, dass die Kirche ihr Zeugnis dem jüdischen Volk gegenüber nicht wie ihre Mission an die Völkerwelt wahrnehmen kann". Gerade diese Formulierung ist später auf jüdische Skepsis gestoßen. Die Jerusalemer Professorin für rabbinische Literatur Chana Safrai hat 2005 in dieser Rede vom „Zeugnis" einen weiter bestehenden christlichen Anspruch auf „die absolute Wahrheit" ausgemacht und kritisiert (in KRIENER/SCHMIDT 2005, 64). Safrai empfand erneut „die Gewalttätigkeit und Arroganz der christlichen Religion gegenüber der jüdischen religiösen Welt" (ebd. 65).

1.5 In Punkt 4.7 des RSB erfolgt noch eine kritische Auseinandersetzung mit dem Wort „neu" in den Ausdrü-

§ 2 Positive Neuanfänge

cken „neuer Bund" bzw. „neues Testament". Hier wird festgehalten: „‚Neu' bedeutet darum nicht die Ersetzung des Alten"; dem schließt sich die Zurückweisung („refutatio") an: „Darum verneinen wir, dass das Volk Israel von Gott verworfen oder von der Kirche überholt sei." Der theologische Teil des RSB schließt mit Punkt 4.8, in dem das gemeinsame Bekenntnis von Christen und Juden zu Gott, dem Schöpfer und die gemeinsame messianische Hoffnung mit dem Zeugnis „für Gerechtigkeit und Frieden in der Welt" genannt sind.

Am Ende des RSB finden sich kirchliche Aufgaben und empfohlene Maßnahmen wie die Berufung je eines Synodalbeauftragten im Kirchenkreis und die Einrichtung eines landeskirchlichen Ausschusses „Christen und Juden" sowie die stärkere Berücksichtigung des Themas in der Aus- und Fortbildung.

Der RSB hat unzählige Reaktionen, darunter zumeist positive Stellungnahmen ausgelöst. Als die Kernpunkte der Rezeption, die weit über das Rheinland hinausging, erwiesen sich, ähnlich wie schon bei dem EKD-Beschluss 1950 (s. o.), das klare Bekenntnis zur „christlichen Mitverantwortung und Schuld" an der Shoah (4.1) und zur „bleibende[n] Erwählung Israels als Gottes Volk" (4.4), verbunden mit der Absage an die Judenmission (4.6).

1.6 Die schärfste Kritik am RSB wurde im Mai 1980 von dreizehn Professoren der Bonner Evangelisch-Theologischen Fakultät formuliert (gedruckt in: EPD-Dokumentation 42 /1980, 14–17; später unterzeichneten auch 11 Mitglieder der Ev.-Theol. Fakultät Münster die „Erwägungen"). Bei den Bonner „Erwägungen" handelte sich um lediglich vier Schreibmaschinenseiten Text, der von dem Alttestamentler Antonius H. J. Gunneweg (1922–1990) angeregt und in der Form von zehn (!) Punkten abgefasst

1. Kapitel: Deutschland und Juden

war. Die vier Seiten hatten es in sich. Unter maßgeblicher Beteiligung des Neutestamentlers und Bultmann-Schülers Erich Gräßer (1927–2017) kritisierten die Bonner Professoren vor allem die biblische Hermeneutik des RSB und damit den Gedanken des ungekündigten Bundes Gottes mit Israel bzw. des bereits damit gegebenen Heils für Israel. Die „Erwägungen" gipfelten in Punkt 4 in dem thetischen Satz: „Der Jude als solcher hat keine Heilsgarantie." Schon die Formulierung „der Jude als solcher" verriet keine Empathie. In Punkt 9 heißt es ähnlich apodiktisch: „Eine Sonderstellung vor Gott aufgrund ethnischer Zugehörigkeit oder Abstammung ist der Christusbotschaft fremd." Damit war die Absage an die Judenmission, wie sie aus dem RSB hervorging und für die meisten Juden als Voraussetzung eines Dialogs auf Augenhöhe feststand, in provokanter Form in Frage gestellt worden. Auch die besondere politische Verantwortung der Deutschen für das gegenwärtige Israel war in den Punkten 1 und 2 der Bonner „Erwägungen" durch den Vorwurf, der RSB unterscheide nicht „zwischen Israel und Juden", in ungeschickter Weise relativiert worden. Schließlich hieß es unter 7., das Bekenntnis zur Schuld solle „nicht die nationalsozialistische Ideologie und deren Verbrechen als christliche oder von Christen als solchen begangen oder verschuldet missinterpretieren." Damit handelte es sich um eine unangemessene Relativierung christlicher Schuld in der NS-Zeit.

Es entbrannte ein teilweise höchst emotional geführter Streit zwischen den Protagonisten des RSB (bzw. der Rheinischen Landeskirche) und den 13 kritisierenden Professoren der Bonner Fakultät, dessen Nachwirkungen auch noch mehr als 40 Jahre später spürbar sind. Die gegenseitigen Vorwürfe und Verletzungen waren enorm.

§ 2 Positive Neuanfänge

Wolfram Kinzig hat in einer luziden und detailreichen Analyse gezeigt, dass die Auseinandersetzungen sowohl politisch als auch biblisch-exegetisch und konfessionell geprägt waren (KINZIG 2023, 297 zählt sieben Dimensionen auf). Besonders aufschlussreich ist Kinzigs Aufweis, dass sich bei den beiden Parteien eine reformierte Bundestheologie mit Bezügen zu Karl Barth (landeskirchlicher Ausschuss „Christen und Juden") und eine lutherische Lehre von Gesetz und Evangelium mit Bezügen zu Rudolf Bultmann (Bonner Professoren) ausmachen lassen. Der Streit griff immer wieder auch auf die persönliche Ebene über, so dass „persönliche Eitelkeit und Unduldsamkeit" herrschten (ebd.). Vonseiten des Ausschusses „Christen und Juden" wurde noch 25 Jahre später das Urteil formuliert, das Bonner Papier belege die traditionelle Trennung von Antisemitismus und Antijudaismus (→ § 3.1); jener werde von den „Erwägungen" verworfen, dieser aber festgehalten und tradiert (KINZIG 2023, 265, Anm. 63). Die Fronten blieben verhärtet und die theologischen Fragen ungelöst. In dem bilanzierenden Band 2005 blieb der Streit mit den Bonner Professoren unbearbeitet und wurde nur im Vorwort erwähnt (KRIENER/SCHMIDT 2005, IX).

1.7 Doch das Thema einer christlichen Israeltheologie war damit nicht erledigt. Vor allem die Frage nach dem Verhältnis Israels zu Jesus Christus und zur Christologie, verbunden mit der Interpretation von Röm 11,25–32, blieb ebenso unbeantwortet wie diejenige nach dem – freilich immer problematischen – christlichen Zeugnis gegenüber Israel und den Juden. Das Denkmodell der Hineinnahme der Völker in Gottes Bund mit Israel im RSB löst das Problem nur scheinbar, nämlich dadurch, dass die Bedeutung der Christologie auf die in Christus geschehende Erwählung der Völker beschränkt wird. Christus

1. Kapitel: Deutschland und Juden

hat dann für Israel keinerlei Bedeutung, weil die Rettung Israels bereits durch die Erwählung zum Bund erfolgt ist. Das Christusereignis ist dann nur für die Heiden relevant. Diese Sicht ist jedoch mit Röm 3,9 und Röm 10,12 nicht in Einklang zu bringen. Die 13 Bonner Professoren hatten zwar apodiktisch und damit unangemessen formuliert, aber ihre Anfragen sind damit nicht einfach gegenstandslos. Es muss wahrgenommen werden, dass – jedenfalls nach der paulinischen Theologie – auch der Bund Gottes mit Israel durch die Lebensgeschichte Jesu erneuert wird (→ § 6.2). Wenn dabei jedoch die Geschichte Jesu Christi dezidiert jüdisch akzentuiert wird (→ § 16.6), ergeben sich weitere gemeinsame Perspektiven für das Verhältnis von Kirche und Israel.

2. Die Handreichung „Kirche und Israel" der Leuenberger Kirchengemeinschaft von 2001

2.1 Eine ganz andere Form als der RSB hat die Studie „Kirche und Israel" der reformatorischen Kirchen in Europa („GEKE"). Es handelt sich bei diesem Dokument nicht um eine thetisch bekennende Aussage (bzw. um ein „Bekenntnis"), sondern um eine Art Denkschrift mit verschiedensten exegetischen, kirchenhistorischen, systematischen und praktischen Überlegungen, die immerhin 75 Druckseiten umfasst (KIRCHE UND ISRAEL 2021, 17–93; Nachweise künftig nur mit Seitenzahlen). Die Studie wurde im Sommer 2001 von der 5. Vollversammlung der Gemeinschaft Evangelischer Kirchen in Europa (damals noch unter dem Namen „Leuenberger Kirchengemeinschaft") angenommen und 2021 erneut publiziert.

In dem GEKE-Text wird ausführlich referiert und abgewogen, bis es schließlich zu praktischen Empfehlungen

§ 2 Positive Neuanfänge

kommt (81–89). Auch diese Studie folgt in wesentlichen Weichenstellungen dem Weg, den der RSB gebahnt hatte. Die europäischen Kirchen nennen die „Mitverantwortung und Schuld" (90) der Christen und der christlichen Kirchen an Antisemitismus und Shoah beim Namen; entsprechend gelte es den Ursachen „für den immer wieder aufflammenden Judenhass" nachzugehen (29). Die bleibende Erwählung und die theologische Bedeutung Israels für den christlichen Glauben werden hervorgehoben, aber auch die Erwählung der Kirche durch Christus wird vermerkt (69. 74f.). Die Judenmission wird mit dem Verweis auf die Erwählung Israels klar zurückgewiesen (79. 85) und die Bedeutung des Christusereignisses für Israel und das Judentum wird mit Röm 11,33–36 offengehalten: Mit dem Bekenntnis zu den „Grenzen des theologischen Wissens und Redens" endet der Text (90).

2.2 Einleitend wird betont, dass das Verhältnis zu Israel für die Kirche kein Spezialthema, sondern Teil der Ekklesiologie, also „ein unmittelbarer Aspekt der Identität der Kirche" ist (28). Vermerkt wird, dass die Bedeutung des Christusglaubens für Israel und die Bedeutung der sich zu Christus bekennenden Juden in der jüngsten Vergangenheit „selten gestellt" wurde (36). Bei der Zusammenstellung biblischer Perspektiven wird u.a. hervorgehoben, dass Paulus, Matthäus und Johannes mit der Abgrenzung von den nicht an Christus glaubenden Juden die Kontinuität der jüdischen Tradition für sich reklamierten (45). Kirchenhistorisch werden der Judenhass in der Predigt der Bettelorden und bei Martin Luther eigens erwähnt (46f.). Auch Calvins Sicht der Juden als „Abtrünnige" in der „Institutio" (Inst. II,10.2) wird angemerkt (49).

Der systematische Teil stellt einleitend klar, dass die sogenannte „Substitutionstheorie", also „die Theorie der

1. Kapitel: Deutschland und Juden

‚Enterbung' Israels bzw. der ‚Ablösung' Israels durch die Kirche falsch ist" (54). Die Vorstellung des „ungekündigten Bundes" und der Hineinnahme der Christen in den Bund Gottes mit Israel wird erwogen, aber nicht (wie im RSB) als theologisch leitend herausgestellt; bei diesen Vorstellungen bleibe offen, wie das Verhältnis zwischen Kirche und Israel theologisch zu denken und wie Jer 31 zu deuten sei (56).

2.3 Die Studie setzt die Akzente sodann erkennbar anders als der RSB, wenn unter der Überschrift „Die Offenbarung des Gottes Israels in Jesus Christus" ausgeführt wird: „Der christliche Glaube versteht die Christusoffenbarung als den entscheidenden Akt im erwählenden Handeln Gottes (Gal 4,4; Hebr 1,1–4)" (59). Der Bund mit Israel wird in Christus nicht nur *bestätigt,* sondern auch *erneuert* – und das bedeutet *vertieft* und *erweitert* (60 f.). Weil die Kirche sich zu dem Einen Gott Israels *aufgrund* des Glaubens an Christus und den Heiligen Geist bekennt, darum „versteht sie diesen Gott anders als Israel, und sie spricht auch anders von diesem Gott, als Israel es tut." (67) Verhielt es sich im RSB so, dass das Christusereignis die Hineinnahme der Nichtjuden in den Bund mit Israel und damit keine neue Offenbarung bedeutete, sondern die Erweiterung des Adressatenkreises der Israeloffenbarung, so ist hier die Differenz zwischen dem Israelbund und dem Taufbund nicht verschwiegen. Beim RSB könnte man also von einem in Christus *erweiterten*, bei der GEKE-Studie von einem *erneuerten* Bund sprechen. Entsprechend wird auch die Vorstellung von der „Unveränderlichkeit" Gottes in der GEKE-Studie trinitätstheologisch zurückgewiesen (68). Micha Brumlik hat denn auch in einem Kommentar zur GEKE-Studie aus jüdischer Sicht den großen Unterschied zwischen einer individuellen Tora-Eschatologie und der Hoffnung auf Christus deutlich gemacht (225).

Sind der RSB und die Studie „Kirche und Israel" in erster Linie Gegenstand der professionellen theologischen Auseinandersetzung, so gibt es auch eine Israeltheologie für den Gemeindealltag. Diese betrifft die Auswahl der alttestamentlichen Lese- und Predigttexte. Gerade dabei zeigt sich der theologische Stellenwert Israels.

3. Die neue Perikopenordnung (OGTL) in der Evangelischen Kirche Deutschlands von 2018

3.1 Der Gottesdienst ist eine wesentliche christliche Lebensäußerung und zentral darin sind die gelesenen und gepredigten biblischen Texte („Perikopen"). Seit dem 4.–6. Jahrhundert sind Perikopenordnungen nachzuweisen, die den Sonntagen im Kirchenjahr eine bestimmte Prägung geben. Seit ca. 650 stand die Evangelienreihe in der Stadt Rom und seit dem 8. Jahrhundert die Epistelreihe im Frankenreich fest. Luther legte die alten Evangelien und Episteln seinen Predigten zugrunde und Heinrich Schütz wie Johann Sebastian Bach komponierten ihre gottesdienstliche Musik danach. Auch die Revisionen der Perikopenordnungen seit dem 19. Jahrhundert behielten die „alten" Evangelien und Episteln im Wesentlichen bei (MEYER-BLANCK 2020, 433–436).

Ein schon länger beobachtetes Problem war die unzureichende Berücksichtigung alttestamentlicher Texte in den Perikopenreihen. Luther predigte aus dem Alten Testament nur in der Vesper am Nachmittag; bestimmend blieben Evangelium und Epistel. Erst mit der Eisenacher Perikopenreform von 1896 gab es (neben den beiden alten und zwei neuen Episteln und Evangelien) für jeden Sonntag (als fünfte) auch eine alttestamentliche Perikope (PERIKOPENBUCH 1897). Ebenso war nach den letzten EKD-Revisionen von 1958 und 1978 nur einer von sechs Texten eines Sonn- und Feiertages dem Alten Testament entnommen.

Besonders die im jüdisch-christlichen Dialog Engagierten bemängelten dies und forderten erheblich mehr Altes Testament im Gottesdienst. Auch die GEKE-Studie von 2001 mahnte die Überprüfung der Predigtperikopenreihen an (KIRCHE UND ISRAEL 2021, 85 f.). Darüber hinaus wurde eine Zuordnung beider Testamente kritisiert, der zufolge das Alte Testament als „Verheißung", als „Gesetz" oder gar als Zeugnis des scheiternden Menschen interpretiert wurde, das Neue Testament dagegen als „Erfüllung" oder als „Evangelium" (MEYER-BLANCK 2020, 446–450). Diese Verstehensmuster liefen darauf hinaus, das Alte Testament abzuwerten bzw. es ausschließlich vom Neuen Testament her zu interpretieren. Den alttestamentlichen Perikopen wurde die Chance genommen, etwas Eigenständiges zu sagen.

3.2 Im Vorfeld der anstehenden Revision veröffentlichte die „Konferenz Landeskirchlicher Arbeitskreise Christen und Juden" (KLAK) ein neues Perikopenmodell, das für jeden Sonntag fünf Texte vorschlug. An die Stelle der bisherigen Dreiteilung 1. Evangelien, 2. Episteln, 3. Altes Testament trat nun die Einteilung 1. Tora, 2. Propheten, 3. Schriften, 4. Evangelien, 5. Episteln (KLAK 2009). Auch dieses Modell ging von den altkirchlichen neutestamentlichen Perikopen aus. Jeder der fünf Texte eines Sonn- und Feiertags sollte im Verlauf von fünf Jahren gepredigt werden. Statt bisher ein Sechstel machten die AT-Texte damit 60 Prozent der Predigttexte aus. Sie sollten den Charakter der Sonntage künftig sehr viel stärker

§ 2 Positive Neuanfänge

bestimmen: „Es ist an der Zeit, die Schönheit und Tiefe der Weisheit, die Schärfe der Prophetie, die Lebensnähe der Tora in den christlichen Gottesdiensten zu Gehör zu bringen." (KLAK 2009, 2) Neben den Voten aus der KLAK fanden sich vor allem zwei weitere Einwände gegen die geltende Textordnung: Die Perspektive von Frauen sei zu wenig berücksichtigt und die schwer zu predigenden Episteln hätten ein zu starkes Gewicht. Die verschiedenen liturgischen Gremien waren sich einig, dass es Zeit war für eine Reform.

In den Jahren 2010 bis 2018 wurde dann in mehreren gut abgestimmten Schritten die neue „Ordnung gottesdienstlicher Texte und Lieder (OGTL)" erarbeitet, verabschiedet und eingeführt (zu den Einzelheiten s. DEEG 2018), so dass die neuen gottesdienstlichen Bücher (Lektionar und Perikopenbuch) 2018 erscheinen konnten und die Ordnung am 1. Advent 2018 startete. Diese enthält nun für jeden Kasus nicht mehr eine, sondern zwei alttestamentliche von weiterhin sechs Perikopen. Das wesentlich stärkere Gewicht der alttestamentlichen (Predigt-)Texte ist zweifellos das bedeutendste Novum. Alexander Deeg, der in dem gesamten Prozess eine maßgebliche Rolle spielte, stellt fest:

„Die entscheidende Veränderung durch die Perikopenrevision liegt zweifellos in der annähernden Verdopplung der Anzahl alttestamentlicher Texte im gesamten Textbestand des Lektionars. Das Alte Testament gewinnt so mehr Raum im Klangraum des evangelischen Gottesdienstes; die Israel-Kontur christlichen Glaubens wird noch deutlicher herausgearbeitet." (DEEG 2018, 21, dort kursiv)

3.3 Umso überraschender, ja skurriler ist der Umstand, dass gerade in den Jahren 2013 bis 2017 eine von dem Ber-

1. Kapitel: Deutschland und Juden

liner Systematischen Theologen Notger Slenczka angestoßene Grundsatzdiskussion zur praktischen Geltung des Alten Testaments in der gegenwärtigen Kirche geführt wurde. Slenczka war von der Beobachtung ausgegangen, dass der erste Teil der Bibel de facto eine geringere Bedeutung für das christliche Zeugnis habe, weil man zunächst von der historischen Kritik und dann besonders im jüdisch-christlichen Dialog gelernt habe, dass das Alte Testament *nicht* das Zeugnis von Jesus Christus, dem entscheidenden Bezugspunkt des Evangeliums sei. Damit werde das Alte Testament im kirchlichen Gebrauch praktisch in herabgestufter Weise gelesen (SLENCZKA 2013, 119). Daraus entwickelte er die „These, dass das AT in der Tat, wie Harnack vorgeschlagen hat, eine kanonische Geltung in der Kirche nicht haben sollte." (SLENCZKA 2013, 83)

Gerade in den Jahren also, da das Alte Testament in der EKD an liturgischer Bedeutung erkennbar zunahm, wurde ein faktischer Bedeutungsrückgang konstatiert und befürwortet, so dass man an dieser Stelle auch einen Mangel an Kontakt zwischen Systematischer und Praktischer Theologie sehen kann. Nicht zuletzt weil Slenczkas Äußerungen zur Geltung des Alten Testaments zwischen deskriptiven und normativen Anteilen changierten, entspann sich dazu eine kontroverse und auch höchst emotional geführte Diskussion, in deren Verlauf Slenczka massiver Antijudaismus vorgeworfen wurde. Darauf ist später ausführlich zurückzukommen (→ § 13.1).

Zusammenfassung

Die Kirchen haben sich seit dem Kirchentag 1961 mehr und mehr bemüht, ihr Verhältnis zum Judentum und zu

§ 2 Positive Neuanfänge

Israel zu klären und zu erneuern. Dabei stand ein deutliches christliches Schuldeingeständnis angesichts der Shoah am Anfang, gefolgt von dem Bekenntnis zu dem ungekündigten Bund Gottes mit Israel (Röm 11,1f.). Aus diesen beiden Punkten ergab sich die klare Absage an Versuche, Juden zum christlichen Glauben zu bekehren („Judenmission"). Eine besonders wichtige Rolle in den evangelischen Kirchen spielte der rheinische Synodalbeschluss (RSB) von 1980 zu einem erneuerten Verhältnis der Kirche zu Israel. Der RSB operierte mit dem Theologumenon der Hineinnahme der Christen in den Israelbund, während die Studie „Kirche und Israel" der Gemeinschaft Evangelischer Kirchen in Europa 2001 von der zweifachen – und nicht identischen – Erwählung Gottes durch den Sinaibund und durch Jesus Christus ausging. Das erneuerte Verhältnis zu Israel zeigt sich schließlich in einer quantitativ und qualitativ reicheren Rezeption des Alten Testaments in den evangelischen Kirchen. Diese fand u.a. in der Verdoppelung des Anteils von AT-Texten bei der Perikopenrevision in der EKD von 2018 ihren Niederschlag. Die Diskussionen in deren Umfeld haben gezeigt, dass die Rolle der Christologie sowie die Geltung des Alten Testaments für die Beziehungen der Kirche zum Judentum und zu Israel immer neu klärungsbedürftig sind.

§ 3 Strukturen von Hass und Vorurteil: Antisemitismus, Antijudaismus, Antizionismus

Literatur: Michael Brenner: Geschichte des Zionismus, München ⁵2019 [2002] ♦ Michel Friedman: Interview, in: ZEIT-Magazin Nr. 35 (25.8.2022), 16–25 ♦ Alice Hasters: Was weiße Menschen nicht über Rassismus hören wollen aber wissen sollten, München ¹⁶2020 [2019] ♦ Kurt Nowak: Evangelische Kirche und Weimarer Republik. Zum politischen Weg des deutschen Protestantismus zwischen 1918 und 1932, Göttingen ²1988 [1988] ♦ John T. Pawlikowski: Art. „Judentum und Christentum", in: TRE 17 (1988), 386–403 ♦ Barbara Schäfer: Art. „Zionismus", in: TRE 36 (2004), 697–704 ♦ Peter Schäfer: Kurze Geschichte des Antisemitismus, München ²2020 [2020] ♦ Monika Schwarz-Friesel: Toxische Sprache und geistige Gewalt. Wie judenfeindliche Denk- und Gefühlsmuster seit Jahrhunderten unsere Kommunikation prägen, Tübingen 2022 ♦ Ulrich Sieg: Vom Ressentiment zum Fanatismus. Zur Ideengeschichte des modernen Antisemitismus, Hamburg 2022 ♦ Michael Wolffsohn: Eine andere Jüdische Weltgeschichte, Freiburg u. a. 2022

Der Hass auf Jüdinnen und Juden und auf alles, was jüdisch ist, hat viele Ausprägungen. Frühe Formen finden sich schon in der Antike und vor dem Christentum, während der Begriff „Antisemitismus" erst im 19. Jahrhundert aufkam. Dabei stellt sich für eine Gesellschaft die grundlegende Frage, ob sich Vorurteile und Hass lediglich bei einzelnen Personen und Gruppen finden, oder ob es sich

§ 3 Strukturen von Hass und Vorurteil

um ein Phänomen handelt, das seinen Grund in der Struktur der Gesellschaft und ihres Wertesystems hat, ob man also von einem „strukturellen" Antisemitismus sprechen muss. In diesem Sinne äußerte der Publizist Michel Friedman im Sommer 2022 das Empfinden, dass sein Vertrauen in die deutsche Gesellschaft insgesamt abgenommen habe. Er begründete das so:

„Weil ich einen strukturellen und einen systematischen Antisemitismus erlebe. Mindestens so sehr beunruhigt mich, dass die Mehrheit, die sich zur Demokratie bekennt, immer noch zu leise, zu passiv, zu bequem ist, um für die Demokratie zu kämpfen, obwohl alle sehen, wie sehr diejenigen kämpfen, die sie zerstören wollen. […] Ich leide daran, wozu Menschen fähig sind und dass die Decke unserer Zivilisation dünn ist." (FRIEDMAN 2022, 24 f.)

Und Michael Wolffsohn entnimmt der Geschichte Europas die „deprimierende" Lehre: „Europas Juden waren (!) integriert, assimiliert und akkulturiert. Geradezu extrem. Es half ihnen nicht." (WOLFFSOHN 2022, 305) Muss man bei der gegenwärtigen bundesrepublikanischen Gesellschaft von einem durchgehenden und systembedingten, also einem „strukturellen" Antisemitismus sprechen? Oder handelt es sich um ein Randphänomen und um Positionen, die lediglich von Extremisten vertreten werden?

Für die theologische Spurensuche und Bewertung sind die in diesem Paragraphen vorzunehmenden Unterscheidungen nur von sekundärer Bedeutung, weil die verschiedenen Formen und Begründungen von Judenhass immer wieder ineinander übergehen und sich gegenseitig stützen und weil jede solche – angeblich theoriegestützte – Begründungsfigur von Hass und Vorurteil schnöde und verachtenswert ist. Dennoch müssen die verschiedenen Spielarten des Antijüdischen unterschieden werden, um

1. Kapitel: Deutschland und Juden

deutlich zu machen, in welche Gesellschaft man mit theologischen Fehlurteilen geraten kann.

1. Die Begriffe „Antijudaismus" und „Antisemitismus"

1.1 Die beiden theoretischen Kategorien waren viele Jahrhunderte lang unnötig, insofern man einfach antijüdische Vorurteile (die angebliche Gesetzlichkeit und Lebensferne religiöser Vorschriften bis hin zu den Vorwürfen von Gottesmord, Hostienfrevel, Brunnenvergiftung und Ritualmord) immer weiter kolportierte, ohne sich zu dieser (eigenen) Praxis absurder Vorurteile eine Theorie machen zu müssen. Dies war erst im 19. Jahrhundert der Fall, als der Siegeszug des wissenschaftlichen Denkens zur Entstehung der Geisteswissenschaften und damit zu Kategorisierungen führte, die die eigenen Prinzipien mit programmatischen Bezeichnungen versah.

Der programmatische Begriff „Antisemitismus" entstand so erst im Laufe des Berliner Antisemitismusstreits um 1880 (→ § 9). Die entscheidende Veränderung im Vorfeld dieses Streites war das 1869 für den Norddeutschen Bund bzw. 1871 für das Deutsche Reich in Kraft gesetzte „Gesetz, betreffend die Gleichberechtigung der Konfessionen in bürgerlicher und staatsbürgerlicher Beziehung". Dadurch wurde „die Befähigung zur Theilnahme an der Gemeinde- und Landesvertretung und zur Bekleidung öffentlicher Ämter vom religiösen Bekenntniß unabhängig" (SCHÄFER 2020, 202). Gerade diese uneingeschränkten Bürgerrechte der Juden waren Gegenstand der sich zehn Jahre später formierenden „Antisemiten". Der Begriff „Antisemitismus" wird allgemein auf den – um 1848 noch radikaldemokratischen und sozialreformerischen –

§ 3 Strukturen von Hass und Vorurteil

Journalisten Wilhelm Marr (1818–1904) zurückgeführt, der die judenfeindlichen Tiraden des Oberhofpredigers Adolf Stoecker (→ § 10) und des Historikers Heinrich von Treitschke (→ § 9.3) aufnahm, indem er 1879 die „Antisemiten-Liga" gründete und etablierte. Damit bürgerte sich der Begriff allgemein ein. Er stammte ursprünglich aus der Sprachwissenschaft, wo man die „semitischen" von den „indoeuropäischen" oder „arischen" Sprachen unterschied (Sieg 2022, 33; Schäfer 2020, 203). Auf jeden Fall wurde der Antisemitismus mit Treitschke akademisch salonfähig. Die Position des jüdischen Marburger neukantianischen Philosophen Hermann Cohen (1842–1918) dagegen, der Antisemitismus sei ein unvernünftiges Relikt der Vergangenheit und darum nicht zukunftsfähig (Sieg 2022, 38), setzte sich nicht durch und erwies sich ein halbes Jahrhundert später als fataler Irrtum.

Aber nicht nur der Begriff „Antisemitismus" war neu, sondern vor allem die ideologische Unterstützung des Judenhasses. Mit der aufkommenden Biologie und Vererbungslehre begründete man den Hass nicht mehr religiös, sondern rassistisch: Das Judesein war in antisemitischer Lesart allein eine Sache der Geburt und Herkunft – und nicht des religiösen Bekenntnisses. Im Gegenteil: Den Juden wurde unterstellt, sie wollten mit religiösen Begründungen darüber hinwegtäuschen, dass sie eine durch Herkunft (durch ihr „Blut" bzw. ihre „Rasse") definierte Gruppe seien, Angehörige einer anderen Nation, eines Staates im Staate. Die Antisemitismus-Kategorie beinhaltet diese Unterstellung des notwendigerweise Undeutschen. Das Judentum galt nicht als Religionsgemeinschaft, sondern als fremdes Volk. Mit dieser Unterstellung durch den „Antisemitismus" waren Juden überall staatenlos, heimatlos und schutzlos geworden, so dass sie im

1. Kapitel: Deutschland und Juden

Grunde nirgendwo leben konnten außer in einem eigenen Staat.

Die antisemitische Argumentationsstruktur war bestens geeignet, die jüdischen Bürgerrechte zu bestreiten: Wenn Juden eine „Rasse" *sind* (statt eine Konfession zu *haben*), können sie niemals deutsch werden und niemals bürgerliche Rechte in Anspruch nehmen. Der Antisemitismus war darum im Kern zunächst die passende Ideologie zur Unterfütterung rechtlicher Diskriminierung und der damit bezeichnete Streit seit 1879/80 trägt diesen Namen zu Recht (→ §§ 9–10). Von Anfang an verband sich mit dem Antisemitismus der Antiliberalismus.

In seinem 1897 veröffentlichten „Antisemiten-Catechismus" dekretierte der Verleger Theodor Fritsch (1852–1933) unter dem Pseudonym Thomas Frey (in erweiterter Form als „Handbuch der Judenfrage" mit 45[!] Auflagen bis 1939): „Es fällt Niemandem ein, die Juden ihrer Religion wegen zu bekämpfen…Wie schon der Name sagt, richtet sich der Antisemitismus gegen die ‚Semiten', also gegen eine Rasse, nicht gegen eine Religion." (SCHÄFER 2020, 216) Ähnlich heißt es dann bei Houston Stewart Chamberlain (1855–1927), dem volkstümlichen Verbreiter der Rassentheorie (und Schwiegersohn Richard Wagners), der „Ausdruck Jude" bezeichne „eine bestimmte, erstaunlich rein erhaltene Menschenrasse, nur in zweiter Reihe und uneigentlich die Bekenner einer Religion." (SCHÄFER 2020, 217) Unzählige zeigten sich von Chamberlain beeinflusst, so etwa der Flensburger Hauptpastor Friedrich Andersen (1860–1940), der Jesus mit Chamberlain zum Nichtjuden erklärte und die Abschaffung des Alten Testaments in der Kirche forderte (SCHÄFER 2020, 234 f.). 1921 gehörte Andersen zu den Gründern des „Bundes für deutsche Kirche" (mit dem Monatsorgan „Die Deutschkirche"), seit 1928 trat Andersen als Redner für die NSDAP auf und war so ein maßgeblicher Vorläufer der „Deutschen Christen" in der NS-Zeit (NOWAK 1988, 247–251).

1.2 Mit der Etablierung des Antisemitismus kann man nun davon den „Antijudaismus" als Inbegriff der religiösen und theologischen Diskriminierung unterscheiden. Die Karikaturen des Judentums als *Religion* existierten neben dem neu konturierten „Antisemitismus" weiter, wobei sich beide gegenseitig verstärkten. Besonders der Talmud war Gegenstand feindlicher Verzeichnungen des Judentums. Hier ist das Pamphlet des katholischen Theologieprofessors August Rohling (1839–1931) zu nennen, das unter dem Titel „Der Talmudjude" – eine in der NS-Zeit stehende Redewendung – erstmals 1871 erschien. Rohling behandelt darin die „verderbte Glaubenslehre des Talmudjuden" und die „verderbte Sittenlehre des Talmudjuden". Hier tauchen die später bis zum Exzess wiederholten Unterstellungen auf wie die, die Juden seien Betrüger, die Wucherzinsen nähmen und die Weltherrschaft anstrebten (SCHÄFER 2020, 204). An dieser Schmähschrift sieht man deutlich, wie der Antijudaismus in seiner pseudoreligiösen Darstellung in den Antisemitismus übergeht. Dem Talmud wurde vorgeworfen, die Juden zum Betrug an den Christen aufzurufen.

1.3 Der Marburger Antisemitismus-Prozess 1888 ging ernsthaft der Frage nach, ob das tatsächlich der Fall sei, wie es der Marburger Bibliothekar und Reichstagsabgeordnete Otto Böckel (1859–1923) im Wahlkampf und ein Volksschullehrer im Unterricht behauptet hatte. Böckel betonte vor Gericht nachdrücklich, dass er und seine Partei die Juden nicht aus religiösen, sondern aus rassischen Gründen bekämpften (SIEG 2022, 85–99). Der angesehene Göttinger Orientalist, Lutherverächter und Antisemit

1. Kapitel: Deutschland und Juden

Paul de Lagarde (1827–1891) trat im Marburger Prozess als Gutachter gegen den jüdischen Gutachter, den neukantianischen Philosophen Hermann Cohen (1842–1918), auf und beschrieb die Juden als ein „Stück faulendes Holz": Sie seien „in jedem europäischen Staat Fremde, und als Fremde nichts anderes als Träger der Verwesung" (Sieg 2022, 92). Darüber hinaus erneuerte Lagarde den mittelalterlichen Ritualmordvorwurf unter Rückgriff auf August Rohlings Schmähschrift „Der Talmudjude". Immerhin verlor seine Partei den Prozess, der aber zugleich deutlich machte, wie salonfähig das antijüdische Denken knapp ein Jahrzehnt nach dem großen Berliner Streit (→ §§ 9–10) auch in der Provinz war. Dabei verbanden sich Antisemitismus und Antiliberalismus. Besonders die liberale „Toleranz" erschien Lagarde verwerflich (Sieg 2022, 109) – und es gelang ihm damit, verschiedenste Menschen, darunter auch Intellektuelle, zu überzeugen. So widmete Ernst Troeltsch Lagarde den zweiten Band seiner gesammelten Schriften und der junge Thomas Mann rechnete Lagarde mit Wagner und Nietzsche zu den Großen des deutschen Volkes (Sieg 2022, 120. 122). Aber auch Adolf Hitler fand bei Lagarde, was er suchte (Sieg 2022, 126–138).

1.4 Der pseudowissenschaftlich seit 1879 neu, eben rassistisch begründete Judenhass, der sich selbst „Antisemitismus" zu nennen begann, bedeutete insgesamt nur eine neue Facette bei der Begründungsgenerierung. Doch diese neue Qualität des Hasses war wohl wegen der naturwissenschaftlichen Aufladung von einer bisher nicht denkbaren Tragweite, die in dem industriell geplanten Massenmord Nazideutschlands endete. Dem widervernünftigen und illiberalen Ressentiment gelang es auf diese Art und Weise, sich einen modernen Anstrich zu geben.

§ 3 Strukturen von Hass und Vorurteil

2. Zionismus

2.1 Neben dem Hass auf alles Jüdische (Antisemitismus) und auf die jüdische Religion (Antijudaismus) gibt es auch eine antijüdische Kritik, die sich vor allem gegen den Staat Israel oder gegen dessen Politik richtet. Diese Einstellung wird allgemein mit dem Begriff „Antizionismus" bezeichnet, weil sich mit der Kategorie des „Zionismus" von jeher die Hoffnung auf einen autonomen jüdischen Staat verband. Zionistische Hoffnungsvorstellungen gab es seit der Zerstörung des ersten Jerusalemer Tempels (auf dem Zionsberg) im Jahre 586 vor Christus. Der Name „Zion" wurde zum Synonym der Gottesnähe und des erfüllten Lebens; man vergleiche dazu nur Jes 2,3 und die vielen Belege im Jesaja- und Jeremiabuch sowie die zahlreichen Stellen in den Psalmen (z. B. Ps 48,3. 12f. und Ps 126,1). In der jüdischen Frömmigkeit wie dem Achtzehn-Bitten-Gebet lebte die Sehnsucht nach Jerusalem über die Jahrhunderte fort.

2.2 Der moderne Zionismus entstand als ein völlig neuer internationaler Aufbruch am Ende des 19. Jahrhunderts im Kontext des modernen Nationalismus und als Reaktion auf den grassierenden Antisemitismus, wie er sich etwa in den antijüdischen Pogromen in Russland 1881 (nach der Ermordung von Zar Alexander II.) und in der Dreyfus-Affäre in Frankreich 1894/95 zeigte. 1893 erlangten in Deutschland bei der Wahl zum Reichstag 16 antisemitische Abgeordnete ein Mandat.

Der Zionismus ist die Antwort auf die Einsicht, dass die Assimilation der Juden an die Mehrheitsgesellschaft nicht zum Ziel der jüdischen Emanzipation führte. Das Judentum wurde in der 2. Hälfte des 19. Jahrhunderts immer weniger als Religion bzw. Konfession angesehen, sondern

1. Kapitel: Deutschland und Juden

als Volk oder Nation (bzw. als „Rasse"). So konnten Juden nach der herrschenden Meinung niemals deutsch sein. Wie sehr dies die geltende Anschauung war, zeigt sich an der Tatsache, dass Juden in Preußen bzw. im Kaiserreich vor 1914 nicht Offiziere werden konnten (wenn sie sich nicht taufen ließen). Erst recht in Osteuropa wäre kaum jemand auf die Idee gekommen, von Staatsbürgern jüdischen Glaubens zu sprechen (BRENNER 2019, 12). Unter den drei Millionen polnischen Juden hatte der europäische Zionismus zwischen den Weltkriegen dann sein Zentrum.

2.3 Der Zionismus verbindet sich historisch vor allem mit seinem Ideengeber und Gründer, dem Journalisten und österreichisch-ungarischen Publizisten Theodor Herzl (1860–1904). Er wuchs in einer assimilierten jüdischen Familie in Budapest auf und kam 1878 nach Wien. Noch 1893 dachte Herzl an eine Massenkonversion zum Christentum mit einer großen Feier im Stephansdom. Doch 1895 wurde der christlich-soziale Antisemit Karl Lueger (1844–1910) mit absoluter Mehrheit zum Wiener Bürgermeister gewählt, so dass sich Herzl unter dem Eindruck der antisemitischen Entwicklungen in West- und Osteuropa endgültig vom Prinzip der Assimilation abwandte und 1896 seine einflussreichste Schrift verfasste. Diese trug den Titel: „Der Judenstaat. Versuch einer modernen Lösung der jüdischen Frage" und ist durchaus pragmatisch angelegt: Es geht darin u. a. um Immobiliengeschäfte, Landkauf, Arbeiterwohnungen und Geldbeschaffung für den neuen Staat. Die Sprache sollte Deutsch sein, der Ort Palästina oder auch Argentinien (BRENNER 2019, 34 f.).

Aufgrund der großen Resonanz, die seine Schrift fand, berief Herzl 1897 den ersten zionistischen Kongress ein.

§ 3 Strukturen von Hass und Vorurteil

Dieser konnte allerdings nicht wie geplant in München stattfinden, da der dortige „Allgemeine Deutsche Rabbinerverband" das Gegenargument vorbrachte, das bis heute gegenüber dem Zionismus und Israel geltend gemacht wird: „Die Bestrebungen sogenannter Zionisten, in Palästina einen jüdischen Staat zu gründen, widersprechen den messianischen Verheißungen des Judentums, wie sie in der heiligen Schrift und den späteren Religionsquellen erhalten sind" (BRENNER 2019, 39). Außerdem, so die Rabbiner, verpflichte das Judentum seine Bekenner, dem jeweiligen Vaterland, dem sie angehören, mit Hingabe zu dienen.

Der dann in Basel stattfindende Kongress forderte eine Heimstätte für die Juden in Palästina, aber auch eine Neubesinnung auf das Wesen des Judentums. Die Losung des Kongresses lautete: „Zionismus ist die Heimkehr zum Judentum noch vor der Rückkehr ins Judenland" (BARBARA SCHÄFER 2004, 698). Politische und nationale Ziele verbanden sich mit spirituellen. Neu in Basel 1897 war die Forderung, vorbereitende Schritte bei den Regierungen anderer Staaten zu unternehmen, um die Zustimmung zur Gründung eines Judenstaates (nicht eines *jüdischen* Staates!) zu erlangen.

Herzl war bis zu seinem Tod 1904 Präsident der in Basel gegründeten zionistischen Weltorganisation und die zionistischen Kongresse wurden zunächst jährlich und seit 1901 im zweijährigen Turnus abgehalten. Beim 6. Kongress 1903 wurde über den Plan der englischen Regierung gestritten, einen Judenstaat in Uganda anzusiedeln, so dass der zionistischen Bewegung die Spaltung drohte. Nach Herzls Tod wurde der Ugandaplan 1905 ad acta gelegt und die zionistische Bewegung profilierte sich auch kulturell, vor allem durch die Förderung der neuhebräischen Sprache. Dabei bedeuteten die zionistischen Ideale eine Art von Antithese zur bisherigen diasporajüdischen Lebensform als Händler oder Gelehrter: „wehrhaft, stark, Bauer statt Stadtbourgeois oder Fastbettler" (WOLFFSOHN 2022, 303). Erste Einwanderungsbewegungen (genannt „Alija", „Aufstieg") gab es schon zwischen 1881 und 1904 sowie zwischen 1905 und 1914, so dass die jüdische Bevölkerung in Palästina auf 80.000 anwuchs, wobei von Anfang an Widerstand der arabischen Bevölkerung spürbar war. Die erste groß angelegte jüdische Stadt war Tel Aviv (gegründet 1909).

Der Zionismus pluralisierte sich in einen kulturellen, sozialistischen und nationalen Flügel, wobei die Religion traditionell eine untergeordnete Rolle spielte. Der Zionismus war und ist eine primär säkulare Bewegung und auch gegenwärtig betrachtet sich nur ein Fünftel der israelischen Gesellschaft als religiös (BRENNER 2019, 74–91).

Im Rückblick kann man Herzls Gespür für das damals Notwendige und Mögliche nur bewundern. Auf die verbreitete Fraglichkeit des Judentums als einer Religion reagierte er nicht mit der Behauptung des Gegenteils, sondern mit einem säkularen Organisationskonzept, das sich im Laufe der Zeit immer mehr als Zuflucht und Rettung des Judentums angesichts wechselnder Anfeindungen erweisen sollte. Gerade diese Nüchternheit seiner Vision zeigte sich als praktikabel. Sein Motto lautete: „Kein hebräischer Staat – ein Judenstaat, wo's keine Schande, ein Jud zu sein." (BRENNER 2019, 45) Eine Zuflucht für bedrohte jüdische Menschen war Herzls oberstes Ziel.

2.4 Nachdem Großbritannien 1917 Palästina vom untergehenden Osmanischen Reich erobert hatte, erklärte der britische Außenminister Arthur James Balfour (1848–1930) im November 1917, dass den Juden eine nationale

§ 3 Strukturen von Hass und Vorurteil

Heimstätte in Palästina zugesagt werde („the establishment in Palestine of a national home for the Jewish people"). Die mit der Balfour-Erklärung erreichte Entwicklung rief bereits 1920/21 den Widerstand der arabischen Bevölkerung Palästinas hervor, der in den letzten Jahren vor dem 2. Weltkrieg eskalierte (Generalstreik und Ausschreitungen der arabischen Bevölkerung 1936–1939). Doch nach Kriegsende wurde es mit der Unterstützung der beiden neuen Weltmächte USA und UdSSR möglich, dass David Ben Gurion (1886–1973) am 14. Mai 1948 den Staat Israel proklamierte, so dass das eigentliche Ziel des Zionismus erreicht war. Ein Großteil der orthodoxen Juden sieht die Gründung des jüdischen Staates ohne den Anbruch des messianischen Zeitalters allerdings bis heute als illegitim an.

3. Antizionismus, Antiisraelismus und struktureller Antisemitismus

3.1 Israel ist ein demokratisches Land mit klarer Gewaltenteilung und freier Presse bzw. freien Medien. Von daher wird die Auseinandersetzung über die Politik der israelischen Regierung in der nationalen und internationalen Öffentlichkeit geführt. Die immer wieder zu hörende Bemerkung, die Kritik an der Politik Israels müsse „ja schließlich erlaubt sein", ist damit so selbstverständlich wie überflüssig. Jedes demokratische Gemeinwesen unterliegt der publizistischen Streitkultur. Vorausgesetzt ist dabei, dass die Meinungsbildung in einem Land weder abgeschlossen noch reglementiert oder sonst in irgendeiner Weise allein von der Regierung gesteuert wird. Auch Israel hat die Gewaltenteilung, so dass die Rechtsprechung (Judikative) unabhängig von den politischen Ins-

1. Kapitel: Deutschland und Juden

tanzen Parlament (Legislative) und Regierung (Exekutive) agiert.

Die gegenwärtig (2023) angestellten Überlegungen der Mitte-Rechts-Regierung Israels, die Justiz der Exekutive zu unterwerfen, finden von daher zu Recht den schärfsten innerisraelischen Widerspruch und Widerstand. Mit einem solchen Eingriff in die Gewaltenteilung (bzw. einer Aussetzung der Gewaltenteilung) würde man der Sache der Israelgegner zuarbeiten. Der zutreffende Hinweis, dass es sich bei Israel um die einzige plurale Demokratie im Nahen Osten handelt, wäre mit einer solchen Maßnahme Lügen gestraft. In dieser Frage erweist sich demnach die scharfe Kritik an der Innenpolitik Israels als der einzig richtige Weg, Israel nachhaltig zu unterstützen. Anderenfalls würde denjenigen in die Hände gespielt, die den Staat Israel grundsätzlich ablehnen und beseitigen wollen.

3.2 Die Gegnerschaft gegenüber Israel, verbunden mit dem Vorwurf, bei diesem Staat und dem ihm zugrundeliegenden Zionismus handele es sich um eine Form von Kolonialismus und Imperialismus, zeigt sich als „Anti-Israelismus", der in letzter Zeit vor allem in der BDS-Bewegung (→ § 1.4) für große Aufmerksamkeit gesorgt hat. Bereits 1975 hatte die UN-Vollversammlung den Zionismus als eine Form von Rassismus gebrandmarkt (BRENNER 2019, 7). Anderseits schweißt jeder Antisemitismus und Antiisraelismus, „der rechte, linke, islamische oder christliche", die Juden in der Diaspora und in Israel erneut zusammen (WOLFFSOHN 2022, 308). Das gilt unbeschadet der Tatsache, dass auch linke israelische Intellektuelle die Politik Israels scharf kritisieren.

Die sich selbst als „Antizionismus" bezeichnende Orientierung erweist sich dabei in der Regel als Antisemitismus. Der Antizionismus bildet „nicht selten eine neue

§ 3 Strukturen von Hass und Vorurteil

Triebkraft für den modernen Judenhass" (BRENNER 2019, 119). Er bestreitet – der oben geschilderten Geschichte des Zionismus entsprechend – das staatliche Existenzrecht Israels. Dem Urteil von Michael Wolffsohn kann man nach dem, was über den Entzug jüdischer Bürgerrechte im NS-Staat bekannt ist, nur zustimmen: „Wer heute Israels Seinsrecht bestreitet oder bekämpft, ist antisemitisch. Warum? Weil Israel als Jüdischer Staat für jeden Juden der Welt die ultimative Lebens-, also Seinsversicherung ist." (WOLFFSOHN 2022, 301) Wolffsohn spricht von einem „weltweit zunehmenden militanten Antizionismus", dessen Träger „wahrlich nicht nur Muslime" seien (314). Sein schlichtes Fazit: „Antisemiten und Antizionisten aller Länder, vergesst euren Unsinn. Ihr schafft es (gottlob) nicht, die Welt judenrein umzuformen" (308f.).

3.3 Von einem „strukturellen" Antisemitismus ist – in Analogie zum strukturellen Rassismus – dann zu sprechen, wenn es sich nicht nur um Meinungen einzelner Personen oder Gruppen handelt, sondern um Denkstrukturen und kulturelle Objektivationen, denen man in einer gesellschaftlichen Öffentlichkeit ungefragt und in der Regel unbewusst ausgesetzt ist. Die schwarze Journalistin Alice Hasters beschreibt in ihrem Bestseller über den alltäglichen Rassismus dessen strukturelles Moment folgendermaßen:

„Rassismus wird man also nicht los, nur weil man behauptet, nicht rassistisch zu sein. […] Ein Schwarzer Mann sieht in seinem Leben Hunderte verängstigte Gesichter, wenn er durch die Straßen läuft. […] Diese kleinen Momente, sie wirken wie Mückenstiche. […] Diese Mückenstiche haben einen Namen: Mikroaggressionen. […] Viele Menschen glauben mir nicht, wenn ich sage, dass alte Frauen Angst vor mir haben und mich für eine Diebin halten. […] Rassismus steckt überall in unserer Gesell-

1. Kapitel: Deutschland und Juden

schaft. Es ist das Märchen über angeborene Eigenschaften, die Annahme, dass wir von Natur aus verschieden seien." (HASTERS 2020, 17f.)

Bei diesem Muster des gezielten Andersmachens, das in der postkolonialen Theoriebildung als „othering" (bzw. auf Deutsch nicht eben schön als „Ver-Anderung") bezeichnet wird, erkennt man die geschilderten Denkweisen vom Ende des 19. Jahrhunderts (s.o. 1.1) unschwer wieder: Juden konnten nach Ansicht der damaligen Antisemiten keine Deutschen sein, da sie auch als deutsche Staatsbürger immer einer anderen Nation und „Rasse" angehören würden.

Ebenso gibt es bis heute kulturelle Muster („Strukturen"), die aus einem antisemitischen Geist stammen und einen solchen aktuell befördern. Davon war bereits im Zusammenhang der zutiefst verletzenden „Judensau"-Darstellungen die Rede (→ § 1.5). Schon die deutsche Umgangssprache enthält eine Menge judenfeindlicher Denk- und Gefühlsmuster (SCHWARZ-FRIESEL 2022) und die Aussage von Michel Friedman, er erlebe „einen strukturellen und einen systematischen Antisemitismus" (s.o.), ist für die deutsche Öffentlichkeit bedrückend und alarmierend. Es muss darum nicht nur an den sich bildenden Einstellungen Einzelner, sondern an den sprachlichen und denkerischen Strukturen der öffentlichen Meinungsbildung gearbeitet werden. Der immer noch vorhandene strukturelle Antisemitismus darf nicht ignoriert oder kleingeredet werden. Im Folgenden soll gezeigt werden, dass auch theologische Argumentationsmuster an solchem strukturellen Antisemitismus ihren Anteil haben.

§ 3 Strukturen von Hass und Vorurteil

Zusammenfassung

Der Hass auf alles Jüdische und auf jüdische Menschen hat sich im Laufe der Zeiten unter verschiedenen Programmbegriffen gezeigt. Besonders folgenreich war der seit dem Ende des 19. Jahrhunderts gebräuchliche, nationalistisch und pseudowissenschaftlich aufgeladene Begriff des „Antisemitismus", der das antijüdische Ressentiment erstmals mit theoretischen (nämlich rassistischen) Begründungen zu versehen suchte. Dabei spielte das Judentum als eine negativ gezeichnete und abgelehnte Religion nur eine sekundäre Rolle, so dass man die religiöse Kritik als „Antijudaismus" bezeichnen und vom Antisemitismus unterscheiden sollte; dabei bleibt zu beachten, dass Antijudaismus in der Regel unmerklich in Antisemitismus übergeht. Der „Antizionismus" (bzw. Antiisraelismus) richtet sich gegen die Existenz des 1948 gegründeten Staates Israel, der als säkulare Demokratie auf den von Theodor Herzl (1860–1904) begründeten Zionismus, das Konzept eines Staates als Zuflucht für alle Juden der Welt, zurückgeht.

2. Kapitel

Faules Denken: zur Genese antijudaistischer und antisemitischer Strukturen in der evangelischen Theologie

Antijudaismus und Antisemitismus durchziehen verschiedene Kulturen in Europa und der Welt. Auch wenn sich dafür Gründe, Strukturen und Entwicklungen benennen lassen, bleibt ein Rest an Unverständlichkeit im Hinblick auf judenfeindliche Einstellungen und Vorurteile. Das haben die drei Paragraphen des ersten Kapitels deutlich gezeigt. Obwohl man durchaus historische Entwicklungen und gegenwärtige Spannungsfelder (wie etwa in § 3.3) benennen kann, behalten Ausmaß und emotionale Heftigkeit des Judenhasses einen Rest an Unerklärbarkeit. Immer wieder, durch alle Epochen hindurch und in verschiedensten Regionen machte sich dieser Hass breit, so dass die Frage „Warum die Juden?" (Prager/Telushkin 2016) nicht abschließend beantwortet werden kann. Michael Wolffsohn zitiert dazu Georges-Arthur Goldschmidt, der von einer jüdischen „Existenz auf Widerruf" gesprochen hat: „Jeder Jude weiß von Kindheit an, dass sein Status nur auf Widerruf besteht, dass man ihn früher oder später jagen, verhöhnen, schlagen oder sogar töten kann. Und er weiß, dass das schon immer so war." (Wolffsohn 2022, 14)

2. Kapitel: Faules Denken

Zugespitzt weist Wolffsohn darauf hin, dass auch die christliche Theologie eine spezifische Funktion hatte: Sie konnte den „diskriminatorischen" Antisemitismus gedanklich unterfüttern, ohne für den „liquidatorischen" Antisemitismus verantwortlich zu sein. Die Theologie konnte anders als die weltliche Obrigkeit „an einer zusätzlichen ‚Schraube' drehen" und so äußerst wirkungsvoll sein: „Juden diskriminieren? Ja! Juden liquidieren? Nein! Das ist, aus meiner Sicht, der ‚klassische Antisemitismus' auf den Punkt gebracht." (WOLFFSOHN 2022, 59)

Im nun folgenden 2. Kapitel dieses Buches geht es um die Rolle, die die christliche, speziell die evangelische Theologie als Arsenal antijüdischer Klischees spielte und bis heute spielt. Dabei nähere ich mich dem hochsensiblen Gegenstand durch eine Art von Tiefenhermeneutik: Es geht darum, in vertrauten, ja gerade in den mir besonders wichtigen theologischen Strukturen und Inhalten die antijüdischen Momente aufzuspüren. Damit soll nicht gesagt werden, dass die betreffenden Theologumena in antijüdischer Absicht entstanden sind, wohl aber, dass sie zu antijüdischen Urteilen Gelegenheit bieten – die ja bekanntlich Diebe macht. Gerade vertraute theologische Denkmuster können zu Fallstricken von Ressentiment, Verachtung und Hass werden. Diesem zweiten Kapitel liegt wie dem ganzen Buch die Annahme zugrunde, dass der Antisemitismus in erheblichem Maße theologisch begründet ist und darum auch theologisch analysiert werden sollte: Gott, die Tora, Israel und die Erwählung sind die Grundannahmen, an denen sich der Hass auf die Juden immer wieder festmacht. „Antisemites have hated Jews because Jews are Jewish." (PRAGER/TELUSHKIN 2016, 8) Auch Hitler war zuerst ein Judenhasser, bevor er nach rassistischen Argumenten dafür suchte (PRAGER/TELUSHKIN

2. Kapitel: Faules Denken

2016, 138). Juden wurden und werden gehasst, weil sie Juden sind und das heißt vor allem: weil sie von bestimmten theologischen Annahmen, vornehmlich von Gott und der Tora, von Israel und der Erwählung ausgehen. Wenn das stimmt, dann werden sich antijüdische Klischees immer wieder theologisch munitionieren. Für dieses Faktum muss die Theologie ihre besondere Aufmerksamkeit entwickeln und vor allem die eigenen Bestände kritisch sichten.

Dabei ist im Folgenden in erster Linie, aber nicht ausschließlich die lutherische Tradition im Blick, weil sich diese für Antijudaismen als besonders anfällig erwiesen hat und weil ich mein eigenes theologisches Denken besonders davon geprägt weiß. Dass es sich im Folgenden um Schlaglichter handelt und nicht um eine alle wesentlichen Aspekte umfassende Darstellung, wird anhand des Inhaltsverzeichnisses sofort deutlich. Eine Schlüsselrolle für die Entstehung des modernen Antisemitismus spielt dabei das Jahrzehnt von 1880–1890, als Kaiser Wilhelm II. den Thron bestieg und der deutsche Nationalismus und Imperialismus in seine entscheidende Phase trat (→ §§ 9–11).

§ 4 Antijüdische Fallstricke reformatorischer Theologie

Literatur: Oswald Bayer: Martin Luthers Theologie. Eine Vergegenwärtigung, Tübingen ²2004 [2003] ♦ Johannes Calvin: Unterricht in der christlichen Religion. Institutio Christianae Religionis, nach der letzten Ausgabe 1559 übersetzt und bearbeitet von Otto Weber, Neukirchen 2008 ♦ Gerhard Ebeling: Luther. Einführung in sein Denken, Tübingen 1964 ♦ Emanuel Hirsch: Hilfsbuch zum Studium der Dogmatik, Berlin ²1958 [1937] ♦ Ecclesia de Eucharistia. Enzyklika von Papst Johannes Paul II. (17.4.2003), Bonn 2003 ♦ Ernst Kinder/Klaus Haendler (Hg.): Gesetz und Evangelium. Beiträge zur gegenwärtigen theologischen Diskussion, Darmstadt 1968 (Wege der Forschung Bd. 142) ♦ Martin Luther: Die Schriftauslegung (Luther Deutsch Bd. 5, hg. von Kurt Aland), Stuttgart/Göttingen ²1963 ♦ Michael Meyer-Blanck: Gebot und Gesetz, in: Theologische Schlüsselbegriffe, hg. von Martin Rothgangel/Henrik Simojoki/Ulrich H.J. Körtner, Göttingen 2019, 119–130 ♦ Andreas Pangritz: Vergegnungen, Umbrüche und Aufbrüche. Beiträge zur Theologie des christlich-jüdischen Verhältnisses, Leipzig 2015 ♦ Albrecht Peters: Gesetz und Evangelium, Gütersloh 1981 (Handbuch Systematischer Theologie 2) ♦ Dennis Prager/Joseph Telushkin: Why the Jews? The reason for antisemitism, the most accurate predictor of human evil, New York u. a. 2016 [1983] ♦ Klaus Scholder: Die Kirchen und das Dritte Reich. Bd. 1: Vorgeschichte und Zeit der Illusionen 1918–1934, Frankfurt (Main)/Berlin 1986 ♦ Michael Wolffsohn: Eine andere Jüdische Weltgeschichte, Freiburg u. a. 2022

2. Kapitel: Faules Denken

Das in der Überschrift zu diesem Kapitel genannte Charakteristikum einer gefährlichen Theologie ist das „faule" Denken. Diese Metapher umschreibt im Deutschen zwei Aspekte: Das ist zum einen die Denkfaulheit, das zu kurz greifende Denken in althergebrachten Schablonen, das zu bequem dazu ist, die möglichen Konsequenzen eigener Denkstrukturen und Inhalte kritisch zu analysieren. Faules Denken ist aber nicht nur Bequemlichkeit, sondern auch Fäulnis im Denken, die Übernahme und Weitergabe von diskriminierenden, inhumanen (neudeutsch: „toxischen") Annahmen und Urteilen, manchmal ohne dies zu merken. Waches und selbstkritisches Denken dagegen schärft die Aufmerksamkeit für „diskriminatorischen" Antisemitismus – und zwar besonders in denjenigen Traditionen und Mustern, die sich sonst für das theologische Denken vielfach als hilfreich erwiesen haben.

Die damit umschriebene selbstkritische Haltung wird in diesem Paragraphen zunächst dem Kern der reformatorischen Theologie entgegengebracht. Das Wichtigste der reformatorischen Lehre wird immer wieder mit vier „allein"-Formulierungen zum Ausdruck gebracht: *Christus* allein, allein die *Schrift*, allein die *Gnade*, allein der *Glaube* – *allein* durch diese Erfahrungen wird der Mensch gerechtfertigt und lebensfroh. Alles andere kann er im Hinblick auf sein Gottesverhältnis vernachlässigen. Nötig ist Christus allein – keine anderen Vermittler; allein die Heilige Schrift – keine sonstigen heiligen Texte; allein die Gnade – keine eigenen Anstrengungen; allein der Glaube – keine besonderen religiösen Erlebnisse: „So halten wir nun dafür, dass der Mensch gerecht wird ohne des Gesetzes Werke, allein durch den Glauben" (Röm 3,28); wer an „Christus glaubt, der ist gerecht" (Röm 10,4); der

§ 4 Antijüdische Fallstricke reformatorischer Theologie

Glaube kommt „aus der Predigt, das Predigen aber durch das Wort Christi" (Röm 10,17).

Die vier „solus"-Formulierungen entsprechen der reformatorischen Theologie, die als eine Kampflehre gegen die Lehre und Praxis der mittelalterlichen Kirche entstand. Die vier Gedankenfiguren haben damit auch etwas Abgrenzendes, zugespitzter formuliert: Sie arbeiten mit Abgrenzungen, die zugleich Unterstellungen implizieren. Die reformatorischen Prinzipien können damit auch im antijüdischen Sinn verstanden werden. Das wird im Folgenden aufgezeigt.

1. „Allein aus Gnade" und die Abwertung der biblischen Tora als „Gesetz"

Die Stellung zu den Geboten der alttestamentlichen Tora war früh der Unterscheidungsmarker zwischen Juden und Christen und die bedeutendste Quelle des Streits zwischen dem wachsenden Christentum und dem sich neu formierenden Judentum (PRAGER/TELUSHKIN 2016, 19). Bliebe der Glaube an das Gesetz weiter gültig, so die Christen, dann wäre das Christentum unnötig: „Therein lie the origins of Christian antisemitism, the longest-lasting Jew-hatred in history" (PRAGER/TELUSHKIN 2016, 75). Das Gesetzesverständnis im Christentum ist aber auch gegenwärtig von hoher Bedeutung für das Bild vom Judentum.

1.1 Das reformatorische Prinzip, der Mensch werde allein durch die Gnade Gottes gerecht und gerettet, nicht aber durch eigene religiöse oder ethische Anstrengungen, hat vielfältige Bezugspunkte im Neuen wie im Alten Testament. Paulus spricht in seinen wichtigen Israelkapiteln Röm 9–11 davon, dass Gott sich den Menschen zuwendet

2. Kapitel: Faules Denken

und sich ihrer erbarmt: „Ist's aber aus Gnade, so ist's nicht aus Verdienst der Werke; sonst wäre Gnade nicht Gnade." (Röm 11,6) Gemeint sind hier speziell die durch Gott geretteten Juden, aber darüber hinaus gilt das damit formulierte Prinzip auch für alle anderen, die an Christus glauben (man denke an das „ohne des Gesetzes Werke" in Röm 3,28, worauf unter 4. ausführlich einzugehen ist).

Der Bezug auf die Gnade stellt heraus, dass Gott kein fordernder Despot ist, der erst mit menschlichen Anstrengungen und Leistungen geneigt gemacht werden müsste. Er wendet sich vielmehr dem Menschen von sich aus, aus Liebe und Neigung zu. Die Rede von einem Gott, der Forderungen stellt und vom Menschen Leistungen verlangt, würde damit ein falsches Gottesbild zeichnen. Gott schenkt anstatt zu verlangen: „Denn das heißt ein rechter Gott, der da gibt und nicht nimmt".[1] Die Konsequenz aus der Rechtfertigungslehre ist es, dass der Mensch als Beschenkter dasteht und nicht als Leistungsträger, so Luther in seiner „Vermahnung zum Abendmahl" 1530.

1.2 Gott wird schon im Alten Testament immer wieder als der „Gnädige, Barmherzige und Gerechte" bekannt und angebetet (Ps 103,8; Ps 111,4; Ps 112,4; Ps 116,5). Der Zorn Gottes mag ihn in seiner Güte einen Augenblick verbergen, aber seine Gnade und sein Erbarmen sind ewig (Jes 54,8). Gottes Gnade soll nicht weichen (Jes 54,10). Die Gnade ist also keineswegs ein spezifisches Kennzeichen des neutestamentlichen Gottesbildes. Die Lebenspraxis und die Predigt Jesu speisten sich aus der Erfahrung der Gnade, so dass Jesu Worte und Taten nur zu gut mit dem alttestamentlichen Bild vom glimmenden Docht und ge-

---

[1] *Martin Luther*, Vermahnung zum Abendmahl (1530), WA 30 II, 603 = Aland Luther Deutsch Bd. 6, 114.

§ 4 Antijüdische Fallstricke reformatorischer Theologie

knicktem Rohr charakterisiert werden konnten (Jes 42,3; Mt 12,20). Gottes Prophet, Gottes Knecht, Gottes Sohn wird als Unterstützer, Heiler und Retter des Menschen in seiner Schwachheit beschrieben. Wer sich als geknickt und verlöschend erlebt, wer angeschlagen und kurz vor dem Ende ist, soll nicht aufgegeben, sondern aufgerichtet werden. Gnade ist Lebenskraft und Segen wider allen Anschein von körperlicher Schwäche, sozialer Isolation und seelischer Zerrüttung. Gnade ist die Kraft, durch die der Mensch geheilt wird. Die Rede von der Gnade in der Predigt Jesu speist sich aus Deuterojesaja, den Psalmen und dem gesamten Alten Testament. Gott ist dem Menschen geneigt. Gott muss nicht geneigt gemacht werden. Gott heilt und richtet auf. Davon lebt der Mensch.

1.3 Paulus, der das Leben unter den Bedingungen körperlich-seelischer Schwäche offensichtlich gut gekannt hat (2 Kor 12,7–10), hat im Gebet erfahren, dass die Gnade die Kraft ist, die in den Schwachen mächtig ist. „Lass dir an meiner Gnade genügen" war die Botschaft, die Paulus von Gott vernommen hat (2 Kor 12,9). Paulus stellt nun explizit dem Leben „unter der Gnade" das Leben „unter dem Gesetz" entgegen, das der alte Mensch, der Mensch ohne Christus und außerhalb der Christuswirklichkeit führte (Röm 6,14). Auf die paulinische Theologie ist später genauer einzugehen (→ § 6), hier nur so viel: Für „unter der Gnade" bei Paulus muss man stets „in Christus" einsetzen und für „unter dem Gesetz" ist „ohne Christus" zu lesen. Doch an dieser Stelle geht es zunächst um die negative Sicht des biblischen „Gesetzes", wie diese von Martin Luther im Anschluss an Paulus entwickelt wurde.

Die entscheidende theologische Denkfigur Luthers ist die Unterscheidung von Gesetz und Evangelium. Ihm ging es dabei um seine zentrale reformatorische Einsicht

2. Kapitel: Faules Denken

von der alles umstürzenden und neu machenden Kraft des Evangeliums. Diese Kraft erweist sich darin, dass der Mensch nicht durch sein eigenes Handeln, sondern *allein* (s. u. 4.1) durch Gottes Handeln (von „Sünde, Tod und Teufel") erlöst wird. Das eigene (und eigenverantwortliche) Handeln, das zu jedem menschlichen Existieren so notwendig gehört wie Leib und Leben, ist dabei keinesfalls beliebig oder bedeutungslos. Das Handeln folgt vielmehr bestimmten Regeln, die für das menschliche Zusammenleben gut sind, es richtet sich an dem aus, was in der Bibel und darüber hinaus „Weisung" oder „Gesetz" heißt. Das Gesetz hat nach Luther zwei Funktionen, eine politische und eine theologische. Das Gesetz regelt *erstens* das Zusammenleben („politischer Gebrauch", „usus politicus legis") und zeigt dem Menschen zugleich, dass er dabei immer wieder scheitert, weil er Gesetze übertritt (z. B. die meisten Menschen täglich das 8., 9. und 10. Gebot). Dem das Gesetz Übertretenden zeigt es so *zweitens* die Erlösungsbedürftigkeit des Menschen auf („überführender Gebrauch", „usus elenchticus legis"). Mit diesem zweiten, *theologischen* Gebrauch treibt das Gesetz Gott und Christus in die offenen Arme (Lk 15,20).

Aus diesen beiden Gründen ist das biblische Gesetz Luther zufolge gut und nötig. Aber es kann den Menschen lediglich zum Besseren lenken, aber nicht gut machen. Bei jeder neuen Tat droht der Mensch erneut falsch zu handeln (zu sündigen). Darum kann das Gesetz nicht erlösen, nicht das Leben grundsätzlich neu machen. So wichtig das Gesetz für Leben und Glauben ist: Es erlöst nicht. Darum müssen Gesetz und Evangelium unterschieden werden.

In beiden Fällen handelt es sich um Gottes Wort für den Menschen, doch die Konsequenzen sind genau entgegengesetzt: Im Fall des Gesetzes ist der Mensch zum eigen-

§4 Antijüdische Fallstricke reformatorischer Theologie

verantwortlichen Handeln aufgefordert, im Fall des Evangeliums dazu, sich selbst ganz loszulassen und sich in Gottes Hände zu begeben. Dem Gesetz entspricht die aktive, dem Evangelium die passive Gerechtigkeit des Menschen. Bei der Auslegung der Heiligen Schrift im Hinblick auf das praktische Leben muss darum stets *unterschieden* werden, was ein Satz jeweils für das *Handeln* und was es für die *Erlösung* bedeutet. Gesetz und Evangelium unterscheiden ist deswegen die höchste theologische Kunst, weil die Vermengung von beidem das Normale ist (EBELING 1964, 129). In einer Tischrede von 1531 meinte Luther denn auch, kein Mensch lebe auf Erden, der da zu unterscheiden wüsste zwischen Gesetz und Evangelium (HIRSCH 1958, 82).

1.4 Doch genau an dieser Stelle kann die Unterscheidung in die Missachtung des Gesetzes als des uneigentlichen Wortes Gottes übergehen. Das Gesetz ist nach Luther immer zweideutig – *für* und *gegen* den Menschen (weil es orientiert und überführt) –, während das Evangelium eindeutig *für* den Menschen ist („pro me"). Das Gesetz ist nur das uneigentliche, zum Handeln drängende Wort Gottes, also etwas Nachgeordnetes, selbst wenn es zeitlich vor dem Evangelium wahrgenommen wird: „Zuvor mangelte mir nichts, außer dass ich keinen Unterschied zwischen Gesetz und Evangelium machte, beides für eines hielt und meinte, Christus unterscheide sich von Mose nur der Zeit und der Vollkommenheit nach", formuliert Luther in einer Tischrede (BAYER 2004, 53). Mose, also die Tora, ist für Luther vor allem das Gesetz, das den Menschen nicht freimacht, sondern vor die eigenen Pflichten und die eigene Sünde stellt. Das Gesetz konfrontiert mit der eigenen Unzulänglichkeit und mit dem grundsätzlichen Nicht-in-Ordnung-Sein. Im Jargon formuliert:

2. Kapitel: Faules Denken

Das Gesetz „macht Stress". Es erlöst mich nicht, sondern macht deutlich, dass ich auf dem falschen Weg bin.

Ganz anders verhält es sich nach dem jüdischen Verständnis von Gottes Weisungen. Hier ist die Weisung Gottes der Weg zum guten Leben. Die Tora bringt vom bösen Weg auf den guten (vgl. Ps 139,24). Gottes Gesetz oder Weisung hat die Gestalt der Gnade, des Hinweises zum glücklichen Leben. Das Gebot hat im Judentum Verheißungscharakter. Leo Baeck (1873–1956) hat das Wesen des Judentums darum als „Gegenüber von Geheimnis und Gebot" beschrieben (PANGRITZ 2015, 22); und auch das Evangelium gehört nach Baeck „noch ganz in das Judentum hinein" (PANGRITZ 2015, 27). Hans-Joachim Schoeps (1909–1980) hat darum explizit von der „Heilsbedeutung" des Gesetzes im Judentum, ja von dessen „christologischer" Mittlerrolle gesprochen (PANGRITZ 2015, 37)

1.5 Für Luther dagegen ist das alttestamentliche Gesetz wie die neutestamentliche Weisung nicht schlecht, aber ernst. Es konfrontiert mit der eigenen Unzulänglichkeit. Der Mensch kann sich nicht herausreden. Er steht vor Gottes ewigem Willen und muss einsehen, dass er diesem nicht entspricht. Er kann sich nicht entschuldigen (Röm 2,1). Die Beachtung des Gesetzes führt darum für Luther nicht zu einem befreiten Leben, sondern zur Einsicht in die eigene Unfreiheit. Das Gesetz konfrontiert. Fröhlich werden die Glaubenden erst durch das Evangelium. Und da das Bessere stets der Feind des Guten ist, kommt das Gesetz gegenüber dem Evangelium eben doch schlecht weg.

Wenn im Zusammenhang von Luthers diffizilen Unterscheidungen das paulinische Lob von Gebot und Gesetz (Röm 7,12!) ausgeblendet wird zugunsten einer nicht-dialektischen Profilierung des Evangeliums gegen das Gesetz, dann ist der Vorwurf der Gesetzesgerechtigkeit und

§ 4 Antijüdische Fallstricke reformatorischer Theologie

der Selbsterlösung (mit dem Gesetz) nicht mehr weit. Israels Erfahrung der Erwählung und Erlösung durch die Gabe der Tora wird dann abwertend als „Gesetzlichkeit" bezeichnet, so dass dem Judentum eine „Gesetzesreligion" unterstellt wird. Als „Gesetzlichkeit" bezeichnet man theologisch die Verwechslung der aktiven und der passiven Gerechtigkeit und das irrige Bemühen, durch eigene Anstrengungen gerecht und erlöst zu werden.

1.6 Das aber ist bei der jüdischen Gesetzes- bzw. Tora-Erfahrung gerade nicht der Fall. Die Weisung Gottes ist im Judentum gerade das Medium der *passiven* Gerechtigkeit, das Zeichen der Zuwendung und der Weg zur Erlösung. Wenn man das verstehen will, genügt es, das Lied „Wohl denen, die da wandeln" (EG 295) als Gestalt des Evangeliums zu bedenken. Die Tora nimmt in der jüdischen Frömmigkeit den Platz ein, der im Christentum Jesus Christus zukommt. Die Tora ist Gottes entscheidende Gabe an Israel, das Zeichen von Gottes Liebe und der Weg zur Erlösung durch Gnade. Von der Tora im jüdischen Verständnis könnte man dasselbe sagen, was in Eph 2,8 über Christus steht: „Denn aus Gnade seid ihr selig geworden durch Glauben, und das nicht aus euch: Gottes Gabe ist es." Das gilt gerade, wenn die einzelnen Vorschriften genaueste Beachtung erfordern; diese Beachtung ist ja gerade die Vertiefung in die Gestalt der göttlichen Gnade und Liebe in der Tora.

2. „Christus allein" und die Abwertung des Alten Testaments

2.1 In der oben (1.4) zitierten Tischrede Luthers sind Christus und Mose einander antithetisch zugeordnet. Somit zeigen sich Gesetz und Altes Testament – beide sind

2. Kapitel: Faules Denken

zwar nicht identisch, aber doch eng aufeinander bezogen – mindestens auch als Negativfolie des Evangeliums. Obwohl Luther so großen Wert auf die Unterscheidung – anstelle der Entgegensetzung – von Gesetz und Evangelium gelegt hatte, gibt es in seinen Schriften und erst recht in deren Rezeption eine klare Unterordnung des alttestamentlichen Gesetzes unter die Predigt Jesu und unter die Botschaft vom Kreuz.

Auch das Alte Testament kann bei Luther Evangelium sein, insofern Christus selbst daraus vernommen werden kann, insofern es also Evangelium predigt und nicht nur Gesetz. Auch um des Gesetzes in seiner zweifachen Funktion willen (s.o. 1.3) ist das Alte Testament wichtig; aber zum befreienden Evangelium wird es erst, wenn Christus selbst daraus gehört werden kann. Das aber ist durchaus der Fall. Denn Gottes Wort ist zwar vielfältig und nicht immer einfach zu verstehen, aber es ist als das Wort von Christus und Wort Christi verlässlich und aus den alttestamentlichen Propheten zu hören. Auch die Tora („Mose") und das Alte Testament müssen Luther zufolge von Christus her gelesen werden. Wenn das unterbleibt, kann der Mensch nicht zu sich selbst und nicht zum gnädigen Gott kommen, nicht erlöst werden. Das Alte Testament für sich, ohne Christus gelesen, ist für Christen bedeutungslos. Ohne Christus ist es bloßes Gesetz, Gesetz der Juden und für Juden. Auf jeden Fall ist es die „Hauptlehre" des Alten Testaments, „Gesetze zu lehren und Sünde anzeigen und Gutes fordern." (Vorrede zum Alten Testament 1523, Luther Deutsch Bd. 5, 10).

2.2 Laut Luther gelten die Gebote bei Mose für Christen nur insofern, als sie auch in der allgemeinen menschlichen Vernunft begründet und dieser zugänglich sind: Der Mensch weiß schon durch sein bloßes Menschsein

§ 4 Antijüdische Fallstricke reformatorischer Theologie

recht gut, was gut und was schlecht ist („Naturrecht", „lex naturae"). So sah es auch der Apostel Paulus (Röm 2,14–16). Ansonsten tritt für das christliche Leben Jesus mit seinen Weisungen an die Stelle des Mose. Nicht nur für das Evangelium, sondern auch für das Gesetz gilt bei Luther der Grundsatz „Christus allein".

Im Vorwort zu seiner „Unterrichtung, wie sich die Christen in Mose schicken sollen" von 1525 schreibt Luther 1527, er habe seinerzeit den Propheten Mose zu Wittenberg gepredigt, damit nicht der Mann auf der Straße verführt werde, wie das durch den Geist Thomas Müntzers geschah, so dass man anfing, aus den Christen durch ein falsches Verständnis des Alten Testaments Juden zu machen (WA 24,1,21–27). In dieser auf Predigten zurückgehenden Schrift hält Luther zu Beginn fest: „So wollen wir Mose nicht halten noch annehmen. Mose ist tot. Sein Regiment ist aus gewesen, da Christus kam."[2] Vor allem die äußeren Gebote für Israel „lass ich fahren" (99), während sich bei Mose allerdings weiterhin viel Nützliches findet, das man aus Einsicht, nicht aus Zwang befolgen mag. Zweitens findet man in der Tora Gottes Verheißungen und Zusagen, die auf Christus verweisen (101; WA 24,10,14). Schließlich gibt es bei Mose auch die „schönen Beispiele des Glaubens, der Liebe und des Kreuzes bei den lieben heiligen Vätern Adam, Abel, Noah, Abraham, Isaak, Jakob, Mose und so durch und durch" (107).

Auf eine Formel gebracht: Aus der Tora entnimmt der Christ Beispiele des Glaubens und aus den Propheten Zeugnisse von Christus: So „wird das Alte Testament recht verstanden: wenn man die schönen Sprüche von

---

[2] WA 24,7; hier und im Folgenden zitiert nach Luther Deutsch Bd. 5,93–209: 98.

2. Kapitel: Faules Denken

Christus aus den Propheten behält und die schönen Beispiele wohl erfasset und merket" (107). Das Verständnis der Tora, des Gesetzes des Mose, trennt deutlich zwischen Juden und Christen: „Mose sei ein Meister und Doktor der Juden. Wir haben unseren Meister Christus" (108).

Luther begründet damit *erstens* die sachliche Vorordnung des Evangeliums vor das Gesetz und *zweitens* die Vorordnung des Gesetzes Christi vor das Gesetz des Mose. Beide Zuordnungen machen das Alte Testament zwar nicht irrelevant, aber ordnen ihm das Neue Testament vor. Im Zweifelsfall gilt für Christen das Prinzip „Christus allein".

2.3 Auch für die Tradition des reformierten Protestantismus gilt, dass dort antijüdische Fallen lauern. Das ist der Fall, obwohl Johannes Calvin (1509–1564) von seiner Theologie der „Bundesschlüsse" her mehr als Luther den Zusammenhang von Neuem und Altem Testament herausarbeitet. In einer Kommentierung von Mt 5,17 betont Calvin im Anschluss an Jer 31,33, Gott habe zwar einen neuen Bund verheißen, aber er habe zugleich gezeigt, dass dieser neue Bund keineswegs vom ersten verschieden sein werde. Darum habe Christus gesagt, er sei gekommen, das Gesetz zu erfüllen. „Mithin, was die Lehre anlangt, so dürfen wir keine Abschaffung des Gesetzes durch das Kommen Christi erdichten" (zit. nach HIRSCH 110).

In Calvins Hauptwerk, der „Institutio" („Unterricht") gibt es jeweils ein ausführliches Kapitel über die „Ähnlichkeit des Alten und Neuen Testaments" (Kap. II,10) und über den „Unterschied zwischen dem Alten und Neuen Testament" (Kap. II,11). Den Juden sei im Alten Testament keineswegs „Wohlleben und Glück vor Augen gestellt" worden (II,10,2) und auch der Alte Bund beruhte auf Gottes freiem Erbarmen, so dass er durch Christi

§ 4 Antijüdische Fallstricke reformatorischer Theologie

Mittlertum bekräftigt wurde (II,10,4). Wer wollte sich darum „erkühnen, die Kenntnis Christi den Juden abzusprechen, mit denen doch der Bund des Evangeliums geschlossen worden ist, dessen einziger Grund Christus ist?" (II,10,4) Andererseits bemerkt Calvin ganz am Ende des Kapitels aber auch, dass „die Juden für die Verwerfung des Evangeliums" bestraft werden, indem sie die „törichte Hoffnung" auf ein irdisches messianisches Reich hegen (II,10,23).

Im Unterschied zum Neuen Testament haben Gesetz und Propheten einen „Vorgeschmack jener Weisheit" gegeben, die in Christus aufleuchten sollte (II,11,5). Entsprechend verordnet das Gesetz „das Rechte, verbietet das Unrecht, verheißt denen, die Gerechtigkeit tun, den Lohn", lässt aber „die Verkehrtheit des Herzens" unbearbeitet (II,11,7). Es ist die Aufgabe des Evangeliums, das Herz des Menschen zu erlösen. Auch bei Calvin findet sich also eine sehr begrenzte, dem Evangelium subordinierte Funktion des Gesetzes. Christus allein erlöst und die Erlösung ist schon im Alten Testament vorgebildet, aber noch nicht erreicht. Wie für Luther gelten auch für Calvin die Juden jetzt, *post Christum*, als Anhänger einer unzureichenden Lehre („törichte Hoffnung"). Daraus ergibt sich die strikte Ablehnung des gegenwärtigen jüdischen Glaubens; anders verhält es sich lediglich mit dem Glauben Israels zur Zeit des Alten Testaments. Das „Christus allein" ist damit zugleich eine Zurückweisung des alttestamentlichen Gesetzes. Daraus resultiert eine ablehnende Haltung gegenüber Israel und gegenüber dem Judentum.

2.4 Ein kurzes Zwischenfazit: Die Denkfigur der *Unterscheidung* zwischen Gesetz und Evangelium ist die wahrscheinlich größte theologische Leistung Martin

2. Kapitel: Faules Denken

Luthers und der Reformation. Diese Unterscheidung ist für den christlichen Glauben auch unter völlig veränderten historischen und soziokulturellen Bedingungen sinnvoll und fruchtbar, weil damit der fundamentale Unterschied zwischen Gott und Mensch festgehalten wird: Der Mensch denkt und lenkt sein Geschick („Ethos"), aber Gott schenkt den Menschen Erfüllung und Glück („Erlösung"). Erfüllung und Glück werden dem Glaubenden in der Christusgeschichte zuteil.

Der Antijudaismus beginnt aber da, wo der Weg zum Leben durch die Tora nicht nur für das Christentum, sondern auch für das Judentum negativ betrachtet wird. Dann wird nicht gesehen, dass auch die Tora als *Gabe* Gottes, als Weg zu des Menschen Erfüllung und Glück verstanden und angenommen werden kann. So wenig dieser Weg für Christen – wegen des „Christus allein" – in Frage kommen kann, so wenig ist dieser jüdische Weg mit der Gnade Gottes der schlechtere Weg. Er ist der andere Weg. Christliche Missachtung bzw. christlicher Stolz sind in keiner Weise angemessen (1 Kor 10,12).

2.5 Vor allem die beiden Argumentationsfiguren Luthers von der Nachordnung des Gesetzes und von der Nachordnung des mosaischen Gesetzes (→ 2.2) können zum antijüdischen Fallstrick werden. Das ist dann der Fall, wenn aus dem nachgeordneten Charakter des Alten Testaments *für Christen* ein allgemeines religiöses Urteil wird, demzufolge das Neue Testament von seiner „religiösen Qualität" her über dem Alten Testament steht. Dann ist aus einem heilsgeschichtlichen Bekenntnisurteil ein religionstheoretisches Werturteil geworden: Evangelium und Neues Testament wären danach dem Gesetz und dem Alten Testament „überlegen". Die christologische Einordnung des Alten Testaments ist in die qualitative Abwertung übergegangen. An dieser Art der Urteilsbildung hängt vieles. Sobald eine Glaubensaussage in ein allgemeines Qualitätsurteil übergeht, sind Missachtung und Abfälligkeit vorprogrammiert. Antijüdische Äußerungen machen sich dann an dem angeblich bloßen Gesetzesgehorsam der Juden und an der angeblichen Rachegesinnung des „alttestamentarischen" (so der vielfach verwendete Ausdruck) Gottes fest.

2.6 Das ist nicht zuletzt in der Aufklärung der Fall, als das Ideal der Vernunftreligion an die Stelle der Offenbarungsreligion trat. Damals wurde auch die reformatorische Vorordnung des Evangeliums vor das Gesetz von der Überlegenheit der freien religiösen Gesinnung über die Kodifizierung von religiösen Vorschriften abgelöst. Das Christentum galt als die höchste, weil vernünftigste Religion. Damit konnten sich antijüdische Vorurteile unter dem Vorwurf der jüdischen „Gesetzesreligion" wiederfinden. Die reine, moralische Religion galt der aus Vorschriften bestehenden jüdischen Religion als überlegen (→ §8) – wenn nicht gar Juden als „Feinde der Menschheit" angesehen wurden (PRAGER/TELUSHKIN 2016, 118). Bei allen ihren bleibenden Verdiensten trug selbst die Aufklärung dazu bei, dass der Antisemitismus in der modernen säkularen Welt eine philosophische Basis hatte (PRAGER/TELUSHKIN 2016, 121).

3. „Allein die Schrift" und die Abwertung der jüdischen Tradition

3.1 Das von Luther und den anderen Reformatoren betonte Schriftprinzip ist die methodisch-theologische Grundlage zu den Grundsätzen „Christus allein" und „allein die Gnade". Durch die als „Heilige Schrift" verstandene Bibel

2. Kapitel: Faules Denken

erweist sich Gottes gnädige Zuwendung zum schuldigen Menschen in Christus; dabei wird mit der aktuellen Auslegung nicht nur (diskursiv) über die Rechtfertigung geredet, sondern die Rechtfertigung wird (performativ) zugesprochen und erfahren. Darum liegt einer christlichen Predigt in der Regel ein biblischer Text zugrunde. Andere schriftliche und erfahrungsbasierte Quellen sind für das Entstehen von Glaubensgewissheit unnötig, ja schädlich, weil sie zufällige Einsichten in den Vordergrund rücken. Christus selbst, nicht die auslegende Person soll gehört werden können (Röm 10,17), so dass das Evangelium vernommen werden und seine Unterscheidung vom Gesetz zum Zuge kommen kann: „Und darin stimmen alle rechtschaffenen, heiligen Bücher überein, dass sie allesamt Christus predigen und treiben. [...] Was Christus nicht lehrt, das ist nicht apostolisch, wenns gleich Petrus oder Paulus lehrt" (Vorrede zum Jakobus- und Judasbrief 1522, Luther Deutsch Bd. 5, 63).

3.2 Luthers „sola scriptura" war gegen den Vernunftglauben der Humanisten, gegen die interne Gewissheit der Täufer und Schwärmer und vor allem gegen die umfangreichen Traditionsbestände der mittelalterlichen Römischen Kirche gerichtet. Zu den Traditionszeugen gehören (bis heute) das kirchliche Lehramt, die Kirchenväter und gegenwärtige Theologen, also eine ungeheure Menge von Texten und Einsichten, die viele nichtbiblische Praktiken begründen (z. B. die Siebenzahl der Sakramente, den Zölibat und die Beschränkung des Weiheamtes auf Männer). Von daher war das reformatorische „sola scriptura" eine massive Kritik an der Praxis der Kirche.

3.3 Erst recht aber stand (und steht) das Schriftprinzip der jüdischen Tradition entgegen, wie diese mit der mündlichen Tora im Talmud gegeben ist. Zwar handelte es sich

§ 4 Antijüdische Fallstricke reformatorischer Theologie

bei den Juden nicht um innerkirchliche Gegner, aber der Streit um das Verständnis des Alten Testaments wurde von Luther mit den Juden umso heftiger geführt. Vor allem anderen war es das jüdische Unverständnis dafür, das Zeugnis von Christus der Hebräischen Bibel zu entnehmen, das Luthers Judenhass immer stärker werden ließ (→ § 5).

3.4 Es ist selbstverständlich, dass Juden und Christen die (Hebräische) Bibel sehr verschieden auslegen. Zur antijüdischen Falle kann dieser Umstand aber dann werden, wenn die eigene Bibelhermeneutik nicht auf die eigene kirchliche Gemeinschaft bezogen wird, sondern als ein allgemein gültiges, anderen Gemeinschaften und Traditionen überlegenes Prinzip profiliert und verabsolutiert wird. Ähnlich wie das „Christus allein" ist auch die exklusive Berufung auf die Bibel dem Christentum – als der auf die Lebensgeschichte Jesu von Nazareth fokussierten Religion – angemessen. Es handelt sich aber bei diesen Prinzipien nicht um Axiome, die für alle Religionen gelten und damit dem Traditionsprinzip im Judentum „überlegen" wären. Hier droht ein ähnlicher Irrtum wie bei der Abwertung der Tora als angeblich unfrei machendes „Gesetz" (s.o. 2.4.–2.5).

3.5 Darüber hinaus ist zu bedenken, dass auch die evangelische Kirche die Tradition kennt und vielfach verwendet. Die Stellungnahmen von Theolog:innen und von kirchlichen Gremien bestimmen die Praxis und die Lehre in Gemeinde und Kirche mit. Vor allem aber sind es die Bekenntnisse (wie die „Augsburgische Konfession" von 1530 und das Barmer Bekenntnis von 1934), die Verständigung und Gemeinsamkeiten ermöglichen und die Auslegung der Bibel mitbestimmen.

2. Kapitel: Faules Denken

4. „Allein der Glaube" und die Abwertung des glaubenden Ethos

Die folgenreichste Karikatur der Religion des Judentums entsteht dann, wenn der evangelische Glaube gegen das jüdische Ethos ausgespielt wird, indem dieses als durch das Christentum überholte „Werkgerechtigkeit" abqualifiziert wird. Die bekannteste der vier „allein"-Formulierungen ist damit zugleich die gefährlichste, was den impliziten oder expliziten Antijudaismus angeht. Es gibt eine lange Geschichte des christlichen Überlegenheitsgefühls, das sich auf den Gegensatz „Glaube gegen Werke" beruft.

4.1 „So halten wir nun dafür, dass der Mensch gerecht wird ohne des Gesetzes Werke, allein durch den Glauben." (Röm 3,28) Dieser in der evangelischen Kirche wohl bekannteste Satz aus dem Römerbrief enthält die Partikel „allein" als Zusatz des Übersetzers Martin Luther. Man ist sich einig, dass diese Übersetzung zwar linear gesehen unrichtig ist, denn im griechischen Original steht nur: „gerechtfertigt durch den Glauben ohne Werke des Gesetzes" (die Vulgata übersetzt kurz und knapp: „Arbitramur enim iustificari hominem per fidem sine operibus legis"). Sachlich aber ist Luthers Zusatz „allein" zutreffend, weil es Paulus um die Ausschließlichkeit des Glaubens geht. Es ist eben *nicht* gemeint: Der Glaube macht gerecht, wenn noch irgendetwas anderes (Liebe, Taten, die richtige Einstellung oder Absicht) *hinzu*kommt, sondern: Der Glaube macht gerecht – das ist alles, der Glaube *allein* rechtfertigt.

4.2 Allerdings wären sowohl Paulus als auch Luther und die Reformatoren insgesamt missverstanden, wenn man den hier beschriebenen Glauben nur als eine Ansicht, Einstellung oder Meinung, also als ein Für-wahr-Halten betrachten würde. Der Glaube ist nach Paulus keine bloße

§ 4 Antijüdische Fallstricke reformatorischer Theologie

Theorie oder Weltanschauung, sondern eine wirksame Kraft der Veränderung, ein Hören auf Gott mit lebenspraktischen Konsequenzen. Der Glaube umfasst Herz und Mund (Röm 10,10–13) und ist „durch die Liebe tätig" (Gal 5,6). Das „allein durch den Glauben" („sola fide") ist in der Gegenreformation vielfach missverstanden worden, als meine das „allein" durch den Glauben die Vernachlässigung der Taten, plakativ formuliert: als sei der reformatorische Glaube eine bloße Theorie.

Dieses Missverständnis findet sich noch in der Enzyklika „Ecclesia de Eucharistia" von Papst Johannes Paul II. (2003), wo es heißt: „Der Glaube genügt nicht; es ist vielmehr nötig, in der heiligmachenden Gnade und in der Liebe zu verharren und […] im Schoß der Kirche zu bleiben." (Nr. 36) Hier ist aus evangelischer Sicht zu korrigieren: Der Glaube genügt sehr wohl, weil er als lebensbestimmendes Geschehen in der Gnade und Liebe generativ und auf die Gemeinschaft der Glaubenden ausgerichtet ist. Der Glaube *allein* rechtfertigt, weil sich der Glaubende gänzlich an Christus orientiert, bindet und ausrichtet. Das „sola fide" setzt dieses umfassende Verständnis voraus.

4.3 Trotzdem kann es geschehen, dass das evangelische Christentum selbst den umfassenden Charakter des „sola fide" aus dem Blick verliert und das Prinzip der richtigen evangelischen Lehre überbetont. Dann spielen Bekenntnisformulierungen und -unterschiede die entscheidende Rolle für das Christsein, während die helfende Praxis den Profis (seit dem 19. Jahrhundert der „Diakonie") überlassen wird. Das starke Gewicht von Katechismen und Bekenntnisschriften in der evangelischen Kirche ist ein Merkmal, das auf die Zweitrangigkeit der praktischen Nächstenliebe hinweist. Das „allein durch den Glauben"

2. Kapitel: Faules Denken

bringt dann einen kritischen, in schlimmen Zeiten auch einen negativen Blick auf das tätige Ethos als Gestalt von Religion und Glaube mit sich. Dabei kann das Ethos für weniger wichtig gehalten und vom Glauben abgekoppelt werden, als speise sich dieses aus der allgemeinen Vernunft und nicht aus dem Glauben. Das glaubensbedingte Ethos kann als unfrei machende Moral diskreditiert und in dieser Lesart dem Judentum, das aus den Weisungen der Tora lebt und daran die eigene Identität festmacht, unterstellt werden.

Dann ist es nicht mehr weit bis zu einer Verachtung des jüdischen Glaubens, wie sie sich in den Schmähworten des Gauobmanns der „Deutschen Christen" Reinhold Krause (1893–1980) während der berüchtigten „Sportpalastkundgebung" am 13. November 1933 niederschlug. Krause forderte damals unter dem Beifall Tausender „die Befreiung von allem Undeutschen im Gottesdienst und im Bekenntnismäßigen, Befreiung vom Alten Testament mit seiner jüdischen Lohnmoral" (SCHOLDER 1986, 704). Gewiss ist das ein Extremfall der Kirchengeschichte. Er wurzelt aber in einer Einstellung, die es in der evangelischen Kirche auch sonst gibt: in der Verabsolutierung des „sola fide" und Abqualifizierung des christlichen Ethos. Dagegen ist festzuhalten: Der Christusglaube ist nicht ohne Ethos. Er ist auch nicht die hochwertigere religiöse Praxis, sondern die Praxis, die sich auf Jesus von Nazareth bezieht und sich damit ebenfalls an der Tora orientiert, eben an der Tora, wie sie von Jesus gelebt und ausgelegt wurde (Mt 5,17).

Zusammenfassung

Die evangelische Theologie ist auch in der Gegenwart eng auf die reformatorischen Unterscheidungen bezogen. Die

§ 4 Antijüdische Fallstricke reformatorischer Theologie

vier „allein"-Formulierungen (Christus allein, allein die Gnade, allein die Schrift, allein der Glaube) konzentrieren den christlichen Glauben auf seine biblischen Bezüge und entfalten eine jeweils aktuelle Dynamik. Gleichzeitig haben sie jedoch antijudaistische Konnotationen, die im Laufe der Zeit wirksam geworden sind. Vor allem die Karikatur des jüdischen Lebens aus der Tora als „Gesetzesgehorsam" hat dabei eine ungute Rolle gespielt. Grundsätzlich kommt es bei der theologischen Urteilsbildung darauf an, die eigenen Aussagen als Bekenntnisse aufzufassen und so den Irrtum zu vermeiden, die eigene Position zeichne sich durch eine besondere religiöse Qualität aus, die dem Judentum (und anderen Religionen) „überlegen" wäre. Vor einer solchen Haltung kann die genuin theologische Perspektive bewahren, weil diese um die eigene Positionalität (und Relativität) weiß und nicht meint, religionsvergleichende Qualitätsurteile fällen zu können.

§ 5 „Luthers Juden" und Luthers Judenhass – eine hermeneutische Hypothek des evangelischen Glaubens

Literatur: ALBRECHT BEUTEL: Theologie als Schriftauslegung, in: ders., Luther Handbuch, Tübingen ²2010 [2005], 444–449 ♦ THEODOR FRITSCH (=Thomas Frey): Antisemiten-Katechismus. Eine Zusammenstellung des wichtigsten Materials zum Verständniß der Judenfrage, Leipzig ²⁶1893 [1887][1] ♦ THOMAS KAUFMANN: Luthers Juden, Stuttgart ³2017 [2014] ♦ MARTIN KESSLER: Luthers Schriften für die Gegenwart. Drei konkurrierende Editionsvorhaben in den 1930er und 1940er Jahren, Tübingen 2019 ♦ DENNIS PRAGER / JOSEPH TELUSHKIN: Why the Jews? The reason for antisemitism, the most accurate predictor of human evil, New York u. a. 2016 [1983] ♦ PETER SCHÄFER: Kurze Geschichte des Antisemitismus, München ²2020 [2020] ♦ HEINZ SCHILLING: Martin Luther. Rebell in einer Zeit des Umbruchs, München ³2016 [2012] ♦ JENS WOLFF: Vorlesungen, in: Luther Handbuch, hg. von Albrecht Beutel, Tübingen ²2010 [2005], 322 328

Martin Luther hat nicht nur durch seine theologischen Denkfiguren, die sich gut in dem vierfachen reformatorischen „allein" bündeln lassen (→ § 4), stark auf das Verhältnis der evangelischen Kirche zum Judentum gewirkt. Das gilt auch von seiner persönlichen Einstellung zum

---

[1] Im Internet unter https://www.google.de/books/edition/Anti semiten_Katechismus/bl9xF1VCMHoC?hl=de&gbpv=1&pg=PR3 &printsec=frontcove, Abruf am 18.4.2023

§ 5 „Luthers Juden" und Luthers Judenhass

Judentum, die alles in allem eine negative war. So sehr Luther die Reformation und die Neuzeit seit dem 16. Jahrhundert inspiriert und geprägt hat, so sehr sind seine Äußerungen zum Judentum eine schreckliche geistige Hypothek. Besonders in seiner späten Lebensphase ließ er seinem Hass auf alles Jüdische freien Lauf. Die evangelische Kirche hat sich zuletzt im Reformationsjahr 2017 diesem hoch problematischen eigenen Erbe gestellt. Die Äußerungen des alten Luther waren von der Art, dass sie von den Nationalsozialisten aufgegriffen und im eigenen Sinne zitiert werden konnten. Auf Luther und seinen immer stärker ausgeprägten Judenhass konnte man sich weit über die Kirche hinaus berufen. Die beiden jüdischen Publizisten Dennis Prager und Joseph Telushkin urteilen zusammenfassend:

„Martin Luther (1483–1546), who was one of history's most vehement Jew-haters, was both the founder of Protestantism and a father of German nationalism. Accordingly, his antisemitic statements profoundly influenced the attitudes of nearly all Germans, not only Protestants. [...] Indeed, Julius Streicher argued in his defense at the Nuremberg trials that he had never said anything about the Jews that Martin Luther had not said four hundred years earlier." (PRAGER/TELUSHKIN 2016, 90)

Die Pogromnacht am 9./10. November 1938 fand nach Nazi-Aussagen nicht umsonst zu diesem Datum statt, denn es handelte sich um Luthers Geburtstag. Die Nazis konnten allzu einfach auf die unmenschlichen Forderungen Luthers in seiner Schrift „Von den Juden und ihren Lügen" zurückgreifen: Verbrennen der Synagogen, Enteignung der Juden, Reise- und Lehrverbot für Juden, Vertreibung aus christlichen Gebieten und Zwangsarbeit. Erschreckend passend dazu ist die Tatsache, dass der Hamburger Hauptpastor Theodor Knolle (1885–1955) ein

2. Kapitel: Faules Denken

Jahr zuvor eine „kleine Weimarer Lutherausgabe" plante, deren erste Abteilung „Kampf" Luthers Kampf gegen das Papsttum, gegen die Schwärmerei und gegen die Juden umfassen sollte (KESSLER 2019, 15–17; vgl. 70. 110f. 132f.). Besonders von diesem Band mit Luthers Judenschriften erwartete der Verlag (Bertelsmann) 1940 einen erheblichen Absatz (KESSLER 2019, 38).

1. „Antijudaismus" oder „Antisemitismus" bei Luther?

1.1 Der rassisch begründete „Antisemitismus" entstand erst am Ende des 19. Jahrhunderts im Zuge pseudonaturwissenschaftlicher Begründungen (→ § 3.1). Insofern wäre es eigentlich begriffsgeschichtlich korrekt, im Hinblick auf Luther von religiös begründetem „Antijudaismus" (im Unterschied zum rassistischen „Antisemitismus") zu sprechen. An dieser Sicht ist richtig, dass Luther ganz überwiegend christologisch argumentiert. Die Juden sind seiner Ansicht nach im Irrtum, was die Lektüre der Bibel, vor allem das Alte Testament, angeht: Sie erkennen nicht, dass auch die Psalmen und die Propheten vor allem von *Christus* reden. Doch in seiner Spätschrift „Von den Juden und ihren Lügen" geht Luther weit darüber hinaus. Er bezichtigt die Juden nicht nur der Lüge, sondern bedient sich auch mittelalterlicher antijüdischer Stereotype (Brunnenvergiftung, Kindsraub, WA 53, 482, 13 f.; KAUFMANN 2017, 128). Diese Anschuldigungen gehen weit über die theologische Abgrenzung hinaus. Ganz genau wird also von einem vor-rassistischen, umfassenden Antijudaismus zu sprechen sein. Vor allen Dingen aber sieht man an der Rezeptionsgeschichte, wie der religiöse Antijudaismus unmerklich in einen umfassenden Antisemitismus übergeht.

§ 5 „Luthers Juden" und Luthers Judenhass

1.2 Bei Luther haben sich die unmenschlichen Forderungen im Laufe des Lebens herausgebildet und verfestigt. Das Fatale dabei ist, dass sein Judenhass mit seiner reformatorischen Theologie untrennbar zusammenhängt. Noch fataler ist die Wirkungsgeschichte. Hatte Luther selbst gemeint, seine Schriften würden keinen langen Zeitraum überdauern, so war das Gegenteil der Fall. Seit dem Ende des 19. Jahrhunderts wurden seine antijüdischen Schriften immer mehr zitiert, neu aufgelegt und verbreitet. Seine Hasstiraden in dem Pamphlet „Von den Juden und ihren Lügen" (1543) wurden vom sich ausbildenden rassistisch argumentierenden „Antisemitismus" aufgegriffen und schließlich in die Tat umgesetzt. Das gilt unter anderem von Luthers Aufforderung, die Synagogen zu verbrennen: 395 Jahre nach seiner antijüdischen Schrift von 1543 wurde aus Luthers Wort die verbrecherische Tat des Naziregimes – am 9. November 1938 (dem Vorabend von Luthers Geburtstag). Bei den Synagogenbränden in der „Reichskristallnacht" hat man es wahrscheinlich mit der Rezeption von Luthers antijüdischer Schrift von 1543 zu tun (KAUFMANN 2017, 165).

2. Noch einmal „Christus allein" und „allein die Schrift"

2.1 „CRUX sola est nostra theologia" – „Das Kreuz allein ist unsere Theologie", heißt es in der Psalmenvorlesung 1519/21 (WA 5,176,32 f., Hervorhebung dort). Die grundlegende reformatorische Erfahrung Luthers war diejenige im Zeichen des Kreuzes Christi, durch welche sich die Gewissheit einstellte, dass nicht das Handeln des Menschen (nach dem Gesetz), sondern das Handeln Gottes in seinem Sohn (im Evangelium) Befreiung und Erlösung von aller

2. Kapitel: Faules Denken

Schuld und Verdammnis bedeutet (→ §4.2). „Ich glaube", so lautet die Erklärung zum 2. Artikel des Glaubensbekenntnisses im „Kleinen Katechismus" von 1529, „dass Jesus Christus […] sei mein Herr, der mich verlornen und verdammten Menschen erlöset hat, erworben, gewonnen, von allen Sünden, vom Tode und von der Gewalt des Teufels, nicht mit Gold oder Silber, sondern mit seinem unschuldigen Leiden und Sterben". Die Christuserfahrung entwertete alle eigenen Bemühungen um Befreiung und Erlösung. Besonders die Lehren und Traditionen der mittelalterlichen Kirche waren null und nichtig – bis auf die Heilige Schrift. Es stand darum für Luther fest, dass der eigentliche Inhalt der gesamten Schrift Alten und Neuen Testaments Christus ist und nichts anderes – „Christus allein" (→ §4.1). Diese exklusiv christologische Hermeneutik des Alten Testaments musste zum *sachlichen Dissens* mit dem Judentum führen, führte aber de facto bei Luther zum immer maßloseren Judenhass. Hinzu kam, dass Luther eine besondere Liebe mit dem Alten Testament verband. Thomas Kaufmann dazu: „Je ‚christlicher', vertrauter, ‚eigener' das Alte Testament aber wurde, desto unverständlicher musste die Verweigerung der Juden gegenüber der einzig möglichen religiösen Konsequenz, dem Glaubenswechsel, erscheinen." (KAUFMANN 2017, 83)

2.2 Luther hielt über 30 Jahre lang – von 1513 bis 1545 – Vorlesungen über biblische Bücher; er begann mit den Psalmen, die er dreimal behandelte, und endete mit dem 1. Buch Mose, der Genesis. Nur drei bis vier Jahre beschäftigte sich Luther mit dem Neuen, gut 25 Jahre aber mit dem Alten Testament. Damals gab es noch keine Aufteilung der Professuren auf theologische Teildisziplinen, aber nach heutigen Maßstäben müsste man sagen: Luther war vor allem Alttestamentler.

§ 5 „Luthers Juden" und Luthers Judenhass

Im Alten Testament fand er mit aller Selbstverständlichkeit „Christus allein". Was nach analytischen historisch-kritischen Kriterien unzutreffend ist, war für Luther selbstverständlich. Hinzu kam die Aneignung der Hebräischen Bibel durch die Übersetzung. In Luthers Sprache wurde daraus ein bildreiches, poetisches, fesselndes Buch deutscher Sprache, das für Luther eine untrennbare Einheit beider Teile aufwies. Wie Matthäus und Paulus das Zeugnis von Christus im Alten Testament, etwa im Propheten Jesaja, entdeckt hatten, so stand für Luther eindeutig fest: Christus redet zu uns in beiden Testamenten. Es war für ihn „ungezweyfflet, das die gantze schrifft auff Christum allein ist gericht" (WA 10,2, 73,16; BEUTEL 2010, 446). Christus war ihm die Sache der Schrift in Person und die Schrift war für ihn der Mutterleib Gottes – „Uterus dei est Verbum divinum" (WA 31,2, 370,21; BEUTEL 2010, 447). Luther verstand dies aber nicht – wie Leser nach der Aufklärung – als eine glaubende Deutung, sondern als eine unumstößliche Tatsache: „Das Wort sie sollen lassen stahn […] er ist bei uns wohl auf dem Plan" dichtete er am Schluss seines Liedes „Ein feste Burg" (EG 362,4). Christus allein in der ganzen Bibel, mit diesem Prinzip brachte Luther die mittelalterliche Kirche zu Fall. Und er rechnete mit der baldigen Wiederkunft Christi und dem nahen Ende der Welt.

2.3 Hinzu kam der im Reformationsjahrhundert allgemein bestimmende Grundgedanke, dass ein Gemeinwesen den einen richtigen, einheitlichen Glauben haben müsste, um in seiner Existenz und Wohlfahrt gesichert zu sein. Die Toleranz gegenüber einzelnen Abweichlern und gegenüber Gruppen von Andersgläubigen gehörte nicht zu dieser Vorstellung. Religion war nicht wie ab dem 18., eigentlich aber erst im späten 19. Jahrhundert, Privatsache.

2. Kapitel: Faules Denken

Der falsche Glaube gefährdete nach damaliger Sicht das jeweilige Land. Nur unter dieser Prämisse versteht man den erbitterten Kampf um den rechten Glauben bis zum Dreißigjährigen Krieg. Auch die berühmte Formel „Cuius regio, eius religio" im Augsburger Religionsfrieden von 1555 geht weiter vom einheitlichen Bekenntnis eines Territoriums aus. Der Gedanke einer multikonfessionellen oder gar multireligiösen Gesellschaft lag allen Beteiligten in Staat und Kirche völlig fern. Erst wenn man sich das klarmacht, versteht man auch die – in jeder Weise unchristliche und unmoralische – Intoleranz gegenüber den Juden. Der einzige Ausweg aus damaliger Sicht war, dass sich die Juden bekehrten und Christen wurden. Diese Erwartung hegte auch der frühe Luther, der sah, wie das Prinzip „allein die Schrift" die mittelalterliche Kirche ins Wanken brachte. Luthers Zielvorstellungen waren nicht der Dialog und Koexistenz, sondern Einsicht der Juden in die eine und einzige christliche Wahrheit.

3. Der Judenmissionar: „Dass Jesus Christus ein geborener Jude sei" (1523)

3.1 Luther hoffte in den 1520er Jahren, dass die Juden jetzt, in der letzten Zeit, zu Christus finden würden. Die missionarische Hoffnung bestimmt Luthers judenfreundliche Schrift „Dass Jesus Christus ein geborener Jude sei" von 1523. Die lateinische Fassung von 1525 enthielt auch ein Schreiben an den bekehrten Juden Bernhard (Taufname), einen ehemaligen Rabbiner aus Göppingen, und formulierte die Erwartung, dass nun, da das Licht des Evangeliums aufgegangen sei, Juden in großer Zahl, aus innerer Überzeugung und nicht mehr um des äußeren Vorteils willen, konvertieren würden. Bisher sei dies

§ 5 „Luthers Juden" und Luthers Judenhass

durch die verkomme Papstkirche verhindert worden. Nunmehr aber sei für jeden deutlich geworden, dass Jesus von Nazareth der im Alten Testament erwartete Messias sei. Luther hoffte auf eine „reformatorische Wende" in der 1500jährigen Geschichte zwischen Juden und Christen (KAUFMANN 2017, 66).

Er war sich völlig sicher, dass die Juden bei einer vorurteilsfreien Sicht auf das Alte Testament erkennen müssten, dass darin Jesus als Messias angekündigt werde. Das Leiden der Juden in den letzten 1500 Jahren werde ihnen dann als Strafe für die Verleugnung und Kreuzigung Christi einsichtig werden, so dass sie zur rechten christlichen Überzeugung kommen würden. Seine eigene Verbindung von „solus Christus" und „sola scriptura" war ihm so wenig zweifelhaft, weil sie ja auch beim Kampf mit den Papisten Mauern zum Einsturz gebracht hatte: „Solus Christus" und „sola scriptura" würden sich auch bei der – gewiss nur noch kurz andauernden – Verblendung der Juden als schlagkräftig erweisen.

Vielleicht hat Luther sich den jüdischen „Aha-Effekt" bei der Bibellektüre so ähnlich vorgestellt wie den Durchbruch der reformatorischen Erkenntnis bei sich selbst. Eineinhalb Jahre vor seinem Tod hatte er seine alles verändernde Entdeckung der rechtfertigenden, der *passiven* Gerechtigkeit Gottes bei Paulus so geschildert:

„[...] die passive Gerechtigkeit, durch die uns der barmherzige Gott gerecht macht durch den Glauben, wie geschrieben ist: ‚Der Gerechte lebt aus Glauben' [...]. Da zeigte mir sofort die ganze Schrift ein anderes Gesicht. Ich durchlief dann die Schrift nach dem Gedächtnis und stellte die Analogie dazu auch in anderen Vokabeln zusammen: Z.B. Werk Gottes, das heißt, was Gott ins uns wirkt; Kraft Gottes, durch die er uns kräftig macht, Weisheit Gottes, durch die er uns weise macht, Stärke Gottes,

2. Kapitel: Faules Denken

Heil Gottes, Herrlichkeit Gottes. [...]. So ist mir diese Paulus-Stelle wahrhaftig das Tor zum Paradies gewesen..." (Vorrede zum 1. Bd. der lateinischen Schriften vom 5. März 1545, WA 54,186,6–16 [lat.] = Luther Deutsch Bd. 2, 19 f.).

Luther war der festen Meinung, dass sich die Juden der Überzeugungskraft des Evangeliums nicht würden entziehen können, da sie doch dem Herrn der Abstammung und Verwandtschaft nach näher seien als die Heidenchristen. Vor allem habe Gott den Juden „das Gesetz und die Propheten" befohlen, so dass die Konversion zum Christentum nichts anderes bedeute, als dass sie „widder tzu yhrer vetter, der Propheten unnd Patriarchen glauben tretten" würden (WA 11,315,16 f.).

Die klassischen judenfeindlichen Vorwürfe gibt es beim jungen Luther nicht (auch nicht in anderen Schriften und Äußerungen). Man solle vorsichtig mit den Juden umgehen und sie aus der Schrift unterrichten. Bisher aber habe man die Juden „wie Hunde und nicht Menschen" behandelt. Man habe, etwa mit der Ritualmordanklage, Lügengeschichten über sie verbreitet wie die, sie müssten „Christten blutt haben, das sie nicht stincken, und weys nicht, wes des narren wercks mehr ist" (WA 11,336,25 f.; KAUFMANN 2017, 69). Auch habe man den Juden verboten, unter Christen zu arbeiten – und wie sollten sie gebessert werden, da man sie zum Wuchern getrieben habe? Luthers Schrift von 1523 schließt in vorsichtigem Optimismus: Man solle jetzt die Juden freundlich annehmen, dass sie nicht des Papstes Gesetz, sondern die christliche Liebe und Lehre hören und sehen. „Ob ettliche hallstarrig sind, was ligt dran? Sind wyr doch auch nicht alle gutte Christen. Hie will ichs dis mall lassen bleyben, bis ich sehe, was ich gewirckt habe." (WA 11,336,33–35).

§ 5 „Luthers Juden" und Luthers Judenhass

3.2 Doch diese Hoffnung erfüllte sich nicht. Luther hatte sich im Überschwang der reformatorischen Ereignisse hinsichtlich des Judentums getäuscht. Er hatte überhaupt nicht in Rechnung gestellt, dass es sich um eine in Jahrtausenden gewachsene Religion mit eigener Tradition (Talmud, Riten und Feste) handelte. Er hatte sich vorgestellt, die Juden würden nun wie die Christen das Alte Testament von Christus her lesen, sich zu ihm bekehren und Christen werden. Die von Luther vorgestellten Juden, so urteilt Thomas Kaufmann, würden sich allein auf das Alte Testament beziehen. Doch dieses Konstrukt war „primär ein an den paulinischen Schriften des Neuen Testaments orientiertes Phänomen" (KAUFMANN 2017, 71). De facto gab es solche „sola-scriptura"-Juden nicht.

Luther kannte persönlich praktisch keine Juden. In Erfurt gab es keine Synagoge, nicht einmal – wie sonst in Thüringen – vereinzelte jüdische Familien. Wohl ein einziges Mal hat er mit zwei oder drei Rabbinern disputiert, die ihn Mitte der 1520er Jahre in Wittenberg besuchten, weil sie davon gehört hatten, dass die Christen jetzt Hebräisch lernten (KAUFMANN 2017, 36ff.). Der Disput der Rabbiner mit Luther drehte sich um Jes 7,14: „Siehe, eine Jungfrau ist schwanger und wird einen Sohn gebären, den wird sie nennen Immanuel" und Jer 23,6: „Zu seiner Zeit soll Juda geholfen werden und Israel sicher wohnen: Und dies wird sein Name sein, mit dem man ihn nennen wird: Der Herr unsere Gerechtigkeit". Beide Stellen waren für Luther eindeutige Christuszeugnisse, während die Gäste darauf beharrten, dass der Talmud und die rabbinische Auslegung nichts davon wüssten.

Dass die Rabbiner das christologische Verständnis zurückwiesen, verstand Luther als eine absichtliche Weigerung, die die Wahrheit kurz vor dem Weltende böswillig

2. Kapitel: Faules Denken

leugnete. Seit 1526 führte Luther diese Begegnung als Beweis dafür an, dass das Gespräch mit den Juden über das Alte Testament sinnlos sei: Die Juden stellten die Tradition über die Schrift und verleugneten das Christuszeugnis. Luther kam später mehrfach auf diese Begegnung zurück, weil sie offensichtlich für ihn einschneidend war.

3.3 Das ist etwa in seinem Brief „Wider die Sabbather" deutlich. Dabei handelt es sich um eine Schrift aus dem Jahre 1538, die durch Nachrichten veranlasst war, dass in Böhmen und Mähren Christen zum Judentum überträten und sich beschneiden ließen. Hier parallelisiert Luther die jüdische und die päpstliche Hermeneutik und, so wird man sagen können, ein schlimmeres Urteil hätte die jüdische Theologie kaum treffen können. Juden und Papisten, das ist, jedenfalls im Hinblick auf die Bibel, ein und dasselbe:

> „Denn wo man sie gleich mit der schrifft uberweiset, so fallen sie von der Schrifft auff jre Rabinen und sagen, sie müssen jren Rabinen gleuben gleich wie jr Christen (sprechen sie) ewrem Bapst und Decreten gleubet. Solches haben sie mir selbs geantwort, da ich auch ein mal mit jnen disputirt und die Schrifft wider sie führet." (WA 50,313,2–6)

Hier deutet sich schon ein Gedanke an, der in der Aufklärung bestimmend sein wird: Judentum und Katholizismus gehören nach dieser Ansicht als Ritualismus und „Afterdienst" einer unvollkommenen, inzwischen überwundenen Stufe der Religion an. Papsthass und Judenhass liegen bei Luther ganz nahe beieinander.

Luthers Verhältnis zum Judentum war von zunehmendem Misstrauen geprägt. Seine Angst vor judaisierenden Tendenzen, „eine der gefährlichsten Triebfedern antisemitischer Exzesse" (SCHÄFER 2020, 176f.), verfestigte immer mehr das Urteil: Die Juden lesen die Bibel falsch, sie leugnen das Christuszeugnis des Alten Testaments – ja, sie lügen, weil sie Gottes Handeln in Christus, im neuen Bund bestreiten. Sie lehren, Gott halte den Messias wegen der Sünden im alten Bund auch weiterhin zurück. Das aber stimme nicht, so Luther in derselben Schrift von 1538. Gott spreche sein Nein zur Sünde. Er wolle die Sünde nicht anrechnen: „Wer leuget hie? Leuget Gott oder leuget Jude, Denn sie sind wider einander. Jude spricht Ja, Gott spricht Nein. Aber es darff gar keiner frage, Sondern ist uberweiset, das die Juden liegen" (WA 50,316,20–23).

Dabei dürften die mährischen „Sabbather" gar keine Juden, sondern Täufer unter der Führung von Oswald Glaidt (1480[?]–1546) gewesen sein, also Täufer, die neben Taufe und Abendmahl den Sabbat (Samstag) als drittes endzeitliches Zeichen hielten, aber weder die Beschneidung praktizierten noch Juden waren. Es handelte sich bei dem Gegenstand von Luthers Sabbather-Schrift demnach um ein Produkt von Luthers Phantasie, um „einen aus der Angst vor jüdischer Proselytenmacherei genährten Popanz" (Kaufmann 2017, 102).

4. Der Judenhasser: „Von den Juden und ihren Lügen" (1543)

4.1 Luthers misstrauische, antijüdische Ansichten festigten sich in der Sache und wurden immer maßloser im Ausdruck. Aus Kritik, Dissens und Streit wurde wenige Jahre vor seinem Tod der blanke Hass, bis es schließlich zu seiner schlimmsten Schrift überhaupt kam, zu dem Pamphlet „Von den Juden und ihren Lügen" von 1543. Von dieser Schrift her fällt ein tiefer Schatten auf Person und Werk

2. Kapitel: Faules Denken

des Reformators, der zu Recht auch das Reformationsjahr 2017 bestimmte. Hatte Luther die mittelalterlichen Lügengeschichten über die Juden 1523 entschlossen dekonstruiert, nahm er immer stärker die unüberbrückbaren Gräben zwischen der jüdischen und der eigenen Hermeneutik wahr. 1538 hatte er von den Juden unverhohlen als von Lügnern gesprochen; im Titel seiner Schrift von 1543 identifizierte er schlicht „Juden" und „Lügen".

Noch schlimmer sind die praktischen Schlussfolgerungen, die Luther in dieser Schrift zog und die nicht anders als menschenfeindlich und protonazistisch genannt werden können. Dass sich ein Verbrechensregime im 20. Jahrhundert daran machte, Luthers Forderungen umzusetzen, konnte dieser nicht ahnen; aber jeder, der etwas veröffentlicht, weiß, dass ihm der gedruckte Text nicht mehr gehört, weil er von nun an der Verfügungsmacht der Leser:innen unterliegt. Man muss sich stets das Schlimmste vorstellen, was aus dem eigenen Text einmal gemacht werden kann. Und dieser Luthertext ist schon als solcher fatal. Denn hier vollzieht er eine totale Kehrtwendung gegenüber der Schrift von 1523, indem er die alten mittelalterlichen Vorwürfe jetzt für wahr hält: Brunnenvergiftung, Mord, Kindsraub, Trinken von Blut (WA 53,530,18 28). Ironisch fügt er an dieser Stelle die Empfehlung hinzu, man krieche also den Juden in den Hintern, rühme sich dann, man sei barmherzig gewesen und habe den Teufel gestärkt – so werde man ein vollkommener Christ, voller Werke der Barmherzigkeit, „die jm Christus belonen wird am Jüngsten tage mit den Jüden im ewigen hellischen fewr." (WA 53,531,6f.)

4.2 Die folgenden, nun ernst gemeinten Aufforderungen sind verbrecherisch und unmenschlich. Man solle (1.) die Synagogen verbrennen und über die Trümmer Erde

§ 5 „Luthers Juden" und Luthers Judenhass

aufhäufen, dass „kein mensch ein stein oder schlacke davon sehe ewiglich" (WA 53,523,1–3). Außerdem solle man (2.) ihre Häuser zerstören, in denen sie dasselbe tun wie in der Synagoge und solle sie in einem Stall leben lassen wie die Zigeuner (523,24 ff.). Die Gebetbücher und den Talmud solle man (3.) konfiszieren und (4.) den Rabbinern verbieten zu lehren (523,30 ff.). Schutz und Geleit der Juden solle man (5.) gänzlich aufheben – sie sollen zu Hause bleiben, anstatt Handel zu treiben (524,6 f.). Man solle ihnen (6.) den Wucher verbieten und ihnen deswegen alles Geld, Gold und Silber wegnehmen und „verwahren", um es in kleinen Summen zur Unterstützung an solche Juden zu geben, die sich bekehrt haben (524,18–27). Zur Begründung führt er an, dass die Juden vor Jesu Tod „Kreuzige ihn!" geschrien hätten. Die jüngeren Juden solle man (7.) zur körperlichen Arbeit heranziehen, damit sie sich ihren Lebensunterhalt selbst verdienen (525,31–526,6).

Im Fazit kommt Luthers christologische Konzentration in ihrer hassgetränkten Form zur Geltung: Alle Fürsten und Herrn, die Juden unter sich haben, sollen dafür sorgen, „das jr und wir alle der unleidlichen, teuffelschen Last der Jüden entladen werden, Und nicht fur Gott schüldig und teilhafftig werden alle der Lügen, des lesterns, speiens, fluchens, so die rasenden Jüden wider die Person unsers HErrn Jhesu Christi" treiben (527,16–19). Der Vorwurf, Juden hätten Christus gelästert und lästerten ihn weiter, durchzieht die ganze Schrift, bis schließlich – man denke an Joh 8,44 – der Teufel als Vater der Juden apostrophiert wird: „Nein, du leidiger Vater solcher lesterlichen Jüden, Du hellischer Teuffel" (535,21). Luthers Schrift gipfelt in der Bemerkung, wenn Gott ihm keinen anderen Messias geben wollte wie den, den die Juden begehren, „So wolt ich viel, viel lieber eine Saw, denn ein

2. Kapitel: Faules Denken

Mensch sein" (542,6f.). Auch hier ist also wieder die Christologie entscheidend.

4.3 Luthers Verweis auf die Sau passt dann zu einer weiteren Schrift, die wenige Monate später, im März 1543 vorlag: „Vom Schem Hamphoras und vom Geschlecht Christi" (über Gottes heilige Eigennamen). Luther konnte von dem Thema nicht lassen und schrieb nun in unflätigster Weise über die „Judensau" an der Wittenberger Stadtkirche (→ § 1.5). Das Wittenberger Relief trägt die Überschrift „Rabini Schemhamphoras", und Luther beschreibt genau den dort dargestellten Rabbiner, der der Sau „unter dem pirtzel jnn den Thalmud" hineinsieht (WA 53,600,33). Der Talmud, wie er den Juden zu Gesicht kommt, ist also nichts anderes als Schweinedreck. Hier sieht man, wie sich die Hermeneutik von 1538 („Wider die Sabbather") radikalisiert hat. Dabei verunglimpft Luther den jüdischen Gottesnamen, indem er statt „Name" (Schem) „hier" (scham) liest und statt „ausgelegt" (hameforasch) „Dreck" (ha-peresch), also statt „der ausgelegte Name": „Hier ist der Dreck (= Schweinekot)". Auch diese ausführliche Lutherschrift (sie umfasst 75 Seiten, WA 53,574–648) verbreitete sich schnell und weit und in der Zeit der lutherischen Orthodoxie waren Luthers Spätschriften maßgeblich, während die Pietisten wieder an den Luther von 1523 anknüpften.

4.4 Man muss bei der Lektüre von Luthers unsäglichen Spätschriften ohne Umschweife und Relativierung feststellen, dass mindestens der späte Luther ein furchtbarer Antijudaist und Antisemit war – auch wenn es sich bei der letzten Bezeichnung um einen Anachronismus handelt. Zwar argumentierte Luther primär vom Christusglauben her, aber mindestens 1543 schmähte er die Juden auch als solche. Wenn er den Juden negative Charaktereigenschaften wie Verschlagenheit, Mordlust und Geldgier zuschreibt (KAUFMANN 2017, 45), dann handelt es sich um Antisemitismus, wenn auch ohne die dafür 300 Jahre später einschlägigen Begründungen. Man sieht an Luther, wie ein Glaubensurteil in bloßen Hass übergehen kann.

Man wird also gerade nicht relativieren können, dass es sich („nur") um einen religiösen Judenhass gehandelt habe. Denn zum einen ließ sich unter den Bedingungen der Vormoderne die Religion nicht von den anderen kulturellen Bereichen trennen (KAUFMANN 2017, 172f.). Ein abfälliges Urteil über den Glauben war auch eines über den Menschen. Das Urteil, Luther habe den Juden *nicht* ihr Menschsein abgesprochen (SCHILLING 2016, 575) steht insofern auf tönernen Füßen. Darum ist es angemessen, von einem vormodernen, protorassistischen Antisemitismus in den christlichen Gesellschaften zu sprechen, an dem Luther teilhatte. (KAUFMANN 2017, 157) Zum anderen wird die Sache durch die theologische Begründung ja nicht weniger schlimm. Das Gegenteil ist der Fall. Wenn der eigene Hass unter Berufung auf Gott expliziert wird, gibt es kein Halten mehr. Der Andere „ist vom Teufel" und genießt keinerlei gedanklichen und praktischen Schutz mehr, so dass sich der Hass ungehemmt von Gebot und Moral entfalten kann.

4.5 Kann man also bei Luther von einem *strukturellen* Antisemitismus sprechen bzw. von Aspekten, die darauf hinführen? Beides ist zweifellos der Fall. Niederschmetternd ist vor allem das Ergebnis, dass Luthers Judenfeindschaft keine Marginalie ist, sondern mit dem Zentrum seiner Theologie, der Christologie und Kreuzestheologie, eng verbunden ist. Die letztere erneuert und befestigt immer wieder den jahrhundertealten Vorwurf, „die" Juden seien verantwortlich für Jesu Tod.

2. Kapitel: Faules Denken

Luthers Christologie hat ein doppeltes Gesicht: Als Zugang zur Bibel beider Testamente schließt die Christologie die Bibel für den christlichen Glauben auf, aber sie tut das, indem sie gleichzeitig die Juden ausschließt. Luthers Verstehen des Alten Testaments ist zwar für die christliche Deutung richtig; als eine angeblich objektive Tatsache verstanden aber handelt es sich um eine hermeneutische Enteignung des Alten Testaments. Aufgrund seiner deutlich voraufklärerischen, spätmittelalterlichen Hermeneutik ist Luther der Gedanke mehrerer Lesarten nicht zugänglich. Unter dieser Prämisse wird das Prinzip „allein die Schrift" gefährlich, weil es dann zugleich „allein meine Lesart der Schrift" bedeutet. An dieser Stelle von „Fundamentalismus" zu sprechen, wäre wiederum ein Anachronismus, weil es sich dabei um eine Kategorie aus dem 20. Jahrhundert handelt. Die Konsequenzen sind allerdings auch abgesehen davon dieselben: Es gilt nur der eigene Standpunkt – und der andere unterliegt dem Anathema. Viel spricht dafür, dass Luther mit dieser Schrift nicht nur die Juden bekämpfen wollte, sondern auch die christliche Hebraistik, die das Alte Testament nicht in Luthers Weise christologisch interpretierte (KAUFMANN 2017, 121).

4.6 Der bibeltheologische Ausweg, der an späterer Stelle dieses Buches (→ § 13) zu beschreiben ist, kann hier nur kurz angedeutet werden. Danach ist anzuerkennen, dass das Alte Testament von Juden und Christen prinzipiell unterschiedlich verstanden wird: Der Glaube *mit* Jesus verbindet, der Glaube *an* Jesus trennt. Doch gerade diese Differenz kann zum besseren Verstehen führen. Das hat der christlich-jüdische Dialog nach 1945 deutlich gemacht. Ein angeblich objektives Bibelverständnis ist danach die Wurzel allen Übels. Wer eine einzige Textauslegung für sich reklamiert und dabei in Abrede stellt, sich irren zu können, ist auf dem Weg von Exklusion und Diffamierung – nicht nur, aber besonders in Sachen Antijudaismus. Texte sind von daher immer gefährlich. Sie sind vor keinem Missbrauch geschützt. Sie sind so gut oder so böse wie ihre Leser. Nicht umsonst misstraut die katholische Kirche dem „sola scriptura" – wobei freilich das päpstliche Lehramt auch keine Lösung sein kann.

5. Die fatale Lutherrezeption im 19. und 20. Jahrhundert

5.1 Der Name und die Ansichten Luthers spielten in den folgenden Jahrhunderten und besonders bei der Entstehung des deutschen Nationalstaates im 19. Jahrhundert eine maßgebliche Rolle. Auch im 19. Jahrhundert gab es kritische Stimmen gegenüber Luthers Judenfeindschaft, wie etwa durch Ernst Wilhelm Hengstenberg, (1802–1869; KAUFMANN 2017, 153f). Dennoch muss man Luther als ein Bindeglied zwischen dem mittelalterlichen Judenhass und dessen Wiederkehr im Nationalsozialismus betrachten: „Owing to the towering role he played in German national and religious thought, Luther constituted an important ally for the Nazis in the carrying out oft he ‚Final Solution.'" (PRAGER / TELUSHKIN 2016, 91)

5.2 Spätestens mit dem „Antisemiten-Katechismus", der erstmals 1887 pseudonym und später unter dem Titel und Verfassernamen Theodor Fritschs als „Handbuch der Judenfrage" erschien, wurde Luther als „Antisemit" verbucht. Das Buch erlebte 44 Auflagen bis 1944 und wurde insgesamt mehr als 300.000 mal gedruckt. In diesem Machwerk werden ausführlich antijüdische Sätze aus „Von den Juden und ihren Lügen" zitiert (FRITSCH 1893,

2. Kapitel: Faules Denken

34–37). Das gesamte Buch ist im Übrigen zum großen Teil eine Ansammlung von ekelerregenden Zitaten, die aus dem bloßen Ressentiment hervorgegangen sind (z. B. „Der Jude ist schmutzig, der Pole ist es auch und nimmt daher keinen Anstoß daran", 118). Hinzu kommen Statistiken zum jüdischen Leben, Auszüge u. a. aus dem Talmud sowie ausführliche Literaturhinweise zum antisemitischen Schrifttum. Aus dem „Deutschen Sprichwörter-Lexikon" wird Luther zitiert mit dem Satz: „Trau keinem Fuchs auf weiter Haid', trau keinem Jüd bei seinem Eid" (375).

Bei der heutigen Lektüre des Buches fällt auf, wie die Autoren die Kategorie des „Antisemitismus" als etwas Positives in Anspruch nehmen. Dabei richtet sich der „Katechismus", der tatsächlich mit 21 „Fragen und Antworten" eröffnet wird (3–29), explizit *nicht* gegen die jüdische Religion: „Wie schon der Name sagt, richtet sich der ‚Anti-*Semitismus*' gegen die ‚Semiten', also gegen eine *Rasse*, nicht gegen eine *Religion*" (4, dort hervorgehoben). Das Buch gehört zu den am meisten verbreiteten antisemitischen Schriften überhaupt. Man sieht an diesem Sammelsurium (man kann von einem „Reader" sprechen) auch sofort, dass der (rassistisch begründete) Antisemitismus keine Erfindung der Nationalsozialisten war, sondern ein Sammelbecken verschiedenster Formen von Ressentiment, das sich am Ende des 19. Jahrhunderts gebildet und festgesetzt hatte (→ §§ 9–10).

Zusammenfassung

Charakteristisch für Luthers Einstellung gegenüber den Juden sind die Kreuzestheologie und die christologische Interpretation des Alten Testaments. Luthers Lebensarbeit galt der Heiligen Schrift und der reformatorischen Ent-

§ 5 „Luthers Juden" und Luthers Judenhass

deckung der passiven Gerechtigkeit, durch die der Mensch gerecht gemacht wird. Christus und die passive Gerechtigkeit in der ganzen Bibel durften für Luther an keinem Punkt angezweifelt werden. Hoffte er 1523 darauf, die Juden würden von der Christuswahrheit im Alten Testament überzeugt werden, so bildete sich bei ihm immer mehr die Furcht heraus, Christen könnten zum Judentum übertreten. Diese Furcht war 1538 von der Ansicht geprägt, die jüdische Bibelhermeneutik sei ebenso wie die päpstliche von der außerbiblischen Tradition bestimmt und verleugne den offensichtlichen literarisch-geistlichen Sinn, also das Christuszeugnis. Luthers Schriften von 1543 schließlich sind von blankem Hass auf alles Jüdische geprägt. Auch hier kämpft Luther noch für Christus und die Bibel, aber vor allem verkämpft er sich in protoantisemitischen Ressentiments und verbrecherischen Vorschlägen, die einen dunklen Schatten auf sein gesamtes Lebenswerk fallen lassen. Die Schrift „Von den Juden und ihren Lügen" muss jedenfalls auch im Zusammenhang ihrer Wirkungsgeschichte im Nationalsozialismus gelesen werden.

§ 6 Das „Ende des Gesetzes":
Wie man Paulus falsch verstehen kann

Literatur: RUDOLF BULTMANN: Christus des Gesetzes Ende, in: ders., Glauben und Verstehen Bd. 2, Tübingen ⁵1968 [1952], 32–58 [1940] ♦ ADOLF DEISSMANN: Paulus. Eine kultur- und religionsgeschichtliche Skizze, Tübingen ²1925 [1911] ♦ MARTIN DIBELIUS/WERNER GEORG KÜMMEL: Paulus, Berlin 1956 ♦ GEORG EICHHOLZ: Die Theologie des Paulus im Umriss, Neukirchen-Vluyn ²1977 [1972] ♦ DANIEL R. LANGTON: Paulus im jüdischen Denken, in: Das Neue Testament jüdisch erklärt, hg. von Wolfgang Kraus, Michael Tilly und Axel Töllner, Stuttgart 2022 [2021], 809–813 ♦ E. P. [ED PARISH] SANDERS: Paulus. Eine Einführung, Stuttgart 2009 [1995; engl. 1991] ♦ ALBERT SCHWEITZER: Die Mystik des Apostels Paulus, in: Gesammelte Werke in fünf Bänden Bd. 4, München/Berlin/Zürich 1974, 15–510 [1929] ♦ KRISTER STENDAHL: The Apostle Paul and the introspective conscience of the West, in: Harvard Theological Review 56 (1963), 199–215 ♦ MICHAEL WOLTER: Paulus. Ein Grundriss seiner Theologie, Neukirchen-Vluyn 2011

1. „Tora" und „Gesetz"

1.1 Die Tora, also die Sammlung der ersten fünf Bücher der Hebräischen Bibel mit den grundlegenden Erzählungen und Verhaltensregeln, ist für das Judentum das Bundeszeichen Gottes, die gegenwärtige Gestalt und der zukünftige Garant der Erwählung Israels. In der Tora ist Gott seinem Volk nahe und in ihrer stets neuen Aneignung ereignet sich das Zusammensein von Gott und Mensch. Das Grund-

§ 6 Das „Ende des Gesetzes"

datum der Errettung Israels ist der Auszug aus Ägypten; dieser wiederum ist bezeugt in der Tora, im 2. Buch Mose („Exodus"; dieses Buch wird nach seinem ersten hebräischen Substantiv „Schemot" [=„Namen"] genannt). Das Buch Exodus und die gesamte Tora enthalten nach jüdischem Verständnis alles, was für das Leben mit Gott zu wissen und zu beherzigen ist. Wie in den Tagen des Exodus befreit und geleitet Gott auch heute sein Volk. Das Studium der Tora ist die wichtigste und tiefgründigste Beschäftigung des Menschen, denn die Tora ist Weisung zum erfüllten Leben, ja das Leben mit der Tora ist die Gestalt erfüllten Lebens selbst. Dieses Verständnis ist etwa in dem Ps 119 nachempfundenen Lied „Wohl denen, die da wandeln" vorausgesetzt: „Mein Herz hängt treu und feste an dem, was Dein Wort lehrt. Herr, tu bei mir das Beste, sonst ich zuschanden werd" (EG 295,3).

1.2 Kühl, ja geradezu entfremdet klingt dagegen die Übersetzung des Wortes „Tora" mit „Gesetz". Das Gesetz in Staat und Gesellschaft ist die äußere Ordnung, die man sich nicht selbst ausgesucht hat, der man sich aber aus Einsicht, im schlechteren Fall aus Angst vor negativen Folgen oder vor Strafe mehr oder weniger freiwillig unterwirft. Das gilt auch im metaphorischen Sinne für die deutschen Ausdrücke „Gesetz des Lebens" oder „Gesetz des Handelns", mit denen man zwar Notwendigkeiten und gegebenenfalls Weisheiten, nicht aber Wohltaten und Gottes Wohlwollen, ja Gottes Liebe und gnädige Zuwendung in Verbindung bringt. Mit dem deutschen Wort „Gesetz" werden nicht Liebe, Gnade und Glück assoziiert, sondern Ordnung, Beschränkung und Sanktion.

Die immer wieder zu hörende Formulierung, die Juden lebten nach und aus dem „Gesetz", das sie genau zu befolgen hätten, führt demnach grundsätzlich in die Irre.

2. Kapitel: Faules Denken

Gläubige Juden leben vielmehr nach und aus der Tora, dem Zeugnis und der Gestalt von Gottes Treue, Zuwendung und Hilfe zu einem erfüllten Leben. Ein:e Schüler:in der Tora zu sein, das ist das höchste Glück, auch wenn diese Schülerschaft bei orthodoxen Juden bisweilen skurrile Formen (etwa bei Verhaltensregeln am Sabbat) annehmen kann. Gerade auch eine Verhaltenseinschränkung kann eine Gestalt der Gnade und Gottesnähe sein.

1.3 Im Judentum galt der Apostel Paulus lange Zeit als der eigentliche Schöpfer des Christentums und zugleich als der Zerstörer der Tora – und dieses jüdische Urteil trifft in gewisser Weise auch noch auf die Gegenwart zu. Paulus fand lange Zeit kaum jüdisches Interesse bzw. wurde als „ein sich selbst hassender Jude" verbucht (LANGTON 2022, 809). Die ersten auch positiven Bezugnahmen auf ihn gab es in der Aufklärungszeit, etwa bei Baruch Spinoza (1632–1677). Aber bis heute überwiegen die kritischen jüdischen Stimmen. Der britische Oberrabbiner Jonathan Sacks (1948–2020) brachte die paulinischen Lehren mit dem Versuch der Ausrottung der Juden in Zusammenhang und verurteilte Paulus „aufs schärfste" (LANGTON 2022, 811). Die Gesetzeslehre im Galaterbrief empfand Sacks als Enterbung und Identitätsdiebstahl, die den Bruch des Bundes zwischen Gott und seinem Volk Israel bedeute: „Keine andere Doktrin hat mehr jüdische Leben gekostet" (ebd.). Langtons Fazit lautet, man solle „nicht erwarten, dass Paulus in der näheren Zukunft eine grundsätzlichere Anerkennung durch das Judentum finden wird, nachdem seine Gleichsetzung des Gesetzes mit ‚Sünde' und ‚Tod' immer noch seit Jahrhunderten nachklingt." (813)

1.4 Mit dem Apostel Paulus betreten wir ein umstrittenes und gefährliches Diskussionsfeld. Ist die wichtigste evangelische Lehre von der Rechtfertigung und Gerech-

§ 6 Das „Ende des Gesetzes"

tigkeit im Glauben ganz und gar aus Paulus, besonders aus dem Römerbrief heraus entwickelt worden, so erscheint Paulus vielen Juden als ein Theologe, der der Abwertung des jüdischen Glaubens und des Judentums den Weg bereitet hat oder sogar – jedenfalls indirekt – für die Verbrechen von Christen an Juden verantwortlich ist. An der Tatsache, dass die paulinische Lehre von der Tora nicht nur die Reformation des 16. Jahrhunderts ermöglichte, sondern zugleich eine fatale Wirkungsgeschichte entfaltete, kann die evangelische Theologie nicht vorbeisehen – zumal dann nicht, wenn sie sich auf Luther beruft.

Andererseits sind wir auch bei Paulus genötigt, das Phänomen des „Todes des Autors" in Rechnung zu stellen. Der Autor entlässt seine Texte in die Verfügungsgewalt der Leser. Kein Text ist davor gefeit, im Sinne eines bestimmten, schon vorher bestehenden Urteils interpretiert und argumentationstaktisch verwendet zu werden. Das war bei Luthers Schriften, die von den Nationalsozialisten im Sinne ihrer menschenfeindlichen Ideologie aufgegriffen wurden, zweifellos der Fall, so schlimm der Judenhass des alten Luther zweifellos auch war. Aber das, was Luther religiös bewegte, spielte in der rassistischen Zitationsstrategie keinerlei Rolle, so dass dieser zum bloßen Judenhasser wurde. In ähnlicher Weise lässt sich auch die paulinische Theologie gegen das Judentum in Stellung bringen und aus dem „Ende des Gesetzes" (Röm 10,4) lassen sich Missachtung des Judentums und Verachtung von Jüdinnen und Juden herauslesen.

Und schließlich ist nicht zu vergessen, dass es auch antisemitische Lesarten gegen Paulus, den Judenchristen in der Christenheit gibt. Da ist Paulus der Pharisäer, der das einfache Evangelium in eine komplizierte Lehre transformiert (bzw. verfälscht) hat. Der Judenhasser Paul de Lag-

2. Kapitel: Faules Denken

arde (→ § 3.1.3) meinte, Paulus habe „die jüdische Opfertheorie und alles, was daran hängt" in die Kirche gebracht. Der Nazi-Ideologe Alfred Rosenberg (1892–1946) sprach gar von der „Verbastardisierung, Verorientalisierung und Verjudung" des Christentums durch Paulus (DIBELIUS/ KÜMMEL 1956, 6f.). Noch 1956 konnte gefragt werden, „ob Paulus denn wirklich der Rasse nach Jude gewesen sei" (so berichten DIBELIUS/KÜMMEL 1956, 26).

Die wissenschaftliche Exegese verwendet dagegen viel Mühe und Scharfsinn auf die Frage, was der historische Paulus damals, in der Zeit des noch nicht vorhandenen, sondern erst langsam entstehenden Christentums wirklich gemeint hat bzw. was seine erhaltenen Briefe insgesamt aussagen, wenn man seine jüdische Prägung genauso in Rechnung stellt wie seinen primär für die Völker („Heiden") explizierten Christusglauben.

2. Wie man Paulus, den Juden, verstehen sollte: Sieben Thesen gegen landläufige Missverständnisse

Durch die reformatorische Entdeckung der Gerechtigkeit aus dem Glauben steht Paulus immer wieder im Zentrum, wenn der evangelische Glaube neu zu sich selbst findet. Besonders der Römerbrief als die Summe der paulinischen Theologie entfaltet ein kirchenreformerisches Potenzial. Das war nicht nur im 16., sondern auch im 20. Jahrhundert der Fall mit Karl Barths „Römerbrief". Für einen konstruktiven Dialog mit dem Judentum ist darum präzise zu bestimmen, was Paulus gemeint und gewollt hat – und was nicht. Zu beachten ist dabei, dass der Jude Paulus immer auch mit sich selbst, dem Christusgläubigen, im inneren Gespräch ist. Er ist und bleibt Jude, sieht aber seine gesamte Existenz und damit auch sein Judentum „in Christus" als

§ 6 Das „Ende des Gesetzes"

eine völlig neu gewordene Realität an, als eine „neue Kreatur" (2 Kor 5,17). Dieses neue Sein „in Christus" als lebensbestimmend hat Albert Schweitzer etwas missverständlich, aber treffend als „Christusmystik" bezeichnet. Es geht bei Paulus nicht nur um ein „als ob", sondern um einen „realen Wandel" (SANDERS 2009, 113). Die Erlösung ist mit Paulus nicht gedanklich, sondern „naturhaft" zu denken, als ein „kollektives, kosmisch bedingtes Erlebnis" (SCHWEITZER 1974, 293; den Begriff der „Christusmystik" findet man allerdings schon bei DEISSMANN 1925, 107–124).

Aus dem Denken „in Christus" ergibt sich für Paulus ein spezifisches Verhältnis zum eigenen Judentum: Dieses ist für den Apostel eine selbstverständliche und im höchsten Maße wertgeschätzte Gegebenheit und bringt zugleich eine radikal neue, durch den Christusglauben bestimmte jüdische Identität mit sich. Paulus schreibt konsequent als ein Jude „in Christus" zu anderen Menschen „in Christus". Die bisher gültige Unterscheidung zwischen Juden und Nichtjuden („Heiden", „Griechen") wird überholt durch die Unterscheidung zwischen denen, die durch die Taufe und den Glauben „in Christus" sind und denjenigen, die das nicht sind: Diese letzteren sind „allesamt Sünder und ermangeln des Ruhmes, den sie bei Gott haben sollten" (Röm 3,23). Das Judentum des Paulus hat nicht seinen Wert verloren. Aber es hat durch die Christusbindung seine radikal neue Bestimmung gefunden. Denn es ist der eine Gott, der die Juden aus dem Glauben und die Heiden durch den Glauben gerecht macht (Röm 3,30).

Durch diese Relativierung des Unterschiedes zwischen Juden und Heiden kommt es zu einer widersprüchlichen Beschreibung alles Jüdischen. So wahr dieses für Paulus in Christus zu sich selbst gefunden hat und neu erschlossen worden ist, so wenig existenziellen Wert hat es ohne Chris-

2. Kapitel: Faules Denken

tus. Es ist für den „in Christus" Lebenden nur noch einen Dreck wert (Phil 3,8). Die kritischen Aussagen des Paulus zum Judentum, die uns im Folgenden beschäftigen, müssen in diesem Kontext nicht als ein Votum „für" oder „gegen" das Judentum verstanden werden, sondern als christusbezogene Umcodierung des eigenen Judentums. Antijudaismen gibt es darum genauso wenig wie ein Plädoyer für die bloße Fortsetzung des bisherigen Judeseins.

Mögliche Fehldeutungen des Paulus seien darum an dieser Stelle sieben exegetische Thesen gegenübergestellt. Diese Thesen, daran sei als Selbstverständlichkeit erinnert, sollen den Gehalt der paulinischen Texte rekonstruieren und damit nicht automatisch die Lehre der Evangelischen Kirche heute auf den Punkt bringen. Jede Theologie ist eine zeitgebundene Deutung des Evangeliums, die unter den gegebenen Umständen – in unserem Fall: nach der Shoah – ihre Wahrheit immer erst zu erweisen hat. In diesem Sinn geht es in meinen Thesen primär um das, was Paulus seinen Gemeinden damals plausibel machen wollte.

2.1 Erste These: Es gibt bei Paulus keine Geringschätzung des Judentums.

Es gibt hier und da *antijüdische Spitzen* bei Paulus, aber keinerlei antijudische Grundorientierung seines Evangeliums. Eine Geringschätzung des Judentums liegt Paulus völlig fern. Sein Evangelium ist ja die Kraft Gottes, „die alle selig macht, die glauben, die Juden zuerst und ebenso die Griechen" (d.h. die Nicht-Juden, Röm 1,16). Das bewahrt die Juden nicht vor scharfer ethischer und religiöser Kritik (Röm 2,17–29). Aber diese Kritik richtet sich immer an ein Volk, dem „die Kindschaft gehört und die Herrlichkeit und der Bund und das Gesetz und der Gottesdienst und die Verheißungen" (Röm 9,4).

§ 6 Das „Ende des Gesetzes"

Einmal, in einem frühen Text, reproduziert Paulus allerdings antijüdische Stereotype, wie sie aus der innerjüdischen Prophetie und der paganen antijüdischen Polemik geläufig waren: Danach haben die Juden den Herrn Jesus getötet und die Christen verfolgt; sie „gefallen Gott nicht und sind allen Menschen feind" (1 Thess 2,15). Man kann das als innerjüdische Auseinandersetzung, als Identitätskonstrukt für die gerade gegründete Gemeinde (vgl. Gal 4,21–31) und als Trostargument im Leiden (1 Thess 2,14) relativieren; andererseits muss man schlicht feststellen: „Wo es nichts zu beschönigen gibt, gibt es nichts zu beschönigen" (WOLTER 201, 417). 1 Thess 2,15 eignet sich leider allzu gut, aus dem Zusammenhang gerissen zitiert zu werden und als „Schriftbeweis" für den Hass auf alles Jüdische missbraucht zu werden. Da hilft auch die Bemerkung nicht weiter, dass Paulus hier gar nicht theologisch argumentiert, sondern nur etwas behauptet: Geschrieben ist geschrieben.

2.2 Zweite These: Es gibt bei Paulus kein Leiden an der Unerfüllbarkeit der Tora.

Lange Zeit hat man Paulus von Röm 7,7–25 her verstanden, indem man diesen Text biographisch interpretierte: Das „ich starb" (Röm 7,10) bezog Adolf Deissmann auf die erste Begegnung des Knaben Paulus mit dem „Du sollst!" der Tora – dem dann das kindliche „Ich will nicht" gefolgt sei (DEISSMANN 1925, 73): „Paulus, der diesen Sündenfall erlebt hatte, hat keine sonnige heitere Jugend gehabt; Gesetz, Sünde, Tod haben ihre düsteren Schatten frühe schon in die Seele des hochbegabten Knaben geworfen" (aaO. 74 – man fragt sich, woher Deissmann das wissen kann). Demgegenüber besteht inzwischen Konsens darüber, dass Paulus in Röm 7,7–25 als Christ auf das Le-

2. Kapitel: Faules Denken

ben ohne Christus, als Leben unter der Macht von Sünde und Tod (zurück) blickt, während der eigentliche Gedankengang des Briefes von Röm 7,6 zu 8,2 springt (EICHHOLZ 1977, 253; besser: von 7,6 zu 8,1). Die gesamte Theologie des Paulus hat ihre Mitte in der Christologie bzw. im „Sein in Christus".

Paulus hat jedenfalls nicht an der eigenen Unzulänglichkeit gelitten, im Gegenteil: Er war als Pharisäer der festen Überzeugung, der von der Tora geforderten Gerechtigkeit zu entsprechen. Im Rückblick schreibt er über sich selbst, er sei „nach der Gerechtigkeit, die das Gesetz fordert, untadelig gewesen" (Phil 3,6). Das Judesein mit der Tora empfand der Pharisäer Paulus als etwas rein Positives, dessen er sich, wenn er wollte, rühmen könnte (Phil 3,4). Das Leben unter dem Gesetz war für Paulus keine bedrückende Anforderung, sondern eine Gestalt der Gnade (so bereits BULTMANN 1968, 33). Erst die Christusbegegnung wertete das Prinzip des Toragehorsams um, so dass sich das große Geschenk des Gesetzes plötzlich als Irrweg (als „Schaden", Phil 3,7) erwies. Das lag aber nicht an einem Mangel der Tora, sondern an der in Christus überfließenden Gnade und Gabe der Gerechtigkeit (Röm 5,17). Die frühere Ansicht, Paulus habe „das qualvolle Wissen um das Ungenügen den zahllosen Forderungen des Gesetzes gegenüber" empfunden (DIBELIUS/KÜMMEL 1956, 22), ist durch die neuere Forschung überholt (SANDERS 2009; WOLTER 2011).

2.3 Dritte These: Paulus kritisiert nicht das Judentum wegen dessen angeblichem „Selbstruhm".

Am Schluss des inhaltsreichen Abschnittes Röm 3,21–31, in dem Paulus die Glaubensgerechtigkeit darstellt, erweist er jeglichen menschlichen Selbstruhm als gegenstandslos.

Das Rühmen ist „durch das Gesetz des Glaubens" ausgeschlossen: An dieser Stelle wird das Wort „Gesetz" (bzw. „Tora", griech. „nomos") im übertragenen Sinne gebraucht. Die „Tora des Glaubens", nicht aber die „Tora der Werke" macht den Ruhm unmöglich. Das Rühmen im Hinblick auf etwas Geschenktes, den Glauben, ist nicht sinnvoll. Das liegt in der Sache (dem „Gesetz") des Glaubens. Das Einzige, dessen man sich rühmen könnte, so hatte Paulus früher geschrieben, wäre die eigene Schwachheit. Hier beruft er sich auf ein ihm zuteil gewordenes Gotteswort: „Lass dir an meiner Gnade genügen; denn meine Kraft ist in den Schwachen mächtig" (2 Kor 12,9; dazu s. 2 Kor 12,1). Vom Gedanken des Rühmens her wird im Übrigen deutlich, wie die Prinzipien „allein die Gnade" und „allein der Glaube" (→ § 4.1; 4.4) schon in der paulinischen Theologie zusammenhängen. Auf jeden Fall ist der „Selbstruhm" für Paulus nichts spezifisch Jüdisches. Die frühere Ansicht, Paulus habe das typisch jüdische „Geltungsbedürfnis" kritisieren wollen (so BULTMANN 1968, 38–41), wird man ihm nicht unterstellen können. Die Kritik am Selbstruhm hat er bei der Korrespondenz mit den Galatern, Korinthern und Philippern entwickelt. Selbstruhm ist eine Sache des weltlichen Verhaltens (des „Fleisches"), nicht aber des Glaubens (Gal 6,14; Phil 3,4).

2.4 Vierte These: Es gibt bei Paulus keine Ersetzung Israels durch die Kirche („Substitutionstheorie").

Die drei Israelkapitel Röm 9–11 zeigen, dass die einzigartige Erwählung Israels Paulus zufolge auch in der Zeit „in Christus" bestehen bleibt. Israel gehören (Präsens!) die Herrlichkeit, der Bund und das Gesetz, Gottesdienst und Verheißungen (Röm 9,4). In Röm 9,6b nimmt Paulus eine „Aufspaltung des Israel-Begriffs" vor (WOLTER 2011,

2. Kapitel: Faules Denken

428): Das genealogische Israel einerseits und das durch den Christusglauben konstituierte Israel andererseits. Nicht die *Kirche*, sondern die *christlichen Juden* treten nach Paulus an die Stelle des genealogischen Israel: Sie sind der gerettete „Rest" (Röm 9,27), sie sind die inwendig, im Geist beschnittenen wahren Juden (Röm 2,28 f.). Israel wird also in Röm 9,1–29 zur Frage an die Kirche: Sie „soll begreifen, was Gnade ist" (EICHHOLZ 1977, 296).

Gottes Wort ist nicht hinfällig geworden (Röm 10,6), obwohl ein Großteil Israels von Christus getrennt ist (Röm 9,1–3). Keinesfalls hat Gott sein Volk verstoßen (Röm 11,1 f.), denn „Gottes Gaben und Berufung können ihn nicht gereuen" (Röm 11,29). Das erläuternde Ölbaumgleichnis (Röm 11,17–24) bezieht sich auf das wahre, endzeitliche Israel der Verheißung und des Glaubens. Zu dem Israel des Glaubens gehören jetzt *alle* an Christus Glaubenden. Sie bekommen Anteil „an der Wurzel und dem Saft des Ölbaums". Die Erwählung Israels hat Bestand und öffnet sich in Christus auch für die Nichtjuden („Heiden"). Israel selbst ist dagegen „ins Straucheln geraten", aber nicht gefallen. Israel soll vielmehr den Heiden im Glauben nacheifern (Röm 11,11).

Am Ende der Tage wird der „Erlöser aus Zion" kommen, der *ganz* Israel retten wird (Röm 11,25–27). Es ist hier übrigens nicht explizit gesagt, dass dieser endzeitliche Erlöser *Christus* sein wird. Paulus lässt das offen. Man wird aber vielleicht ergänzen können: So wie Gott, der Versöhner, in Christus war (2 Kor 5,19), so wird er sich auch schließlich als der umfassende Retter erweisen und alles in allem sein (vgl. 1 Kor 15,28). Was das allerdings für die ungläubigen Heiden bedeutet, scheint Paulus Röm 11,25–27 nicht zu interessieren (WOLTER 2011, 435). Damit liegt ein gewisser Widerspruch in der Argumentation vor: Es gibt zwar keinen Unterschied zwischen Juden und Heiden – aber dennoch werden die Juden eschatologisch gerettet werden. Doch das ist ein Grenzgedanke. Gegenwärtig ist er für Paulus ohne Bedeutung.

2.5 Fünfte These: Paulus nimmt für Israel keinen Sonderweg zum Heil ohne Christus an.

Für Paulus gibt es, was das Sein in Christus angeht, keinen Unterschied zwischen Israel und den Heiden: Alle sind sie von Gott ferne, alle haben sie gesündigt und werden ohne Verdienst durch die Erlösung in Jesus Christus gerecht (Röm 3,23 f.). Explizit formuliert Paulus im Römerbrief: „Denn es ist hier kein Unterschied" (Röm 3,22 f.; genauso Röm 10,12). Auch die Juden haben gesündigt und werden in Christus erlöst. Sie sind nicht bereits durch die Erwählung gerettet. Nur wer getauft (so schon 1 Kor 12,13) und „in Christus Jesus ist" (Röm 8,1), gehört zu den Erlösten, egal, welche kulturelle Identität vorliegt. Es gibt für Paulus keinen Sonderweg zum Heil.

2.6 Sechste These: Die Heiden werden nach Paulus in den durch Christus erneuerten Israelbund aufgenommen.

Insofern ist auch die Rede von der „Hineinnahme" der Heidenchristen in den Bund Gottes mit Israel jedenfalls im Hinblick auf Paulus (Röm 9–11) irreführend. Allenfalls kann man von der Hineinnahme in den durch Christus *erneuerten Israelbund* sprechen. Die Zeit mit Christus bedeutet nach Paulus auch veränderte Umstände für Israel. Wenn die Rede vom „neuen Bund" missverständlich ist, weil man daran denken könnte, der alte Bund sei kraftlos geworden oder sogar erledigt, so enthält der Ausdruck „erneuerter Bund" den Hinweis, dass der alte Bund für Paulus seine Gültigkeit behält, aber zugleich seinen

2. Kapitel: Faules Denken

Charakter verändert. Der alte Bund erweist von neuem und als erneuerter seine Kraft, aber nur so wird es auch zur endzeitlichen Rettung Israels kommen (Röm 11,27 unter Bezugnahme auf Jer 31).

2.7 Siebte These: Der Glaube an Christus bedeutet nach Paulus auch für den Juden einen radikalen Neuanfang.

Die Annahme der Christusbotschaft kann damit nicht nach dem Modell eines innerjüdischen Wechsels der Gruppenzugehörigkeit interpretiert werden. Gewiss blieben auch die Judenchristen im paulinischen Verständnis Juden. Aber sie waren eben die Juden, die den wahren Charakter Israels und seiner Erwählung ans Licht brachten. Insofern handelte es sich schon um eine spezifische jüdische Gruppe, nämlich um eine solche, die das Judesein auf eine andere Ebene hob. Jetzt zeigte sich, dass die aus dem Glauben (an Christus) lebenden Menschen die wahren Abrahamskinder sind (Gal 3,6–14) – die Juden zuerst (Gal 3,13) und dann auch die Griechen (Gal 3,14). Im Glauben an Christus sind alle Gottes erlöste Kinder (Gal 3,26), und nur unter dieser Perspektive gilt die schöne egalitäre Inklusionsregel: „Hier ist nicht Jude noch Grieche" (Gal 3,28). Noch einmal. Die Nichtjuden („Griechen") werden hineingenommen in den erneuerten Bund und die Juden erfahren im erneuerten Bund die Tragweite des alten. Es geht um eine neue Identität: „Es gibt darum auch kaum eine größere Verzeichnung der paulinischen Selbstwahrnehmung als die Behauptung, Paulus hätte seine christliche Identität für einen Ausschnitt aus einer übergeordneten jüdischen Identität gehalten" (WOLTER 2011, 444). Das Sein in Christus verstand Paulus als ein „neues Sein", als eine neue Identität.

§ 6 Das „Ende des Gesetzes"

Der Völkerapostel war also weder ein abtrünniger Jude, der sein eigenes Volk gehasst hat, noch war er umgekehrt der Meinung, dass Israel durch seine Erwählung bereits erlöst sei (als ob Christus nur der Spezialweg zum Gott Israels für die Völkerwelt wäre). Das Heil in Christus gilt nach Paulus allen Völkern und fordert Glauben an Christus. Einen anderen Weg sah er nicht.

Insofern ist das aus seinen Schriften entnommene „sola fide" sehr nah an Paulus selbst, wie wir ihn aus seinen authentischen Briefen insgesamt (Röm, 1 Kor, 2 Kor, Gal, Phil, 1 Thess, Phm) erkennen können.

3. Paulus, Luther und die „neue Perspektive" in der Paulusforschung

3.1 Martin Luther hat seine Entdeckung des rechtfertigenden Glaubens nach seiner eigenen Schilderung dem Apostel Paulus, speziell dem Verständnis des Römerbriefes, zu verdanken. Dazu ist an die berühmte Passage aus der Vorrede zum 1. Band von Luthers lateinischen Schriften aus dem Jahr 1545 zu erinnern, wo der Reformator die Entdeckung der passiven, rechtfertigenden Gerechtigkeit anhand von Röm 1,17 schildert: „Wenn ich auch als Mönch untadelig lebte, fühlte ich mich vor Gott doch als Sünder, und mein Gewissen quälte mich sehr"; Luther schreckte es, dass „die elenden und durch die Erbsünde ewig verlorenen Sünder durch das Gesetz des Dekalogs mit jeder Art von Unglück beladen sind", bis ihm die Passage „der Gerechte lebt aus Glauben" das Tor zum Paradies wurde (WA 54,185; zit. nach Luther Deutsch Bd.2, 19 f.). Aus dieser – hier im Rückblick verdichteten und stilisierten – Erfahrung ergab sich das protestantische „sola fide" (→ § 4.4)

2. Kapitel: Faules Denken

und eine entsprechende kritische Sicht des jüdischen Glaubens (→ § 5).

Doch bei der lutherischen Sichtweise handelt es sich um eine sehr spezifische Pauluslektüre, die mit der Gesetzeserfahrung des Apostels selbst nicht übereinstimmt. Die Klosterkämpfe Luthers, die die eigene Fehlbarkeit und Sündhaftigkeit in den Mittelpunkt des religiösen Erlebens stellten, sind bei Paulus selbst nicht zu finden. Vor allem die individuelle Gewissenserfahrung, die der alte Luther retrospektiv beschreibt und die für die neuzeitliche Entwicklung typisch sein wird, unterscheidet Paulus und Luther.

3.2 Das hat Krister Stendahl (1921–2008) in einem bahnbrechenden Aufsatz schon 1963 gezeigt. Es gebe keinerlei Anzeichen dafür, dass der Christ Paulus unter der Last des Gewissens gelitten habe. Auch die Formel „Gerechter und Sünder zugleich" ist nach Stendahl nicht das Zentrum der paulinischen Sünden- und Gewissenserfahrung, weil darin die entfaltete kirchliche Bußlehre vorausgesetzt sei (Stendahl 1963, 202. 210). Die Fokussierung auf die westkirchliche Individualität habe ihren Ursprung in Augustins „Bekenntnissen", denn dieses Buch sei das „erste große Dokument in der Geschichte des introspektiven Gewissens" (205), so dass es später seine säkulare Fortsetzung im Werk Sigmund Freuds finden konnte (214).

Die sich damit abzeichnende neue Perspektive der Paulusforschung („new perspective on Paul") hat herausgearbeitet, dass die reformatorische Lesart des Paulus von dessen eigenen theologischen Fragestellungen deutlich unterschieden werden muss. So hat der amerikanische Paulusforscher Ed Parish Sanders (1937–2022) gezeigt, dass Paulus keineswegs die angebliche „jüdische Werkgerechtigkeit" kritisiert, sondern das Bekenntnis zu

§ 6 Das „Ende des Gesetzes"

Christus in den Mittelpunkt seines Evangeliums stellt. Das Gesetz ist nach Paulus „nicht eigentlich schlecht", aber nach dem Kommen Christi hat es seinen Wert verloren (SANDERS 2009, 149). Das Gesetz hat jetzt keinen Eigenwert mehr, denn es diente letztlich nur dazu, die Rettung durch Christus vorzubereiten: Im Glauben erweist es sich jetzt als Gottes „Zuchtmeister" (paidagogos) auf Christus hin (Gal 3,24–26; SANDERS 2009, 139). Kurz: Nicht die jüdische Werkgerechtigkeit, sondern der fehlende Christusglaube ist das Problem und der Christusglaube ist der Ausgangs- und Zielpunkt der paulinischen Theologie (das hat allerdings auch schon Eichholz 1977, 101–214 herausgearbeitet).

Für Sanders, der ein großer Kenner des palästinischen Judentums war und mit entsprechenden Studien hervorgetreten ist, steht im Mittelpunkt der paulinischen Theologie nicht – wie in der abendländischen Theologie seit Augustin – die individuelle Rettung, sondern das Verhältnis von Judentum, Heidentum und Christusglaube. Über die entscheidenden Kapitel zur Glaubensgerechtigkeit (Gal 2–4 und Röm 3–4) bemerkt Sanders: „Ihr Thema ist nicht: ‚Wie kann der einzelne Mensch aus der Sicht Gottes gerecht sein?', sondern vielmehr: ‚Wie ist es möglich, dass die Heiden in den letzten Tagen ins Volk Gottes aufgenommen werden?'" (SANDERS 2009, 74) Die Antwort des Paulus ist nach Sanders einfach: Die Heiden mussten nur den Gott Israels und Christus als Erlöser anerkennen, um gerettet zu werden; sie werden „gerecht durch den Glauben an Christus" (Röm 3,22) – ohne weitere Voraussetzungen, in paulinischer Diktion: „ohne des Gesetzes Werke" (Röm 3,28; Gal 3,8). Dasselbe gilt *post Christum* auch für die Juden: Die Epoche der Gerechtigkeit durch die Werke des Gesetzes ist vorbei (Gal 2,15 f.).

2. Kapitel: Faules Denken

3.3 Noch einmal: Das Gesetz ist für Paulus nicht schlecht, sondern „heilig, gerecht und gut" (Röm 7,12) – aber es ist in der Christuszeit dennoch ein Anachronismus. Es hat sich jetzt nur als Vorstufe (Gal 3,24) zu Christus erwiesen. Auf diese Weise gelingt es Paulus, die Heiligkeit der Tora und das „Christus allein" zugleich festzuhalten. Christus kam nicht, weil die Tora gescheitert war, sondern die Tora wurde von Christus „aufgehoben" (Röm 3,31) im dreifachen Sinne: Christus erwies sich als ihr Ende, ihr Ziel und als ihr eigentlicher Sinn (Röm 10,4).

Damit lässt sich die neuere Paulusforschung („new perspective on Paul") zugespitzt so zusammenfassen: *Paulus, der Christ, war und blieb sehr viel jüdischer, als es die reformatorische Tradition hatte wahrnehmen können.* Antijüdische Urteile lassen sich aus dem Ensemble der paulinischen Theologie nicht herauslesen. Paulus verstand sich weiterhin als Jude, aber eben als ein Jude, der Christus nachfolgte und der den Juden, besonders aber den Nichtjuden den Weg zum Gott Israels, dem Vater Jesu Christi, eröffnete. Das bedeutet aber nicht, dass Paulus in der jüdischen Religion eine überwundene Stufe in der Entwicklung des menschlichen Geistes gesehen hätte: Der „moderne Entwicklungsgedanke" lag ihm fern (BULTMANN 1968, 32). Die religionsvergleichende – und die damit bewertende – Betrachtungsweise bildete sich erst in der Aufklärung heraus (→ § 8).

Christus war für Paulus sowohl des Gesetzes Ende als auch dessen Erfüllung, so dass der Heilswille Gottes derselbe blieb. Gott blieb sich treu, aber die Glaubenden hatten nach Paulus den neuen Weg der Christusnachfolge zu gehen. Damit erwies sich das Christentum exakt wie das Judentum als eine geschichtliche Religion, deren Wahrheitsanspruch sich nicht auf eine innere Erkenntnis und

§ 6 Das „Ende des Gesetzes"

Einsicht bezieht, sondern auf ein Ereignis in der Geschichte (5 Mose 26,5–9) und in der „Fülle der Zeit" (Gal 4,4f.).

Das letztere wird die christliche Theologie „Inkarnation" nennen und damit ein Geheimnis in den Mittelpunkt stellen, das zusammen mit dem Kreuz die ein für allemal (Hebr 7,27) geschehene Erlösung umschreibt und zugleich die intellektuelle Zumutung des Christusglaubens ausmacht. Dieser Glaube bedeutet jedenfalls für die Juden ein Ärgernis und für die Griechen eine Torheit (1 Kor 1,23).

Zusammenfassung

Der Apostel Paulus predigte das Evangelium von der Gerechtigkeit und dem neuen Leben in Christus für die Juden und für alle anderen Völker. Was die Erlösungsbedürftigkeit angeht, sah er dabei keinen Unterschied zwischen den Menschen. Er blieb auch als Christ Jude, indem er die Erwählung und die Tora als besondere Gottesgaben an Israel verstand. Freilich wurden diese durch den Christusglauben radikal umgedeutet: Die wahre Abrahamskindschaft, Erwählung und Torafrömmigkeit hatten nun in Christus ihre endzeitliche Gestalt und ihr Ziel gefunden. Auch die Nichtjuden („Heiden") wurden laut Paulus jetzt in den durch Christus erneuerten Bund Gottes mit Israel aufgenommen. Dabei ging es dem Apostel weniger um das Gewissen des glaubenden Individuums (so später Augustin und Luther), sondern mehr um das endzeitliche Geschick der Kirche Christi aus Juden und Heiden. Der späteste paulinische Brief, der an die Römer, der sich besonders diesen Themen widmet, ist darum zu Recht immer wieder als das Testament des Völkerapostels bezeichnet worden.

§ 7 Heilsbringer und Teufelskinder: „die Juden" im Johannesevangelium

Literatur: MARKUS BARTH: Die Juden im Johannes-Evangelium. Wiedererwägungen zum Sitz im Leben, Datum und angeblichen Anti-Judaismus des Johannes-Evangeliums, in: Neuhaus 1993 (s.u.), 39–94 ♦ MICHA BRUMLIK: Johannes: Das judenfeindliche Evangelium, in: Neuhaus 1993 (s.u.), 6–21 ♦ RUDOLF BULTMANN: Das Evangelium des Johannes, Göttingen ¹⁰1968 [1941] ♦ HANS CONZELMANN: Grundriss der Theologie des Neuen Testaments, Tübingen ⁴1987 [1967] ♦ CHRISTOPH KRUMMACHER (2020): Kirchenmusik, Tübingen 2020 (Neue Theologische Grundrisse) ♦ DIETRICH NEUHAUS (Hg.): Teufelskinder oder Heilsbringer – die Juden im Johannes-Evangelium (Arnoldshainer Texte Bd. 64), Frankfurt (Main) ²1993 [1990] ♦ ADELE REINHARTZ: Das Evangelium nach Johannes, in: Das Neue Testament jüdisch erklärt, hg. von Wolfgang Kraus, Michael Tilly und Axel Töllner, Stuttgart ²2022 [2021], 180–187 ♦ JOACHIM RINGLEBEN: Das philosophische Evangelium. Auslegung des Johannesevangeliums im Horizont des Sprachdenkens, Tübingen 2014 (HUTh 64) ♦ PETER SCHÄFER: Kurze Geschichte des Antisemitismus, München ²2020 [2020] ♦ HARTWIG THYEN: Das Johannesevangelium (HNT 6), Tübingen ²2015 [2004] ♦ KLAUS WENGST: Die Darstellung „der Juden" im Johannes-Evangelium als Reflex jüdisch-judenchristlicher Kontroverse, in: Neuhaus 1993 (s.o), 22–38

Nicht nur mit der extremen Formulierung von Joh 8,44, mit der die Juden als „Kinder des Teufels" apostrophiert werden, ist das Johannesevangelium (JohEv) eine Schrift,

§ 7 Heilsbringer und Teufelskinder

die höchst plakativ von „den Juden" spricht (71mal) – und das fast immer negativ (vgl. aber Joh 4,22). Das vierte Evangelium hat sich von daher deutlich als „Minenfeld im christlich-jüdischen Gespräch" erwiesen (NEUHAUS 1993, 1). Das JohEv ist „das antijüdischste der vier Evangelien" (SCHÄFER 2020, 59). Es stellt sich darum die Frage, wie die auf den ersten Blick massiv antijüdischen Wendungen im JohEv historisch eingeordnet werden können, so dass sie etwas von ihrer beißenden Schärfe verlieren bzw. nicht diskriminierend gelesen werden können.

Wie man aus dem postkolonialen Diskurs weiß, können sich Menschen durch verachtende und negative Wendungen beim bloßen Lesen verletzt fühlen. Deswegen kann man die Texte nicht aus der Welt schaffen. Aber man muss sie so interpretieren, dass sie nicht schädlich („toxisch") wirken. Der Evangelist Johannes hat seinen Text aus der Hand gegeben, so dass dieser dem einstigen Autor gegenüber autonom geworden ist. Die Kirche als Adressatin aber ist autorisiert und verpflichtet, mit dem überlieferten Bestand im Sinne des Evangeliums Jesu umzugehen. Was der Text heute sagt, ereignet sich im Prozess der Interpretation. Diese erfolgt nicht ohne und gegen den Text, aber auch nicht durch die affirmierende Wiederholung von tradierten Wendungen. Der Text muss zur aktuellen Anrede werden, wobei Sprecher und Hörer integrale Bestandteile des Verstehensprozesses sind. Und in diesem, nirgends sonst, entscheidet es sich auch, ob ein Text antijüdisch gelesen wird („ist") oder nicht. Heil und Unheil liegen im Gebrauch und dieser ist auf möglichst präzise Informationen angewiesen. Darum sollen im Folgenden die wichtigsten Fakten zu der Rede von den Juden im JohEv zusammengetragen und bewertet werden.

2. Kapitel: Faules Denken

1. Das Johannesevangelium als Dokument entstehender christlicher Identität

1.1 Das frühe Christentum war zunächst eine Gruppierung innerhalb des Judentums. Kurz nach seiner Bekehrung beginnt Paulus in den Synagogen von Damaskus zu predigen, dass Jesus Gottes Sohn sei (Apg 9,20) und auch in Antiochia wird das Evangelium zunächst „niemandem als allein den Juden" verkündigt (Apg 11,19), erst danach den „Juden und Griechen" (Apg 19,21; 26,20). Es kann kaum an dieser Schilderung gezweifelt werden. Auf jeden Fall steht fest, dass durch die Mission von Jerusalem „bis an das Ende der Erde" (Apg 1,8) eine kategorial neue Gemeinschaft entstand – die junge Kirche aus Juden und Heiden. Wie man an der Theologie des Paulus (→ § 6) sehen kann, ist dieses Miteinander ein Thema, das besonderen theologischen Scharfsinn erfordert: Wie können Heiden in den erneuerten Bund Gottes mit seinem erwählten Volk aufgenommen werden? Und was ist dann mit dem Israel „nach dem Fleisch" (1 Kor 10,18), mit den nicht an den Messias Jesus Glaubenden? Der Jude Paulus hat diese Fragen in Röm 9–11 so tiefgründig behandelt, dass bis heute die eingehende Auseinandersetzung damit unverzichtbar ist (→ § 6.2). Der zweite große theologische Entwurf des Neuen Testaments ist das Johannesevangelium (JohEv); und der dritte Entwurf von frühchristlicher Theologie liegt mit dem Hebräerbrief vor, einer Schrift, die sich mit dem Motiv von Christus, dem wahren Hohepriester, der ein für alle Mal das Opfer dargebracht hat (Hebr 9), befasst und sich so intensiv mit der eigenen kultischen Herkunft im Judentum auseinandersetzt. Der Hebräerbrief wird in diesem Buch nicht behandelt, weil er eine weitaus geringere antijüdische Wirkungsgeschichte

§ 7 Heilsbringer und Teufelskinder

entfaltet hat als das JohEv, das traditionell als das Evangelium der Gebildeten galt.

1.2 Es gibt wohl zu keiner anderen biblischen Schrift so viele Hypothesen bzw. Kontroversen und so viel Forschungsliteratur wie zum JohEv. Der weitaus größere Teil der Exegeten ist sich jedoch einig, dass das JohEv um das Jahr 100, also ein bis zwei Generationen nach Paulus, entstanden ist. Das Verhältnis von Juden und Christen, besonders von Judenchristen und Juden, begann sich zu Beginn des 2. Jahrhunderts zu sortieren. Es wurde deutlich, dass beide Gruppen künftig nebeneinander existieren würden. Entsprechend kam es zu gegenseitigen Abgrenzungen. Das JohEv kann als Dokument dieses Prozesses gelesen werden. Die johanneische (joh) Gemeinde entwickelte ihre Identität in Differenz zur eigenen Herkunft aus dem Judentum. Alltagssprachlich formuliert: Die Gemeinde nabelte sich ab – und sie wird neben allem Schwung, den ein Neuanfang mit sich bringt, auch Trennungsschmerz empfunden haben. Kirche und Synagoge gingen von nun an getrennte Wege und die Erwähnung des Ausschlusses aus der Synagoge (Joh 12,42; 16,2) könnte sich darauf beziehen.

1.3 Die Hypothek, die der Trennungsprozess mit sich brachte, so dass es im überlieferten Text zu antijüdischen Ausfällen kam, ist die schroffe Art und Weise der Abgrenzung Jesu vom Judentum im JohEv. Obwohl Jesus nach dem anfänglichen Zeugnis des Täufers für „Israel offenbart" werden sollte (Joh 1,31), ist schon in Joh 2,13–25 (bei der Tempelreinigung) pauschal negativ von „den Juden" die Rede; selbst 1,11 („und die Seinen nahmen ihn nicht auf") kann als negatives Urteil über die Juden aufgefasst werden, obwohl hier nicht explizit von ihnen die Rede ist. Von Anfang an sind „die Juden" (71mal im JohEv) nicht

2. Kapitel: Faules Denken

als das Volk Jesu geschildert, sondern als seine Gegner und Feinde. Schon ab Kapitel 2 weiß man beim Lesen, dass Schlechtes bevorsteht, wenn „die Juden" auftreten. Nie werden die Jünger oder andere Jesus Nachfolgende so genannt. „Die" Juden sind von Anfang an die Feinde Jesu, wobei vergessen zu werden scheint, dass Jesus selbst Jude ist. Auch die so positive Äußerung Jesu im Gespräch mit der Samariterin: „das Heil [= die Rettung] kommt von den Juden" (Joh 4,22) gerät neben den judenkritischen Stellen in der Regel außer Acht. Einige Kommentatoren haben diesen Satz sogar als eine nachträgliche Bemerkung („Glosse") aus dem Text entfernen wollen (THYEN 2015, 257 f.).

Da es sich beim JohEv um einen erzählenden, nicht (wie bei Paulus und dem Hebräerbrief) um einen argumentativ abwägenden Text handelt, ist man der Erzählstrategie des Textes unmittelbar ausgesetzt. Die Erzählvoraussetzungen und die Absichten (das „Narrativ" und das „framing") wirken, ohne dass man sich dazu argumentativ verhalten muss. Im gesamten JohEv stehen „die Juden" für den ungläubigen Kosmos, für die Finsternis wider das Licht, für das Fleisch wider den Geist, für den Unglauben wider den Glauben – kurz: Sie repräsentieren alles das, was dem Offenbarer Jesus feindlich ist und was Gott entgegensteht, die Macht der Finsternis überhaupt (Joh 1,5). „Die Juden" repräsentieren die gottfeindlichen Menschen, Mächte und Sphären. Gleichzeitig nimmt das JohEv aber vielfachen Bezug auf das Judentum, so dass man es „sowohl als das jüdischste als auch antijüdischste der Evangelien" bezeichnen kann (REINHARTZ 2022, 180).

1.4 Das wiederum geschieht in einfacher, doch höchst eindringlicher Sprache, die von Anfang an auf einen geheimnisvollen Ton einstimmt. Der Johannesprolog (1,1–

§ 7 Heilsbringer und Teufelskinder

18) ist leicht verständlich und doch von derartiger philosophischer Tiefe, dass jede Generation und Kultur sich neu darum müht zu verstehen, was das „Wort" (der „Logos") in 1,1–4 ist – und Goethe hat dieser Tiefe mit Fausts nächtlichen Übersetzungsversuchen bleibenden Ausdruck gegeben. Das JohEv ist von einer „transzendenten Sprache" geprägt, die „aus den konkreten Augenblicken im Leben Jesu in die erhabenen Höhen des Kosmos führt" (REINHARTZ 2022, 180). Es ist von daher nicht überraschend, dass dem JohEv im Bürgertum eine besondere Hochachtung zukam: Es galt als das philosophische Evangelium (RINGLEBEN 2014). Im Protestantismus spielte es – gerade auch neben der kirchlichen Theologie – eine große Rolle.

1.5 Ein weiterer wichtiger Punkt ist die „hohe Christologie" des vierten Evangeliums. Man wird diese aber nicht vor allem mit der späten Entstehungszeit des JohEv in Verbindung bringen können, denn auch Paulus weiß von der himmlischen Präexistenz Jesu im Philipperhymnus (Phil 2,5–11), der ja seinerseits höchstwahrscheinlich ein von Paulus übernommenes Traditionsstück ist.

Im JohEv wird die Göttlichkeit Jesu (Prolog 1,1: „Gott war der Logos"; 10,30: „Ich und der Vater sind eins") so stark herausgearbeitet, dass Zweifel daran oder Ablehnung als absolut negativ bewertet werden („Finsternis", 1,5). Daraus ergibt sich, dass das tatsächliche (nicht nur das vom JohEv erzählerisch gesetzte) Judentum, das ja die Messianität Jesu zurückweist, unter den Bedingungen des joh Dualismus sofort auf der Seite des Unglaubens oder der Finsternis zu stehen kommt. Der existenzielle Dualismus des Glaubens (s. u. 4.) kann zum Einfallstor für Antijudaismus und Antisemitismus werden. Anders formuliert: Es erfordert schon erhebliche hermeneutische Kom-

2. Kapitel: Faules Denken

petenz, „die Juden" als offenbarungstheologische Chiffre von realen jüdischen Personen zu unterscheiden.

2. Differenzierung von Christentum und Judentum: Entstehungsbedingungen des JohEv um das Jahr 100

2.1 Die Datierung des JohEv ist schwieriger und umstrittener als diejenige der synoptischen Evangelien. Die spätestmögliche Datierung ist das erste Drittel des 2. Jahrhunderts, weil der damals in Ägypten geschriebene Papyrus P^{52} („Rylands Greek") kleine Textfragmente (aus Joh 18,31–33 und 18,37–38) enthält. Das JohEv setzt außerdem die drei Synoptiker voraus, muss also nach den Jahren 70–90 n.Chr. geschrieben worden sein. Frühe Datierungen des JohEv (vor Mt, Mk und Lk) sind darum vereinzelte Minderheitenpositionen (so etwa BARTH 1993).

Die Zerstörung des Tempels im Jahre 70 liegt bei der Abfassung des JohEv deutlich zurück. Der gesamte Text sucht den Eindruck zu erwecken, von dem Lieblingsjünger, dem Zebedaiden Johannes geschrieben worden zu sein (Joh 13,23). Der wirkliche Verfasser lässt sich demnach nicht ermitteln.

2.2 Auch gegenüber der Hypothese von Quellen, betreffend vor allem die lange Zeit angenommene Zeichenquelle mit den Wundererzählungen („Semeiaquelle", vgl. Joh 2,11), ist die neuere Forschung skeptisch (THYEN 2015, 3). Thyen nimmt stattdessen an, dass der Verfasser mit den alttestamentlichen und den synoptischen Texten intertextuell „spielt" und dass es sich bei dem gesamten Evangelium von 1,1 bis 21,25 um einen einzigen, kohärenten Text handelt (THYEN 2015, 4f). Der Evangelist (bzw. die Evangelistin?) ist nach dieser Auffassung diejenige Person, die für den vorliegenden Text „letzter Hand" verantwortlich ist. Wieviel von dem vorliegenden Text Tradition und wieviel Redaktion ist, lässt sich kaum ausmachen. Die vielen Quellen- und Redaktionshypothesen scheinen die gegenwärtige Generation der Forschenden nicht mehr zu überzeugen.

2.3 Einiges spricht dafür, dass sich in der Abfassungszeit des JohEv die jüdischen und die hellenistischen Jesusanhänger von der Synagoge trennten bzw. trennen mussten. Darauf deuten die Passagen vom Synagogenausschluss hin (Joh 9,22; 12,42; 16,2; vgl. ferner 7,13; 20,19). Da das Judentum im Römischen Reich den Status einer *religio licita* besaß, die auch vom Kaiserkult befreite, war das für die Jesusanhänger ein harter Eingriff, der die Trennung vom Judentum in Gegnerschaft gewandelt haben könnte. Wahrscheinlich waren aber beide Gruppen in der selbständigen römischen Provinz Judäa nach dem Jahre 70 in Bedrängnis (WENGST 1993, 22). Die joh Gemeinde hatte jedenfalls Angst in der Welt (16,33). Nach der Katastrophe der Tempelzerstörung konstituierte sich das Judentum neu, jetzt um die Tora statt um den Tempel. Es erscheint plausibel, dass es sich dabei von messianischen (des Aufruhrs verdächtigen) Gruppen wie der Jesusbewegung deutlich distanzierte. Im JohEv ist die Auseinandersetzung um die Messianität Jesu besonders intensiv und umstritten (vgl. nur in den ersten Kapiteln 1,11; 3,18f.; 3,36; 4,25; 5,31–47).

2.4 Der Autor des Textes vermittelt den Eindruck, dass er sich in den Örtlichkeiten gut auskennt (4,5; 5,2). Hier und da scheint das JohEv „einem Reiseführer wie Baedeker" zu ähneln (BARTH 1993,47). Allerdings handelt es sich doch lediglich um einige wenige Stellen.

2. Kapitel: Faules Denken

3. Die Juden im JohEv als exemplarische Adressaten für prophetische Kritik?

3.1 Der Neutestamentler Markus Barth (1915–1994) hat in einem ausführlichen Artikel nicht nur die These vertreten, dass das JohEv schon in den Jahren 45–65 entstanden ist, sondern auch, dass sich darin ebenso authentisches Jesusgut findet wie in den Synoptikern. Den im JohEv gezeichneten Jesus fasst er als einen Propheten in der Tradition des alttestamentlichen Hosea und Amos auf: Deren prophetische Kritik betraf bekanntlich nicht nur die Fremdvölker (Am 1,3–2,3), sondern Israel selbst (Am 2,4–12). In der Tat beschrieb ja Amos die Umkehrung der Erwählung in die Erwählung zum Gericht (Am 5,18–27) bzw. in die Verfolgung durch Gott (Am 9,1–4). Die harten Worte der Propheten Hosea und Jeremia „und die Bereitschaft, vom eigenen Volk ausgeschlossen, ausgeliefert und sogar getötet zu werden, stammen aus glühender Liebe und Leidenschaft" (BARTH 1993, 88). In dieser Weise seien auch die harten Worte des joh Jesus gegen sein eigenes Volk von leidenschaftlichem Engagement geprägt und nicht vom Antijudaismus. Erst im Mund von Nicht-Juden könne man bei solchen Wendungen von Judenfeindschaft sprechen. Der joh Jesus aber habe sich bei aller Schärfe „doch beständig seinem Volke zugewandt" (BARTH 1993, 90).

3.2 So überzeugend und entlastend das auch klingt, insbesondere im Hinblick auf das schwierige Kapitel Joh 8, so sehr ist diese These Barths jedoch mit der Voraussetzung des echten Jesusgutes im JohEv und der Frühdatierung verbunden. Der joh Dualismus ist aber so eigentümlich, grundsätzlich und unerbittlich, dass er sich mit dem synoptischen Jesus kaum in Einklang bringen

§ 7 Heilsbringer und Teufelskinder

lässt. Einig sein wird man sich mit Barth jedoch bei der These, dass auch die hohe Christologie des JohEv in den jüdisch-christlichen Dialog integriert werden muss. Deren Verschweigen, so Barth, mache die Christen dagegen „uninteressant" für die jüdischen Dialogpartner (BARTH 1993,92).

4. „Die Juden" im JohEv: Chiffre für die nicht glaubende Welt

Schon bei oberflächlicher Lektüre des JohEv ist der johanneische Dualismus (zwischen „Licht und Finsternis", „Gott und Kosmos", „Geist und Fleisch", „von unten" und „von oben", 8,23) auffällig. Vielfach findet sich der wechselnde Gebrauch von „die Welt" und „die Juden" und beide Bezeichnungen stehen für diejenigen, die Jesus als Messias ablehnen, also nicht an ihn glauben (3,18–21). Bedeutende Exegeten wie Rudolf Bultmann kamen zu dem Schluss, dass die Juden im JohEv für die nicht glaubende Welt stehen: Sie repräsentieren das Normale, die Ablehnung von Jesu Sendung durch die feindliche (Um-)Welt. Der joh Dualismus ist konsequent und hart; das beginnt schon mit Licht und Finsternis im Prolog. Verschiedene Weisen von Dualismus durchziehen das gesamte Evangelium und in diesen Zusammenhang gehört auch der spezielle Dualismus zwischen „Abrahamskindern" und „Teufelskindern" in 8,31–45.

4.1 Dazu ist es wichtig anzumerken, dass es sich im JohEv um keinen kosmologischen oder menschlichen Dualismus im weltanschaulichen Sinne handelt. Man gehört nach dem vierten Evangelium nicht durch sein Sosein, durch seine Herkunft oder Prägung zum „Licht" oder zur „Finsternis". Es gibt im JohEv auch keine Abwertung des

2. Kapitel: Faules Denken

Körpers. Alles entscheidet sich vielmehr am eigenen Verhältnis zum Logos Jesus, dem Offenbarer, so dass man von einem Entscheidungsdualismus sprechen kann. Licht und Finsternis sind weder seinshafte Bestandteile des Kosmos noch der menschlichen Natur oder Kultur, sondern – so hat es die Bultmannschule bleibend herausgearbeitet – Licht und Finsternis sind „Möglichkeiten des Existierens" (CONZELMANN 1987, 396).

4.2 Ob jemand „aus dem Geist" oder „aus dem Fleisch" ist, das zeigt sich an den existenziellen Entscheidungen gegenüber der Offenbarung. In jedem Moment entscheidet es sich neu, ob ich Finsternis bin oder Licht. Ich kann mich dabei auch nicht darauf berufen, dass negative Zeit- und Sozialisationsumstände für mein Sosein verantwortlich sind. Ich bin vielmehr jeweils neu in die Entscheidung gestellt, ohne dass es allein auf meine Subjektivität ankäme. Denn indem ich mich entscheide, verhalte ich mich zu dem, was mir jeweils vorgegeben ist. Johanneisch formuliert: Mein „Geist" zeigt sich unter den Bedingungen des „Fleisches". In, mit und unter den Bedingungen des „Kosmos" erweist es sich, ob ich aus dem Glauben (Joh 3,16) und aus der Wahrheit (8,32 f.) existiere. Nicht meine Herkunft (8,33), sondern meine Zukunft (Futur!), auf die hin ich mich entwerfe, ist entscheidend: „ihr werdet die Wahrheit erkennen, und die Wahrheit wird euch frei machen" (8,32).

4.3 Die „Abrahamskinder" in 8,31–39, so lässt es sich nach der joh Logik sagen, stehen für ein Sein in der Welt, das sich von seiner besonderen Herkunft leiten lässt und daraus Identität und existenzielle Sicherheit ableitet. Ein solches konsequent weltliches Sein ist nicht verheißungsvoll (wahrhaft abrahamisch), sondern vom Teufel. Ein Rätsel des einleitenden Verses 8,31 besteht allerdings in der Tatsache, dass gar nicht – wie sonst im JohEv – von „den Juden" die Rede ist, sondern von „den Juden, die an ihn [Jesus] glaubten (!)". Wer sind die hier gemeinten Juden und wofür stehen sie in der Argumentationslogik der vorliegenden Passage?

Einige Exegeten haben die Wendung von den Juden, die an Jesus glaubten, in 8,31 einfach als Glosse gestrichen (Beispiele bei THYEN 2015, 432 f.). Das wäre eine bloße Verlegenheitslösung und kommt nicht in Betracht. Thyens Erklärung von 8,31 besteht darin, hier solche Juden anzunehmen, die zwar *früher* an Jesus glaubten (als Plusquamperfekt verstandenes Perfekt), jetzt aber nicht im Glauben *bleiben,* sondern die Seite gewechselt haben und Jesus töten wollen (8,37). Auch die unmäßige Schärfe in 8,31–59 könnte darauf zurückgehen, dass das gesamte JohEv Ausdruck der Trennung von Kirche und Synagoge ist (WENGST 1993). Da das „Bleiben" bei Johannes eine wichtige Rolle spielt (vgl. etwa 15,4 f.), hat diese Annahme etwas für sich. Demnach repräsentieren die Juden von Joh 8,31 die Menschen mit einem Glauben, der wankelmütig ist und den Herausforderungen von Freiheit und Wahrheit nicht gewachsen ist. Man kann also an eine Parallele zum synoptischen Gleichnis vom Sämann denken: die „Juden, die Jesus geglaubt hatten", gleichen den „Wetterwendischen" von Mk 4,17, die in Bedrängnis oder Verfolgung vom Glauben abfallen.

Man kann aber auch einfach dem Erzählfaden von 8,31–45 nachgehen. Dann spricht Jesus zunächst mit den an ihn glaubenden Juden über Wahrheit und Freiheit; seine Zuhörer aber missverstehen die existenzielle Tiefe der Freiheit und berufen sich – anstelle der Wahrheit aus Freiheit – auf ihre eigene, privilegierte Herkunft von Abraham. Darauf wiederum antwortet Jesus: Wenn ihr so argumentiert, seid ihr in Wirklichkeit unfrei und Knechte der Sünde (V 34), ja, dann zeigt ihr, dass ihr auch die Abrahamskindschaft völlig falsch versteht – dann seid ihr tatsächlich vom Teufel (und glaubt auch mir deswegen nicht mehr). Bemerkenswert ist, dass hier nicht wie bei Paulus vom Glauben (Röm 4,1–5), sondern von den Werken Abrahams und seiner Kinder die Rede ist (THYEN 2015, 437).

Bultmann versteht auch diese Stelle in seinem großen Kommentar in existenzieller Weise: „Ihre Verlorenheit wird zu ihrer Schuld, da die Menschen sich nicht vorbehaltlos dem angebotenen Heil hingeben, d.h. sich nicht selbst preisgeben wollen und sich damit auf ihre Verlorenheit festlegen." (BULTMANN 1968, 332) Der Konflikt entsteht gerade aus der Verheißung. Diese ist nicht zu ertragen. Bezeichnenderweise spricht Bultmann bei der Interpretation nicht von den *Juden*, sondern von den *Menschen* in einer bestimmten Hinsicht, nämlich angesichts der zu groß geratenen Freiheit.

Da sich die Umstände der Gesprächssituation in 8,37–45 nicht ändern, kann man bei dieser Lesart hinzuzufügen: Der schlimme Vers 8,44 gilt dann nicht pauschal „den Juden", sondern den christusgläubigen Judenchristen, die ihren Glauben nicht durchhalten, ins Existenzielle übersetzt: Vorgeführt werden die Menschen, die die Situation der Entscheidung nicht durchstehen und die sie beanspruchende Wahrheit und Freiheit des Offenbarers nicht durchhalten. Doch jetzt zu dem übelsten Vers 8,44 selbst.

5. „Teufelskinder" – das Ärgernis Joh 8,44

5.1 „Ihr habt den Teufel zum Vater", sagt der joh Jesus zu den ehemals an ihn glaubenden Juden (Joh 8,44). Diese

§ 7 Heilsbringer und Teufelskinder

wenigen Worte sind mit Sicherheit die am stärksten antijüdische Wendung im gesamten Neuen Testament. Die Passage Joh 8,31–59 enthält nicht nur die Zuspitzung des jesuanischen Selbstanspruchs gegenüber der Welt und gegenüber den Juden als ihren Repräsentanten. Das Bild vom Teufel, dem „Lügner und Vater der Lüge" *und* vom Vater der Juden, wie es dieser eine lange Vers 8,44 zusammensetzt, hat sich „unauslöschlich in das kulturelle Gedächtnis der Menschheit" eingeprägt (SCHÄFER 2020, 65). Alle historischen Erklärungen oder Relativierungen können den Schaden, den diese Worte angerichtet haben, nicht aus der Welt schaffen. Die saubere Trennung zwischen der Intention des Evangeliums und der von ihm erreichten Wirkung erweist sich damit an dieser Stelle als „brüchig" (SCHÄFER 2020, 66). Kein Bibelwissenschaftler oder Christenmensch kann es verhindern, dass diese grässliche Wendung aus dem Zusammenhang gerissen und für bare Münze genommen wird. Bei Bibelstellen wie dieser zeigt sich, wie gefährlich Texte werden können, weil diese nicht den Autor:innen gehören, sondern denen ausgeliefert sind, die sie lesen. Textglättungen (durch den Rückgriff auf angebliche Redaktionen und Glossen) sind dabei ebenso wenig eine Lösung wie heutige Eingriffe in den überlieferten Textbestand.

5.2 Darum hilft nichts anderes als die historische Rekonstruktion und Hermeneutik. Die den Hass begründenden Lesarten kann man nicht ignorieren oder bestreiten, sondern nur historisch einordnen, relativieren und im Hinblick auf die heutige Rezeption kritisieren. Auch der christliche Glaube wird mit Hass in den eigenen Reihen zu rechnen haben. Doch die Anhänger des Bergpredigers, der den Hass auch gegen die eigenen Feinde ausdrücklich abgelehnt hat (Mt 5,43), werden Joh 8,44 nicht nur hermeneutisch dekonstruieren (s. o. 4.), sondern auch den Oberflächengehalt mit dem Jesus der synoptischen Evangelien explizit zurückweisen. Hier gilt dasselbe wie das zu 1 Thess 2,14–16 Ausgeführte (→ § 6.2.1): Wo es nichts zu beschönigen gibt, gibt es nichts zu beschönigen.

Joh 8,44 eignet sich leider bestens dazu, Judenhass zu begründen und zu fördern. Adele Reinhartz verweist etwa auf einen Holzschnitt unter dem Titel „Der Jude, der den Teufel aus einem Gefäß voll Blut anruft" aus dem Jahr 1560 und auf Shakespeares „Der Kaufmann von Venedig", wo der jüdische Kaufmann Shylock als „der wahre eingefleischte Teufel" bezeichnet wird (REINHARTZ 2022, 185). Aus Joh 8,44 haben sich vom Hass geprägte Bilder entwickelt. Der jüdische Publizist Micha Brumlik meinte, das JohEv sehe in den Juden, „und zwar in allen Juden, sofern sie Juden sind" die verworfenen Feinde Jesu (BRUMLIK 1993, 9). Das JohEv zeige, „dass das ‚eigentlich' Christliche nicht nur nicht-jüdisch, sondern sogar anti-jüdisch" sei (BRUMLIK 1993, 20).

Wie kann man damit umgehen? Christenmenschen müssen die bittere Lesart Brumliks erst einmal ohne Wenn und Aber auf sich wirken lassen. Die Aufforderung des joh Jesus, ihn zu lieben, kann man darum in eine Anrede an heutige Christen umformulieren: „Wenn ihr an den Sohn Gottes glaubtet, durch den ihr zum Vater gekommen seid, liebtet ihr sein Volk, das er erwählt hat." (WENGST 1993, 38).

6. Antijüdische Untertöne in Bachs Matthäus- und Johannespassion?

6.1 Johann Sebastian Bach (1685–1750) hat das Leiden und den Tod Jesu in seinen Passionen dramatisch in Szene ge-

§ 7 Heilsbringer und Teufelskinder

setzt und dabei der menschlichen Aggression, die über Leichen geht, erschütternden Ausdruck verliehen. Da dem Text von Bachs Johannespassion (JohPass) der Wortlaut des JohEv zugrunde liegt, begegnet auch dort immer wieder die plakative Rede von „den Juden". Es sind die Hohenpriester und das Volk, die schreien „Kreuzige ihn" (JohPass, Chor 21d). Weiter heißt es: „Die Juden aber schrien und sprachen: ‚Lässest du diesen los, so bist du des Kaisers Freund nicht, denn wer sich selbst zum Könige machet, der ist wider den Kaiser'" (JohPass Chor 23a, = Joh 19,12). Insgesamt sind auch in der JohPass „die Juden" die eigentlich Schuldigen am Tod Jesu. In Chor 23d heißt es kurz und bündig: „Weg, weg mit dem, kreuzige ihn!" Das Volk und die Oberen, in joh Sprache „die Juden", kommen dabei schlecht weg. Sie stehen im JohEv für die glaubensferne „Welt" (s.o. 4.) und in der Passionserzählung für die menschliche Aggressivität und Sündhaftigkeit. Ähnliche Passagen, wenn auch etwas weniger, finden sich auch in der Matthäuspassion.

6.2 In den letzten Jahren ist darum vermehrt die Frage nach Bachs Antijudaismus aufgeworfen worden (KRUMMACHER 2020, 192). Hat Bach die problematische Linie des alten Luther fortgeführt? Eigene Zeugnisse Bachs über das Judentum sind nicht erhalten. Aber Bach wird mit einiger Wahrscheinlichkeit unbefangen bzw. unreflektiert der antijüdischen Grundlinie gefolgt sein, wie sie sich von Luthers später Hassschrift „Von den Juden und ihren Lügen" (→ § 5.4) über das 17. und 18. Jahrhundert bis zur Aufklärung fortsetzte. Auf jeden Fall verwendet auch die JohPass mehrfach die pauschal negative Bezeichnung „die Juden". Ohne die nötige historische Einordnung wirken diese Passagen zweifellos antijüdisch – zumal in der dramatisierenden Musik Bachs.

2. Kapitel: Faules Denken

Dazu gehört jedoch auch eine entscheidende relativierende Bemerkung: Die Bach'sche JohPass hat ihre religiöse Pointe nicht in der Auseinandersetzung mit den Juden. Es geht überhaupt nicht um die historische Schuld am Tod Jesu, wen immer diese auch trifft. Das theologische Thema der Passionsmusiken ist die Buße des heutigen Christen: „Ich, ich und meine Sünden [...] die haben dir erreget das Elend, das dich schläget" (Ev. Gesangbuch 84,3) – die persönliche Sündenerkenntnis ist der eigentliche existenzielle Kern der Passion Jesu. Die rezipierenden Gläubigen treten in die Schuldgeschichte der ungläubigen „Welt" ein und bitten *für sich* um Rettung und Besserung. Oder, mit dem Choral, der in der JohPass nach dem Tod Jesu erklingt: „O hilf, Christe, Gottes Sohn, durch dein bitter Leiden, dass wir dir stets untertan, all Untugend meiden" (Nr. 37). Die Sündenerkenntnis des hörenden Christenmenschen ist die pragmatische Stoßrichtung der JohPass, nicht die Kritik an anderen Menschen(gruppen). Wenn das allerdings nicht beachtet wird, dann geben JohEv und JohPass in der Tat Anlass zu antijüdischen Lesarten. Theologische Hinweise für Musizierende und Publikum sind darum unerlässlich.

Zusammenfassung

Obwohl die Entstehungsbedingungen und die Entstehungszeit des JohEv weiter ungeklärt und umstritten sind, wird man davon ausgehen können, dass dieses die anderen drei Evangelien voraussetzt und benutzt, so dass es um die Jahrhundertwende zum 2. Jahrhundert geschrieben worden sein dürfte. Die pauschal negative Zeichnung „der" Juden dürfte mit der Differenzierung von Judentum und Christentum in dieser Zeit zusammen-

§ 7 Heilsbringer und Teufelskinder

hängen. Die darin begründete polemische Darstellung wird durch den joh Dualismus verstärkt, demzufolge Licht und Finsternis, Glauben und glaubenslose Welt, Existenz aus der Wahrheit und Existenz aus der Welt und schließlich Abrahamskindschaft und Teufelskindschaft scharf zu unterscheiden sind. Da „die Juden" dramatisch als die Repräsentanten des jeweils negativen Pols benutzt werden, werden sie im JohEv durchgehend zum Opfer der literarischen Strategie. Da der Text inzwischen unabhängig von der Absicht des Autors geworden und in die Verfügungsgewalt der Rezipierenden übergegangen ist, erfordert das JohEv ein sorgfältiges historisches und erhöhtes selbstkritisches Bewusstsein. Wie es in Bachs JohPass geschieht, muss auch der Text des JohEv mit Aufmerksamkeit für die eigenen Unzulänglichkeiten („Sünden") gelesen werden, damit er nicht antijüdisch diskriminierend missbraucht wird. Das JohEv will keine Informationen über Juden geben, sondern Christenmenschen ermutigen, als Jesus Nachfolgende die „Welt" zu überwinden. Das Ziel ist der Glaube an Jesus, den Offenbarer und den Juden, an seinen Weg, seine Wahrheit und ein erfülltes Leben.

§ 8 Die „höhere Religion" und der implizite Antijudaismus der Aufklärung

Literatur: ALBRECHT BEUTEL: Kirchengeschichte im Zeitalter der Aufklärung. Ein Kompendium, Göttingen 2009 (UTB 3180) ♦ ERNST CASSIRER: Kants Leben und Lehre, Darmstadt 1994 [1918] ♦ SHMUEL FEINER: Moses Mendelssohn. Ein jüdischer Denker in der Zeit der Aufklärung. Aus dem Hebräischen von Inge Yassur, Göttingen 2009 ♦ MAX HORKHEIMER/THEODOR ADORNO: Dialektik der Aufklärung. Philosophische Fragmente, Frankfurt (Main) 1969 [1944] ♦ IMMANUEL KANT: Werkausgabe Bd. I–XII, hg. von Wilhelm Weischedel, Frankfurt (Main) ⁴1984 [1964], zit. mit Band- und Seitenzahl sowie Entstehungsjahr ♦ JÜRGEN KAUBE: Hegels Welt, Berlin ²2020 [2020] ♦ JOHANN CASPAR LAVATER/MOSES MENDELSSOHN: Die Lavater-Kontroverse 1769/70, in: Moses Mendelssohn: Ausgewählte Werke. Studienausgabe Band II, Darmstadt 2009, 7–55 ♦ MOSES MENDELSSOHN: Phaedon oder über die Unsterblichkeit der Seele in drey Gesprächen, in: ders., Ausgewählte Werke. Studienausgabe Band I, Darmstadt 2009, 341–427 [1767] ♦ MOSES MENDELSSOHN: Jerusalem oder über religiöse Macht und Judentum, in: ders.: Ausgewählte Werke. Studienausgabe Band II, Darmstadt 2009, 129–206 [1783] ♦ PETER SCHÄFER: Kurze Geschichte des Antisemitismus, München ²2020 [2020] ♦ FRIEDRICH SCHLEIERMACHER: Über die Religion. Reden an die Gebildeten unter ihren Verächtern, hg. von Rudolf Otto, Göttingen ⁷1991 [1799] ♦ CHRISTOPH SCHULTE: Die jüdische Aufklärung: Philosophie, Religion, Geschichte, München 2002 ♦ THEA SUMALVICO: Umstrittene Taufe. Kontroversen im Kontext von Theologie, Philosophie und Politik (1750–1800), Halle 2022 (Hallesche Forschungen 64)

§ 8 Die „höhere Religion" und der implizite Antijudaismus

1. „Sapere aude!"

1.1 Nach Immanuel Kants berühmter Definition bedeutet die Aufklärung den „Ausgang des Menschen aus seiner selbst verschuldeten Unmündigkeit", wobei Unmündigkeit das Unvermögen meint, sich des eigenen Verstandes ohne fremde Leitung zu bedienen, und das Verschulden den Mangel an Entschiedenheit beim Denken [KANT XI, 53: 1783]. Habe den Mut, deinen Verstand zu gebrauchen – „sapere aude!" so lautet nach Kant der Wahlspruch der Aufklärung (ebd.).

In Sachen der Religion ist damit vor allem die selbstkritische Einstellung gegenüber den eigenen Überzeugungen verbunden. An die Stelle der Zustimmung zu überlieferten Dogmen tritt die Aufmerksamkeit für die persönliche, subjektive religiöse Plausibilität. Die Aufklärung ist ein Sauerteig, der alles durchwirkt und das Gewohnte aus einer statischen Gegebenheit in die eigenverantwortliche, reflexiv gebrochene Prozessualität versetzt. Das gilt nicht nur für das Erkennen, sondern auch für das ethische und ästhetische Urteil und für den religiösen Glauben. Im Anfang war das Denken. Dieser Grundsatz bringt alles Tradierte ins Wanken und verlangt stets neue und eingehende Begründungen. Religion und Glaube werden grundsätzlich fragwürdig im doppelten Sinne: Sie verlangen die Explikation und stehen unter immerwährender fundamentaler Kritik.

Es ist aber allzu bekannt, dass der kritische Gestus des Aufklärers nicht nur zur Selbstkritik, sondern auch zum gesteigerten Selbstbewusstsein führen kann. Die Vernunftorientierung macht Schwachstellen bei der eigenen, aber erst recht bei der fremden Religion aus. Sowohl der Katholizismus als auch das Judentum werden vom aufge-

2. Kapitel: Faules Denken

klärten protestantischen Bewusstsein kritisch beäugt. Besonders kultische Vorschriften werden als die dunkle Folie, als „Gesetzlichkeit" oder gar „Afterdienst" charakterisiert, auf der sich die eigene (vernünftige und moralische) Religion umso heller abzeichnet.

1.2 Man könnte erwarten, dass unter der Maxime der Vernunft mittelalterliche Schauergeschichten über das Judentum (wie Hostienschändung und Ritualmord) und der grundlose Judenhass verschwunden wären. Tatsächlich aber blieben Hassmotive und Vorurteile in veränderter Gestalt erhalten. Zugespitzt: Der Judenhass schlüpfte unter das Gewand des geistigen Fortschritts. Die alten Vorwürfe wurden unter der Berufung auf die Vorherrschaft der Vernunft erneuert, ja es konnte sich sogar eine neue Dynamik antijüdischer Ansichten ergeben: Der jüdische Glaube war danach nicht nur antichristlich, sondern auch widervernünftig. Auf diese Weise konnte die Herrschaft der Vernunft dazu benutzt werden, den eigenen Überlegenheitsansprüchen einen neuen Anstrich zu geben. Man spricht darum zu Recht von der „Dialektik der Aufklärung" (HORKHEIMER/ADORNO 1944). Der Judenhass kehrte unter neuer Gestalt wieder. Die aus dem aufklärerischen Denken entwickelten Potenziale wurden zu neuen Waffen an alten Fronten.

Da die evangelische Theologie in Deutschland zutiefst von der Philosophie Immanuel Kants und dem Denken des deutschen Idealismus beeinflusst wurde, übernahm sie auch die darin implizit enthaltenen Grundentscheidungen. Das Reich Gottes wurde als das Reich der Vernunft und des moralischen Fortschritts verstanden. Als der eigentliche Sinn des biblischen Gebotes galt die persönlich realisierte Pflicht; diese wurde nun zur wichtigsten Instanz, zum inneren Kompass selbstverantworteten Handelns.

§ 8 Die „höhere Religion" und der implizite Antijudaismus

1.3 Es darf allerdings nicht vergessen werden, dass die Aufklärungszeit zu manchen Verbesserungen für die Juden als Staatsbürger führte. In Preußen war es Christian Wilhelm von Dohm (1751–1820), der 1781/83 eine Schrift „Über die bürgerliche Verbesserung der Juden" verfasste und die volle bürgerliche und wirtschaftliche Gleichberechtigung der Juden forderte. Dohm zufolge sollten Christen die Juden „wie ihre Brüder und Mitmenschen" betrachten (zitiert nach SCHÄFER 2020, 191). Die immer wieder zu hörenden Vorwürfe gegenüber den Juden (mangelnde Geschäftsmoral, zu geringe Allgemeinbildung, körperliche Schwäche) verbuchte Dohm als das Ergebnis einer jahrhundertelangen Diskriminierungspolitik (FEINER 2009,131).

Der österreichische Kaiser Joseph II. erließ 1781 mehrere Toleranzedikte. Zwei Jahre später wurde Gotthold Ephraim Lessings (1779 geschriebenes) Drama „Nathan der Weise" in Berlin uraufgeführt. Lessings Freund, der hoch angesehene jüdische Philosoph Moses Mendelssohn, schöpfte große Hoffnung, dass sich der Geist der Toleranz gegenüber den Juden durchsetzen würde.

Doch das geschah erst nach Mendelssohns Tod 1786. Die Französische Revolution führte 1791 tatsächlich zur Proklamation der Gleichberechtigung der Juden. Erst ab dann galten die Juden als Menschen mit bürgerlichen Rechten und Pflichten. In Preußen begründete 1812 das Emanzipationsgesetz von Friedrich Wilhelm III. die Gewerbe- und Handelsfreiheit. Alle zum Zeitpunkt des Gesetzes in Preußen lebenden Juden wurden zu Staatsbürgern erklärt. Dennoch blieben die Juden von öffentlichen Ämtern (vor allem im Justiz- und Militärdienst) ausgeschlossen; das galt bis zur Übernahme eines Gesetzes des Norddeutschen Bundes durch das Kaiserreich im Jahre

2. Kapitel: Faules Denken

1871 (SCHÄFER 2020, 195). Die emanzipatorischen Prinzipien der Aufklärung benötigten bis zu ihrer Durchsetzung also ein ganzes Jahrhundert – und im deutschen Kaiserreich sollte sich dann bald der nationalistisch geprägte Antisemitismus herausbilden (→ § 9).

1.4 Theologisch und religiös war die Zeit der Aufklärung für das Judentum keinesfalls günstig. So traf auch den jüdischen Glauben die zum Teil massive Religionskritik der Aufklärer. War auch das Christentum mit seinen Dogmen und seinem Kultus der Gegenstand aufkommender Vernunftkritik, so traf das auf das Judentum mit seinen religiösen Vorschriften und Festen („Zeremonien") erst recht zu. Wurde das Judentum schon lange unter den Kategorien von Irrationalität und Aberglauben verbucht, so nahm diese Tendenz unter den Bedingungen der Aufklärung noch zu. Der radikale französische Aufklärer Voltaire (1694–1778) äußerte zwar, man solle die Juden nicht verbrennen, kennzeichnete sie aber zugleich als „ein unwissendes und barbarisches Volk", das „schmutzigste Habsucht mit dem verabscheuungswürdigsten Aberglauben und dem unüberwindlichsten Hass gegenüber allen Völkern" verbinde (zitiert nach SCHÄFER 2020, 189). In seinem „Traité sur la tolérance" unterstellte Voltaire den Juden die Absicht, „uns zu bestehlen und uns zu töten", denn das Alte Testament schreibe vor, „Götzendiener zu töten" (zitiert nach SCHÄFER 2020, 190). Mit dem zeitgenössischen Judentum hatte Voltaire offensichtlich keinen Kontakt.

1.5 Die Aufklärung behält ein doppeltes Gesicht – ein befreiendes und ein erschreckendes. Mit der Fähigkeit zur Kritik und Selbstkritik wächst auch die Kraft zu verletzen und zu zerstören, so dass es zur „Selbstzerstörung der Aufklärung" kommen kann (HORKHEIMER/ADORNO

§ 8 Die „höhere Religion" und der implizite Antijudaismus

1969, 5), und nicht erst in der Postkolonialismus-Debatte ist festgestellt worden: „Aufklärung ist totalitär" (ebd. 12). Besonders die Juden bekamen Anerkennung und Befreiung, aber auch Verachtung und Grausamkeit zu spüren, zunächst von den Aufklärern selbst und später von den demokratischen Volksbewegungen (ebd. 178). Das alles ist selbstverständlich kein Argument gegen die Aufklärung, aber eines für die kritische Wahrnehmung ihrer Mehrdeutigkeit und Dialektik. Ihr Modell des Menschen war jedenfalls „der europäische, weiße, gebildete, wohlhabende, christliche Mann und Bürger" (SCHULTE 2009, 25).

2. Jüdischer Rationalismus und christlicher Antirationalismus: Moses Mendelssohn und Johann Caspar Lavater

Der schon zu Lebzeiten berühmte Berliner jüdische Philosoph Moses Mendelssohn (1729–1786), der von den Zeitgenossen als eine Verbindung des biblischen Mose und des Sokrates geschildert wurde, suchte mit seinem Lebenswerk philosophisch nachzuweisen, dass der religiöse und speziell der jüdische Glaube mit den Prinzipien der aufgeklärten Vernunft in jeder Weise vereinbar ist. 1777 lernte Mendelssohn Kant in Königsberg kennen, der sich über ihn mit höchstem Lob aussprach (FEINER 2009, 117), und Gotthold Ephraim Lessing (1729–1781) setzte seinem Freund Mendelssohn in der Gestalt des „Nathan" ein literarisches Denkmal. Georg Christoph Lichtenberg (1742–1799) schließlich attestierte Mendelssohn „wahre[n] Protestantismus" (BEUTEL 2009, 71). Schon bald nach Mendelssohns Tod entstand der „Mendelssohn-Mythos" vom deutschen jüdischen Bürgertum.

2. Kapitel: Faules Denken

2.1 Mendelssohn folgte den Prinzipien der aufgeklärten Vernunft und der rationalistischen Theologie, indem er Gott, Tugend und Unsterblichkeit auf dem Wege philosophischer Reflexion zu erweisen suchte. In seinem Buch „Phaedon oder über die Unsterblichkeit der Seele in drey Gesprächen" (1767) bearbeitete er den Platon'schen Dialog Phaidon, um zu beweisen, dass mit dem Tod nicht alles aus sei. Sokrates tritt bei Mendelssohn als aufgeklärter Philosoph auf, der mit Stolz gegen den Atheismus argumentiert. Gleichzeitig vertritt Mendelssohn (Sokrates) die natürliche Religion als Alternative zur kirchlichen Lehre, was der Denkweise der Zeit entgegenkam. Der „Phaedon" ist im populären Stil geschrieben und wurde zum Bestseller: Das Buch erlebte zu Mendelssohns Lebzeiten 11 Auflagen und wurde u. a. ins Französische, Italienische und Russische übersetzt. Die relativ späte jüdische Aufklärung („Haskala") verbreitete sich von Berlin und Königsberg aus in ganz Europa. Auf den „Phaedon" geht die Bezeichnung Mendelssohns als „deutscher Sokrates" zurück.

Im ersten Gespräch formuliert Sokrates (Mendelssohn) klipp und klar: „[…] ich weiß, daß mit dem Tode noch nicht alles für uns aus ist. Es folgt ein anderes Leben, und zwar ein solches, das, wie die alte Sage versichert, für Tugendhafte weit glückseliger seyn wird, als für Lasterhafte." (MENDELSSOHN I, 372 [1767]) Um dies zu erfassen, müsse man die Augenblicke abwarten, „in welchen Stille von Außen und Ruhe von Innen uns das Glück verschafft, den Leib völlig aus der Acht zu schlagen, und mit den Augen des Geistes nach der Wahrheit hinzusehen." (377)

2.2 In seiner religionspolitischen und religionsphilosophischen Hauptschrift „Jerusalem" aus dem Jahre 1783 trat Mendelssohn für ein Verhältnis zwischen Juden und

§ 8 Die „höhere Religion" und der implizite Antijudaismus

Christen ein, das man heute als plural, dialogisch und multireligiös bezeichnen würde. Die klare Trennung von Kirche (Religionsgemeinschaft) und Staat bildet die Grundlage seiner Überlegungen. Gerade das Gottesbild des Alten Testaments stützt nach Mendelssohns Überzeugung den Gedanken der Freiheit und der moralischen Verantwortung jedes Menschen. Gott ist nicht nur der Gott der Juden, sondern der Gott aller Menschen.

Der Staat hat Mendelssohn zufolge kein Zugriffsrecht auf die religiösen Gesinnungen der Bürger und muss sich zu diesen neutral verhalten (MENDELSSOHN II [1783], 133), während der einzelne Staatsbürger seinen eigenen Nutzen dem Wohlwollen opfern muss; aber „*Wohlwollen* macht im Grunde glücklicher, als *Eigennutz*" (138, dort kursiv). Der Staat zwingt und erlässt Gesetze; die Religion aber belehrt, überredet und gibt Gebote (141). Die Pflichten der Gläubigen gegenüber der Religion sind ein „*geneigtes Ohr und ein willges Herz.*" (151, dort kursiv) Der Staat achtet lediglich darauf, dass sich keine schädlichen Lehren („wie Atheisterey und Epikurismus") ausbreiten (153). In den „Hauptgrundsätzen" stimmen die Religionen überein: „Ohne Gott und Vorsehung und künftiges Leben ist Menschenliebe eine angeborne Schwachheit, und Wohlwollen wenig mehr als eine Geckerey" (154). Ähnlich wie Kant Gott, Freiheit und Unsterblichkeit als Postulate der praktischen Vernunft bezeichnete, macht Mendelssohn hier Gott, Vorsehung und ewiges Leben geltend als die notwendigen Voraussetzungen von Liebe und Wohlwollen, von denen der freiheitliche Staat lebt, ohne sie selbst durch Gesetze hervorbringen zu können (um das bekannte „Böckenförde-Theorem" anklingen zu lassen, das zweifellos im Gefälle von Mendelssohns Argumentation liegt). Jegliche Beaufsichtigung von Glaubensansichten,

2. Kapitel: Faules Denken

sei es durch den Staat oder die Kirche, weist Mendelssohn – ebenfalls sehr modern – deutlich zurück (157–162).

Den zweiten, religionsphilosophischen Teil seiner Schrift (II, 163–206) eröffnet Mendelssohn mit einem Bekenntnis: „[…] ich erkenne keine andere ewige Wahrheiten, als die der menschlichen Vernunft nicht nur begreiflich, sondern durch menschliche Kräfte dargethan und bewährt werden können" (171, dort kursiv). Nicht der Glaube („sola fide" → § 4.4), sondern die Vernunft ist die entscheidende Dimension bei der Erfahrung des Ewigen (Göttlichen, Transzendenten). Die ewigen Wahrheiten erfährt man durch die Wunder der Natur und nicht „durch Laut und Schriftzeichen" (174). Speziell das Judentum habe keine ausschließende „Offenbarung ewiger Wahrheiten, die zur Seligkeit unentbehrlich sind" (177), wohl aber eine geoffenbarte *Gesetzgebung*. Diese richte sich allein auf das Tun. Im Gesetz des Mose heiße es an keiner Stelle *„Du sollst glauben! oder nicht glauben;* sondern alle heissen: *du sollst thun, oder nicht thun!"* (178, dort kursiv)

Mendelssohn macht hier den grundsätzlichen Dissens zum evangelischen Glauben geltend, der gegenüber der Vernunft wie gegenüber dem guten Werk gleichermaßen skeptisch ist. Die Differenzen zwischen dem Juden Mendelssohn und dem Christentum sind deutlich. Das im Christentum zentrale Moment der Gnade (→ § 4.1) ist für das Judentum in der Gabe der Tora und im Bundesmotiv enthalten (HORKHEIMER/ADORNO 1969 [1944], 186) und Versöhnung „der höchste Begriff des Judentums" (HORKHEIMER/ADORNO 1969 [1944], 209).

2.3 In diesen Zusammenhang gehört die Auseinandersetzung Mendelssohns mit dem Zürcher Philosophen und Pfarrer Johann Caspar Lavater (1741–1801) ein gutes Jahrzehnt vorher. Im Jahre 1769/70 versuchte der genialische

§ 8 Die „höhere Religion" und der implizite Antijudaismus

Lavater Mendelssohn die Konversion zum Christentum nahezulegen. Weil sich Mendelssohn in einem Gespräch mit Lavater positiv zum moralischen Charakter Jesu geäußert hatte, forderte Lavater, der von einer subjektiven und schwärmerischen Christusfrömmigkeit geprägt war (Beutel 2009, 192), ihn in einer in einem Buch gedruckten (!) Widmung auf, sich taufen zu lassen (Feiner 2009, 85–106: 87). Mendelssohn antwortete Lavater in einem offenen Brief, dieser Schritt habe ihn „ausserordentlich befremdet" (Lavater/Mendelssohn II [1770], 13). Er werde bei seinen Grundsätzen bleiben, werde alle Religionsstreitigkeiten vermeiden „und in öffentlichen Schriften nur von denen Wahrheiten [...] sprechen, die allen Religionen gleich wichtig seyn müssen" (15). Die Bekehrung anderer gehöre außerdem nicht zu den Grundsätzen des Judentums (ebd.) und was die Erlösung angeht, folge er der Maxime: Wer „in diesem Leben die Menschen zur Tugend anführt, kann in jenem nicht verdammt werden" (17).

Obwohl Lavater freimütig antwortete, dass er „gefehlt habe" (25) und sich öffentlich entschuldigte (26), hielt er an seinem ursprünglichen Wunsch für Mendelssohn fest: „Wolte Gott, daß Sie ein Christ wären!" (30, dort kursiv) Bemerkenswert ist Lavaters Begründung, die von Missionseifer geprägt ist und zugleich im aufgeklärten moralphilosophischen Gewand daherkommt: „Nach meinen Begriffen nun kann der Christ die *höchste* Stufe dieser moralischen Fähigkeit am *leichtesten* und *geschwindesten* erreichen" (31, dort kursiv). In einer handschriftlichen Notiz Mendelssohns wird deutlich, wie sehr dieser sich bei aller Wahrung der Form von Lavaters Äußerungen verletzt und diskriminiert fühlte: „Sollen wir uns bekehren! Wir sind ja verstockte, muthwillig verstockte Böse-

2. Kapitel: Faules Denken

wichter, die die Wahrheit sehen und nicht erkennen wollen. Dieses wird ja in allen Lehrbüchern bewiesen." (47) Kindesraub- und Ritualmordvorwürfe gegenüber den Juden spielten auch in den aufgeklärten Zeiten noch eine verhängnisvolle Rolle (FEINER 2009, 137). Aber zum Teil galt Mendelssohn auch in konservativen jüdischen Kreisen als Abtrünniger, der „keinen Anteil am Gotte Israels und an dessen Tora hat" (FEINER 2009, 149).

Mendelssohns tiefe Resignation lässt deutlich werden, dass selbst die Prinzipien von Aufklärung, Tugend und Menschenfreundlichkeit, nichts an der christlichen Geringschätzung der Juden änderten. Zwar argumentierte Lavater mit der „höchsten Stufe" der Moralität durchaus feinsinniger als die herkömmliche Bekehrungsrhetorik; aber gerade so wurde das Argument der Moralität quantitativ gewendet und gegen das Judentum gekehrt. Der Humanismus wurde als gemeinsames Fundament geltend gemacht, um dann als vorzüglich im Christentum verwirklicht geschildert zu werden. Die einzig wahre, die christliche Religion wurde nun, unter aufgeklärten Bedingungen, zur höchsten Stufe der Moral. Über das quantitative Argument wurde das Judentum erneut abgewertet.

2.4 Die Zeit der Aufklärung ist aber auch dadurch gekennzeichnet, dass man Juden zur Konversion, d.h. zur Taufe zu bewegen suchte. Agendarisch wurde dabei aus der Absage an den Teufel die Absage an den jüdischen „Aberglauben" (SUMALVICO 346). Teilweise wurde schon im 18. Jahrhundert die später für Treitschke (→ § 9), Stoecker (→ § 10) und den rassisch begründeten Antisemitismus typische Argumentation vertreten, ein Jude könne auch durch die Taufe kein deutscher Staatsbürger werden, weil er „im Grunde untaufbar" sei. Damit galt die Taufe

§ 8 Die „höhere Religion" und der implizite Antijudaismus

eines Juden sogar als „potenziell staatsgefährdend", weil dadurch Heuchler in die christliche deutsche Gesellschaft eindrängen (SUMALVICO 307).

2.5 Zurück zu Mendelssohns späterer Schrift „Jerusalem" von 1783: Die jüdische Offenbarung (und damit die religiöse Offenbarung überhaupt) kann danach als ewige Wahrheit, als Geschichtswahrheit und als Weisung für die Lebensführung verstanden und eingesehen werden. Im Einzelnen: An *erster* Stelle der jüdischen wie jeglicher Religion stehen für Mendelssohn die „ewigen Wahrheiten von Gott, und seiner Regierung und Vorsehung, ohne welche der Mensch nicht aufgeklärt und glücklich seyn kann" (II, 197). Diese sind allen vernünftigen Geschöpfen mit einer Schrift in die Seele geschrieben, die immer und überall leserlich und verständlich ist. Das bedeutet, dass heilige Schriften und geschichtliche Offenbarungen für die höchsten Wahrheiten unnötig sind. Mendelssohn folgt damit dem religionstheoretischen Rationalismus, wie er damals in Deutschland weit verbreitet war („Neologie", ab 1770; Lavater zählt dagegen zum „Antirationalismus"), und Kant wird 10 Jahre später genauso urteilen (s. u. 3.3). Erst an *zweiter* Stelle folgen für Mendelssohn die „Geschichtswahrheiten" von den Stammvätern der Nation und dem Bund Gottes mit ihnen (ebd.). *Drittens* sind die „Gesetze, Vorschriften, Gebote, Lebensregeln" geoffenbart worden, wobei nur das Wichtigste den Buchstaben anvertraut wurde, so dass die Schrift durch mündliche Auslegungen ergänzt werden müsse (198). Dabei geht es um die bedeutende Tradition der mündlichen Tora.

Mendelssohn betont hier, dass „Glauben" im Hebräischen nicht auf die Glaubensinhalte zielt, sondern auf Vertrauen und Zuversicht. Die Ausführungen an dieser Stelle wurden im 20. Jh. von Martin Buber (1878–1965) in

2. Kapitel: Faules Denken

seiner Unterscheidung der zwei Glaubensweisen „Pistis" (gegenstandsbestimmter Glaube) und „Emunah" (glaubendes Vertrauen) weitergeführt. Man kann den Hinweis hinzufügen, dass Vertrauen und Zuversicht auch im Zentrum des reformatorischen Glaubensbegriffes stehen („fiducia" bei Luther).

Weiterhin gibt Mendelssohn den Juden den Rat, sich in die „Sitten und Verfassung des Landes", in dem sie leben, zu schicken, aber auch „standhaft bey der Religion eurer Väter" zu bleiben (201). Die Christen ruft er auf, mit den Juden bürgerlichen Umgang zu pflegen. Unter Berufung auf die Lehre Jesu bittet er: „Betrachtet uns, wo nicht als Brüder und Mitbürger, doch wenigstens als Mitmenschen und Miteinwohner des Landes." (203) Dabei besteht er auf der unauflöslichen Bindung an die Tora: „Von dem Gesetze können wir mit gutem Gewissen nicht weichen, und was nützen euch Mitbürger ohne Gewissen?" (Ebd.) Ganz am Schluss des Buches stehen dann dialogische Maximen, die auch im 21. Jahrhundert Geltung beanspruchen können: „so lasset uns keine Uebereinstimmung lügen, wo Mannigfaltigkeit offenbar Plan und Endzweck der Vorsehung ist. [...] *Glaubensvereinigung ist nicht Toleranz; ist der wahren Duldung grade entgegen*" (205, dort kursiv).

Gott, Tugend und Unsterblichkeit gelten für Mendelssohn als die Kennzeichen der natürlichen Religion und die Religion überhaupt als eine Angelegenheit des mündigen Individuums und erst so auch als Stütze des Staates bzw. Gemeinwesens. Dieses aufklärerische Konzept passte nicht nur in die Zeit, sondern weist deutlich über diese hinaus.

§ 8 Die „höhere Religion" und der implizite Antijudaismus

3. Christliche Vernunftreligion in judenkritischer Zuspitzung: Immanuel Kant

3.1 Der Mystiker Heinrich Jung-Stilling (1740–1817) hat über Kants Lehre gesagt, diese werde bald „eine weit größere, gesegnetere und allgemeinere Revolution, als Luthers Reformation" bewirkt haben (CASSIRER 1994, 390). Kants „Kritik der praktischen Vernunft" von 1788 schließt nahtlos an Mendelssohns Werk an, wie denn Kant in seinen Schriften auch hin und wieder explizit auf Mendelssohn verweist. Sind für Kants praktische Vernunft der „bestirnte Himmel über mir, und das moralische Gesetz in mir" Gegenstand immer neuer und zunehmender Bewunderung [KANT VII, 300: 1788], so definiert er in derselben Schrift Unsterblichkeit, Freiheit und das „Dasein Gottes" als „Postulate der reinen praktischen Vernunft überhaupt" (VII, 252–266). Das moralische Gesetz ist so unhintergehbar und unleugbar gültig und wahr, dass die drei Postulate zwar keinen spekulativen Erkenntnisgewinn versprechen, aber dennoch auf denknotwendige Sätze führen, die nicht erweislich, wohl aber mit der Praxis des Menschen unzertrennlich verbunden sind (253). Das Postulat der Möglichkeit des höchsten Guts ist „zugleich das Postulat der Wirklichkeit eines höchsten ursprünglichen Guts, nämlich der Existenz Gottes" (256, dort teilweise gesperrt).

3.2 Kant und Mendelssohn stimmen in der Ansicht überein, dass die natürliche, aus Vernunftgründen abgeleitete Religion der kirchlich geltend gemachten Religion überzuordnen und hinsichtlich der Lebensführung vorzuziehen ist (Mendelssohn nennt auch die jüdische und muslimische Gemeinschaft im rechts- und staatsphilosophischen Sinne „Kirche": MENDELSSOHN II [1783], 138).

2. Kapitel: Faules Denken

Neben der Unterscheidung von professioneller Theologie und privater Religion in der zeitgenössischen evangelischen Theologie (BEUTEL 2009, 240–246) ist die Betonung der natürlichen Religion der entscheidende Gedanke, um neben der kirchlichen und der persönlichen auch die gesellschaftliche Bedeutung des Glaubens aufzuweisen. Die natürliche Religion, die sich in den postulierten Gegebenheiten von Unsterblichkeit, Freiheit und Gott zeigt und verwirklicht, ist für das staatliche Gemeinwesen als Garant der Moralität von höchster Wichtigkeit. Die „positiven" Religionen sind nur „Durchgangspunkte" auf dem Weg zur Moralität (CASSIRER 1994, 412).

Die „kirchlichen" (also auch die synagogalen) Lehren und die moralischen sowie kultischen Praktiken sind dagegen *specialissima* für die jeweilige Religionsgemeinschaft. Sie haben jedoch der natürlich-moralischen Religion nicht zu widersprechen, weil das die Leistung der Religion für das Ganze schwächen würde. Genau diese Leistung aber ist entscheidend. Der Gedanke ist revolutionär und weist auf das voraus, was man ab dem Beginn des 20. Jahrhunderts eine *funktionale* Religionstheorie nennen wird. Entscheidend ist danach nicht die innere Schlüssigkeit bzw. die Wahrheit der Religion, sondern ihre Funktion für die Integration des Gemeinwesens und den Fortschritt humaner Moralität.

3.3 Und genau an dieser Stelle schleichen sich der christliche Überlegenheitsgestus und die negative Sicht des Judentums erneut ein. Das Christentum, so stellt man fest, ist die am meisten den humanen Grundsätzen natürlicher Religion entsprechende Ausprägung und damit die qualitativ am höchsten stehende Religion. Das Judentum mit seinen Gesetzen, Vorschriften und kultischen Praktiken erreicht dagegen diese Ebene vergeistigter Religion in

§ 8 Die „höhere Religion" und der implizite Antijudaismus

weit geringerem Maße. Sah es zunächst so aus, als ob die funktional-moralische Religionstheorie die Egalisierung und Emanzipation der Juden fördern sollte, so war tatsächlich das Gegenteil der Fall. In Hegels Religionsphilosophie wird Kants Gedanke dann wenig später konsequent weitergeführt: Nach Hegel ist der Christusglaube der Endpunkt der religiösen Entwicklung, die Quintessenz aller Religionen und „absolute Religion"; dies macht er allerdings nicht an der Moral, sondern an der Idee der Menschwerdung Gottes als dem schwersten Moment der Religion und am Kreuz, dem Tod Gottes, fest (KAUBE 2020, 436. 438).

Zurück zu Kant: Im dritten Teil seiner Religionsschrift „Die Religion innerhalb der Grenzen der bloßen Vernunft" (1793) wird dazu die Unterscheidung von „Kirchenglaube" und „reinem Religionsglauben" breit ausgeführt. Der dabei herausgestellte „reine Religionsglaube" ist aber de facto nichts anderes als eine Spielart des im Sinne der Aufklärung aktualisierten Christentums. Das zeigen schon die thetischen Überschriften zu den entscheidenden Abschnitten [KANT VIII, 770–788]: „VI. Der Kirchenglaube hat zu seinem höchsten Ausleger den reinen Religionsglauben" (770) und „VII. Der allmähliche Übergang des Kirchenglaubens zur Alleinherrschaft des reinen Religionsglaubens ist die Annäherung des Reichs Gottes" (777).

Der Kirchenglaube ist für Kant nur dann von Bedeutung, wenn er „zur Erfüllung aller Menschenpflichten als göttlicher Gebote […] hinwirkt." (771) Auch das späte Judentum und der Islam hätten ihren Vorstellungen einen solchen „geistigen Sinn" untergelegt (772). Die Endabsicht der reinen Religion ist es jedenfalls nach Kant, „bessere Menschen zu machen; das Historische aber, was dazu

2. Kapitel: Faules Denken

nichts beiträgt, ist etwas an sich ganz Gleichgültiges" (773). Wenn nun der Übergang des Kirchenglaubens zur allgemeinen Vernunftreligion begonnen hat, dann ist das Reich Gottes zu uns gekommen (786). Historisch lässt sich darum ein „Kampf zwischen dem gottesdienstlichen und dem moralischen Religionsglauben" (788) beobachten.

3.4 Im historischen Zusammenhang meint Kant feststellen zu müssen, dass der *jüdische Glaube* „seiner ursprünglichen Einrichtung nach, ein Inbegriff bloß statuarischer Gesetze" sei, dem „moralische Zusätze" lediglich „angehängt worden sind"; diese aber seien schlechterdings nicht zum Judentum als solchem gehörig (789). Gegenüber dem Alten Testament zeigte Kant von Anfang an eine „starke subjektive Befangenheit" (CASSIRER 1994, 415). Ja, das Judentum ist laut Kant „eigentlich gar keine Religion, sondern bloß Vereinigung einer Menge Menschen" unter politischen Gesetzen (KANT VIII, 790). Das Judentum enthalte „als ein solches, in seiner Reinigkeit genommen, gar keinen Religionsglauben" (791). Das zeige sich zweitens daran, dass es im Judentum keinen Glauben an ein künftiges Leben gebe (ebd.; es war in der Aufklärungstheologie weit verbreitet, dem Alten Testament den Offenbarungscharakter abzusprechen, da es keine Aussagen zur Unsterblichkeit enthalte: SUMALVICO 2022, 211. 230). Drittens – und hier kehren nun die alten antijüdischen Stereotype im aufgeklärten Gewand wieder – habe das Judentum „das ganze menschliche Geschlecht" von seiner Gemeinschaft ausgeschlossen, „als ein besonders von Jehova für sich auserwähltes Volk, welches alle andere Völker anfeindete" (KANT VIII, 791). Das Christentum bedeute darum „eine völlige Verlassung des Judentums, worin es entsprang" (792) und Jesus habe den jüdischen

§ 8 Die „höhere Religion" und der implizite Antijudaismus

„Fronglauben" für nichtig, „den moralischen dagegen [...] für den alleinseligmachenden" erklärt (793). Man wundert sich, dass Kant, der persönlich so viel von Mendelssohn hielt, so urteilen konnte – hatte er dessen Schriften gar nicht zur Kenntnis genommen?

3.5 Kant schließt seinen historischen Rückblick mit der Frage, welche Zeit der Kirchengeschichte die beste sei und antwortet darauf: „es ist die jetzige", weil mit der moralischen Religion – und Kant meint damit das in seinem Sinne aufgeklärte Christentum! – die Realität „eines unsichtbaren Reichs Gottes auf Erden" anhebe, genauer: die Gestalt einer „alle Menschen auf immer vereinigenden Kirche" (797). Das Ergebnis der Geschichte ist mithin ein christlicher (bzw. christlich vereinnahmender) Inklusivismus, der die Maxime des aufgeklärten Religionsglaubens dazu nutzt, um den eigenen Primat mit aufgeklärten Gründen geltend zu machen. Die wahre Religion bestehe nicht im Wissen oder Bekennen dessen, was Gott zu unserer „Seligwerdung" tue, sondern in unserem Tun, um dessen würdig zu werden; dies wiederum könne jeder Mensch „ohne alle Schriftgelehrsamkeit" erfassen (799).

Dazu hatte sich Mendelssohn 10 Jahre vorher schon ganz ähnlich geäußert (s. o. 2.2). Gleichwohl entging Kant diese Übereinstimmung zwischen der eigenen Religion vernünftigen Tuns und der jüdischen Torafrömmigkeit. Kants Schlussfolgerung (803), das „Reich Gottes" als „inwendig in euch" (Lk 17,21) und darum mit moralischen Vernunftkategorien zu verstehen, sollte in der liberalen Theologie des 19. Jahrhunderts von erheblicher Wirkung sein (besonders bei dem Göttinger Systematiker Albrecht Ritschl, 1822–1889).

3.6 Im vierten Teil von Kants Religionsschrift heißt es schließlich, die christliche Religion habe „den großen

2. Kapitel: Faules Denken

Vorzug vor dem Judentum", dass sie durch die Predigt Jesu von vornherein „als eine nicht statuarische, sondern moralische Religion" konzipiert worden sei (838). Ein „statuarischer" Glaube wie der jüdische dagegen folge „Statuten", nämlich lediglich für göttlich *gehaltenen* Verordnungen, deren Befolgung eine nur vermeintliche Verehrung Gottes sei, die man als „Afterdienst" oder „Religionswahn" bezeichnen müsse (839). Diese pervertierte Form von Religion gebe es auch im Christentum als „Pfaffentum" – aber typisch ist sie für das Judentum, das eben für Kant per se eine Gesetzesreligion darstellt. Denn alles, was der Mensch tun möchte, um Gott zu gefallen und was dabei über den moralischen Lebenswandel hinausgeht, ist bloßer „Religionswahn" und „Afterdienst" Gottes (842). Einen „Tugendwahn" könne es dagegen gar nicht geben, weil sich die Tugend mit etwas Wirklichem beschäftige (845).

In ständigen Wiederholungen und neuen Beispielen wird von Kant die Tugendreligion gegen die Kirchen-, Dogmen- und Zeremonienreligion geltend gemacht, wobei das Ergebnis stets feststeht: Die Moral ist der Zweck und die Religion ist ihr Mittel, das so lange akzeptabel bleibt, wie ihre Zweckbindung bewusst bleibt und sich kein Eigenwert der religiösen Vorstellungen herausbildet. Das gilt etwa für das Abendmahl: Dieses als „Gnadenmittel" zu glauben ist nichts anderes als „ein Wahn der Religion" (876). Die Monotonie der Kant'schen Religionsschrift könnte man getrost auf sich beruhen lassen, wenn ihr nicht die prinzipielle Verachtung der jüdischen Religion zugrunde läge. Das Judentum steht nach Kant für die Gewohnheiten einer verfehlten äußerlich bleibenden Religion der „Statuten" (des Gesetzes). Das Negativbild alles Jüdischen zeigt sich auch in der Seitenbemerkung in der

§ 8 Die „höhere Religion" und der implizite Antijudaismus

„Anthropologie" von 1798, „Weiber, Geistliche und Juden" betränken sich nicht, weil sie „bürgerlich schwach" seien, das heißt: Ihr äußerer Wert beruhe „bloß auf dem *Glauben* an ihre Keuschheit, Frömmigkeit und separatistische Gesetzlichkeit" (XII, 470 f., dort hervorgehoben). Hier erübrigt sich ein Kommentar.

4. Lebendige (christliche) versus abgestorbene (jüdische) Religion: Schleiermachers 5. „Rede über die Religion"

4.1 Die Kant'sche Identifizierung von Moral und Religion machte die Religion letztlich überflüssig. Wenn nämlich die Religion nur die Verpackung der Tugend ist, warum soll man sich da nicht lieber gleich mit dem Inhalt befassen und die Verpackung beiseitelassen? Die religiöse Lage um die Wende zum 19. Jahrhundert war entsprechend von den Verächtern der Religion dominiert.

Schleiermacher gehört nicht zur Aufklärung, sondern zu der Epoche nach ihr. Der junge Schleiermacher der „Reden" von 1799 war irre geworden an der überlieferten und der zeitgenössischen, aufgeklärten (neologischen) Dogmatik, aber auch an der Kant'schen Identifizierung von Moral und Religion. Mit seinem romantischen Gemüt entdeckte er darum den Eigenwert der Religion jenseits von Metaphysik und Moral ganz neu. Religion ist für ihn eine spezifische Bestimmtheit des Gemüts, „Anschauung und Gefühl", ist „Sinn und Geschmack fürs Unendliche", so die zweite der „Reden" (SCHLEIERMACHER 1799, Originalpaginierung [O.P.] 50. 53). An die Stelle des Kant'schen Moralpostulats als bestimmende religiöse Erfahrung trat beim jungen Schleiermacher das Geheimnis des Universums. Der Kant'sche Konnex zwischen Moral und Gott

2. Kapitel: Faules Denken

war für Schleiermacher zerbrochen und die eigene lebendige Frömmigkeit füllte die Leerstelle aus, die Kants Tugendreligion hinterlassen hatte. In dieser Gestimmtheit nach der Aufklärung verfasste Schleiermacher seine fünf Reden, die sich explizit an die gebildeten Religionsskeptiker richteten.

4.2 So unterschiedlich die Kant'sche Religionsphilosophie und Schleiermachers religiöse Reden aber auch waren, an einem Punkt konvergierten sie: Indem sie sich der geläufigen Lesart des Judentums als einer Religion des Gesetzes anschlossen (→ §4.1), kamen sie zu einem ausschließlich negativen Urteil. War es bei Kant das angeblich bloß Statuarische, Unethische (um nicht zu sagen das Unmoralische) des Judentums, so war es bei Schleiermacher das Unlebendige, Abgestorbene, mit dem er die Religion des Judentums charakterisierte. War schon die natürliche Religion für Schleiermachers Empfinden theoretisch und blutleer ("keinen eignen Puls, kein eignes System von Gefäßen, keine eigne Zirkulation", O.P. 272), so galt das für das Judentum erst recht. Damit übertraf Schleiermachers 5. Rede noch das Negativurteil Kants: "[...] der Judaismus ist schon lange eine tote Religion, und diejenigen, welche jetzt noch seine Farbe tragen, sitzen eigentlich klagend bei der unverweslichen Mumie und weinen über sein Hinscheiden" (O.P. 286). Die überall hindurchscheinende religiöse Idee des Judentums sei die „Vergeltung", denn die Gottheit werde belohnend, strafend, züchtigend" vorgestellt (O.P. 288). Die Rede vom „Vergeltungsdogma" im Alten Testament sollte dann die evangelische Theologie noch bis in die Mitte des 20. Jh. beschäftigen (heute spricht man richtiger vom Tun-Ergehens-Zusammenhang).

4.3 Der tiefer liegende Grund für die zwar anders begründeten, aber in gleicher Weise negativen Urteile Kants

§ 8 Die „höhere Religion" und der implizite Antijudaismus

und Schleiermachers über das Judentum liegen zweifellos in dem Allgemeinbegriff von Religion, der den quantitativen Vergleich ermöglicht und provoziert. Der Vergleich läuft dann darauf hinaus, dass die eigene Religion als die bessere und wahre bzw. als die moralaffinere oder gemütvollere, lebendigere beurteilt wird. Der Vergleich mit dem Judentum klingt bei Schleiermacher so: „Herrlicher, erhabener, der erwachsenen Menschheit würdiger, tiefer eindringend in den Geist der systematischen Religion [...] ist die ursprüngliche Anschauung des Christentums." (O.P. 291) Nirgends sonst finde die Idee der Religion so sehr zu sich selbst (O.P. 295). Diese Auffassung sollte sich im 19. Jh. mit der für die damalige Zeit wichtigsten Denkfigur, mit dem Entwicklungsgedanken verbinden, so dass das Christentum als die höchste Form von religiöser und philosophischer Vernunft vorgestellt wurde. Dieses wenige Jahre später entstandene Konzept Hegels hat jedenfalls nicht zur christlichen und nationalen Bescheidenheit beigetragen.

Zusammenfassung

Die Aufklärung hat ein doppeltes Gesicht. Neben die Kritik aller Religion, besonders auch der eigenen, tritt die Bestätigung alter Vorurteile. Das gilt besonders für die Bewertung des Judentums. Hatte der aufgeklärte jüdische Philosoph Moses Mendelssohn für die deutliche Unterscheidung und Trennung von Staat und Religionsgemeinschaft plädiert, so suchte Immanuel Kant die Religion für sein eigenes Konzept der Moral fruchtbar zu machen, während er das Judentum insgesamt als eine Form von bloßer Gesetzlichkeit abtat. Auch der junge Schleiermacher bewegte sich in diesen Argumentationsstrukturen.

2. Kapitel: Faules Denken

Sah er die Religion ganz anders als Kant nicht als Garanten der Moral, sondern als Manifestation des Gefühls, so fiel sein Urteil über die Religion des Judentums ähnlich negativ aus. Den Grund für beide Argumentationsweisen wird man u. a. in dem qualitativ vergleichenden Religionsbegriff sehen können, wie ihn die Aufklärung erbracht hatte. Von daher kann man auch im Hinblick auf die Kategorie der „Religion" von der „Dialektik der Aufklärung" sprechen. Aus dem Rekurs auf die Kategorie der „Religion" können Selbstkritik und Emanzipation hervorgehen, aber auch bloße Selbstbestätigung und ein neuer Gestus von Überlegenheit.

§ 9 Das Aufkommen des modernen Antisemitismus an der deutschen Universität

Literatur: Leo Baeck: Das Wesen des Judentums, Wiesbaden ⁷o.J. [1905; 1925] Walter Boehlich (Hg.): Der Berliner Antisemitismusstreit, Frankfurt (Main) ²2016 [1965] ♦ Adolf von Harnack: Das Wesen des Christentums, München/Hamburg 1964 [1900] ♦ Walter Homolka: Der Jude Jesus – eine Heimholung, Freiburg ⁵2021 [2020] ♦ Wolfram Kinzig: Harnack, Marcion und das Judentum. Nebst einer kommentierten Edition des Briefwechsels Adolf von Harnacks mit Houston Stewart Chamberlain, Leipzig 2004 (AKThG 13) ♦ Karsten Krieger (Hg.): Der „Berliner Antisemitismusstreit" 1879–1881. Eine Kontroverse um die Zugehörigkeit der deutschen Juden zur Nation. Kommentierte Quellenedition, München 2003–2004 ♦ Barbara Liedtke: Völkisches Denken und Verkündigung des Evangeliums. Die Rezeption Houston Stewart Chamberlains in evangelischer Theologie und Kirche in der Zeit des „Dritten Reiches", Leipzig 2012 (AKThG 37) ♦ Thomas Nipperdey: Deutsche Geschichte 1866–1918, Band I: Arbeitswelt und Bürgergeist, München 2013 [1990]; Band II: Machtstaat vor der Demokratie, München 2013 [1992] ♦ Dennis Prager/Joseph Telushkin: Why the Jews? The reason for antisemitism, the most accurate predictor of human evil, New York u. a. 2016 [1983] ♦ Peter Schäfer: Kurze Geschichte des Antisemitismus, München ²2020 [2020] ♦ Ulrich Sieg: Vom Ressentiment zum Fanatismus. Zur Ideengeschichte des modernen Antisemitismus, Hamburg 2022 ♦ Agnes von Zahn-Harnack: Adolf von Harnack, Berlin 1936

2. Kapitel: Faules Denken

Judenhass gab es seit der Antike praktisch immer, aber die – großsprecherisch gemeinte – Selbstbezeichnung der Judenhasser als „Antisemiten" gibt es erst seit dem Ende des 19. Jahrhunderts. Wie bereits gezeigt wurde, ist die programmatische Selbstbezeichnung als „Antisemit" eine Erfindung der Gründerzeit (→ § 3.1). Werden heute judenfeindliche Äußerungen in der Regel von der Versicherung „Ich bin aber kein Antisemit" begleitet, so handelte es sich um 1880 um eine Kategorie, die keineswegs verpönt war, sondern Identitätsgewinn versprach. Es „hatte etwas", ein guter Deutscher und, dies unterstreichend, ein überzeugter „Antisemit" zu sein, zumal der damals berühmte Göttinger Orientalist Paul de Lagarde (→ § 3.1.3) und Richard Wagner das deutlich erkennbar auch waren. Im Kaiserreich fasste der Antisemitismus nicht nur Fuß unter den Gebildeten, sondern auch speziell an der Universität. Das soll an zwei durchaus verschiedenen Etappen, um 1880 und um 1900, gezeigt werden; dabei haben beide ihren Brennpunkt an der Berliner Universität.

1. Emanzipation, Ungleichheit und soziale Rahmenbedingungen

1.1 Hatte die Aufklärung die Gleichheit der Menschen gelehrt, so betonte man jetzt erneut die Ungleichheit – und unterfütterte das eigene Ressentiment mit biologischen Theorien. War das 19. Jahrhundert mit den Gleichstellungsgesetzen von 1812 und 1871 (→ § 8.1.3) rechtlich eine Zeit der zunehmenden Judenemanzipation, so bildete sich gegenläufig neues antijüdisches Ressentiment mit beharrlichen Ungleichheitsbehauptungen. Es nimmt nicht wunder, dass nun gegen die Gleichstellung der Juden abstruse pseudowissenschaftliche Theorien in Anschlag gebracht

§ 9 Das Aufkommen des modernen Antisemitismus

wurden. Der Berliner Antisemitismusstreit 1879/80 propagierte auf breiter Front die These, das Jüdische sei keine *Religion,* sondern eine *Nation* und *Rasse,* so dass die Ungleichheit als unrevidierbar gesichert wurde – einmal Jude, immer Jude. Dass hier vom Standpunkt des christlichen Glaubens massivster Widerstand gefordert gewesen wäre (Gal 3,28), liegt auf der Hand, kam aber nicht zum Tragen. Es waren durchweg Christen (wie Heinrich von Treitschke), die den Juden die Lästerung des Christentums vorwarfen.

Gegen die sich emanzipierenden Juden als liberale Modernisierungsgewinner erschienen in der Bismarckzeit über 500 antisemitische Schriften (Nipperdey II 2013, 295) und die Antisemiten fanden besonders bei Studenten große Resonanz (Nipperdey II 2013, 302f.). Der Gipfel war dann Houston Stewart Chamberlains Buch „Grundlagen des 19. Jahrhunderts" mit der Unterscheidung einer „guten" arisch-germanischen und einer „bösen" „jüdischen Rasse". Alle perfiden Behauptungen über die Juden fanden sich nicht erst im Nationalsozialismus, sondern in aller ihrer Monotonie und Penetranz bereits im Kaiserreich. Wie konnte es dazu kommen?

1.2 Die Zeit des Kaiserreichs war insgesamt eine Epoche der fortschreitenden Industrialisierung und damit des Wachstums der Städte, ihrer Bevölkerung und ihrer Produktivität. Die Gesamtbevölkerung stieg von 39,8 Millionen (1866) auf 67,8 Millionen (1914), die Lebenserwartung von 35,6 auf 44,8 Jahre (Jungen), bei Mädchen von 38,5 auf 48,3 Jahre. Im Jahre 1871 lebten 4,8 % der Bevölkerung in Städten mit mehr als 100.000 Einwohnern, 1910 waren es 21,3 % (Nipperdey I 2013, 35). Hatte Berlin 1871 noch 926.000 Einwohner, so verdoppelte sich diese Zahl bis 1914 auf 1.945.000.

2. Kapitel: Faules Denken

Die Zahl der Juden im Reich stieg zwischen 1871 und 1910 von 512.000 auf 615.000; wegen des immensen Bevölkerungswachstums insgesamt aber nahm der Anteil ab (von 1,25 % auf 0,95 %), weil die jüdische Geburtenrate sank. Der u. a. im „Antisemitismusstreit" (s. u. 2.) betonte Eindruck der Überfremdung war also ohne realen Gehalt. Hoch war jedoch die Zahl der aus Osteuropa (Galizien, Polen, Russland) zuwandernden Juden: In Preußen waren es 1890 11.000 und 1900 41.000.

Was die soziale Stellung angeht, waren im Jahr 1907 50,1 % der Juden Selbständige (wenn dazu auch Handwerker, Kleinhändler und Hausierer gehörten). 1910 waren unter den 100 reichsten Männern in Preußen 29 Juden. Die Steuerleistung der Juden war siebenmal so hoch wie bei den Katholiken und dreieinhalbmal so hoch wie bei den Protestanten. Gab es bei den Juden nur eine kleine Unter- und ärmere Mittelschicht, so unterschied sich dies deutlich von der Gesamtbevölkerung. Juden waren seit 1871 auch im Justizdienst zugelassen und seit Mitte der 80er Jahre stellten sie in Preußen 4 % der Richter, wobei sie in leitende Positionen nur sehr selten kamen (diese und viele weitere Zahlen bei NIPPERDEY I 2013, 398–404).

1.3 Bereits die erste größere Wirtschaftskrise in der Kaiserzeit zu Ende der 1870er Jahre reichte aus, um das antijüdische Ressentiment zu reaktivieren. Die Juden wurden von den modernen Antisemiten als Vertreter von Geldmacht und Kapitalismus, als Zerstörer des Mittelstandes und solidarischer Handelsgesinnung, als Zersetzer von Tradition und Nation hingestellt. Der Antisemitismus wurde zum Sammelbecken des nichtsozialistischen Antikapitalismus und des antiliberalen, antipluralistischen Nationalismus. Fundamental neu war, dass sich das antijüdische Ressentiment nicht mehr gegen die *Religion*

§ 9 Das Aufkommen des modernen Antisemitismus

richtete, sondern gegen die *Nation* und, als pseudowissenschaftlicher Verstärker, gegen die „jüdische Rasse". Gegen diese Zuschreibungen waren die Juden machtlos, denn nach diesem Verständnis blieben sie auch nach der Taufe und Konversion Juden. Diese vereinzelt schon im 18. Jahrhundert begegnende Auffassung (→ § 8.2.4) setzte sich jetzt auf breiter Front durch. Mit der programmatischen Kategorie des „Antisemitismus" wurde die Unterscheidung vom religiösen „Antijudaismus" eingeführt und gleichzeitig wieder eingezogen, weil nach der neuen Lesart der Jude immer Jude blieb. Außerdem macht das „antisemitische" Programm den Relevanzverlust der Religion in der Moderne deutlich: Für den Privatbereich mochte die Religion (noch) eine Rolle spielen, aber für die gesellschaftliche Öffentlichkeit standen „Rasse" und Nation im Mittelpunkt der Aufmerksamkeit. Diese Sicht der Dinge fand ihre unhinterfragte, barbarische Fortsetzung im Nationalsozialismus und wurde in dieser Form auch den Kirchen diktiert, so dass die Bedeutung der Taufe konsequent marginalisiert wurde.

1.4 Dabei hatte sich die große Mehrheit der Juden während der Zeit des Kaiserreichs spürbar liberalisiert und kulturell assimiliert. Wie heutzutage in vielen türkischen Familien war der Weihnachtsbaum ein Bestandteil des privaten Brauchtums. In Analogie zum „Kulturprotestantismus" kann man durchaus vom „Kulturjudaismus" sprechen, der einige Jahrzehnte später von Leo Baecks Buch „Wesen des Judentums" (1905) repräsentiert werden sollte. Das Judentum war im kulturellen Sinne zunehmend modern und zählte zur Avantgarde, so dass sich später in antiliberalen Kreisen das Bild von der „zersetzenden" jüdischen Intellektualität entwickeln konnte.

2. Kapitel: Faules Denken

2. Der Berliner Antisemitismusstreit 1879/80 als Geburt des universitären Antisemitismus

2.1 Der Antisemitismus war trotz seines naturwissenschaftlichen Anstrichs, den er sich etwa durch Rassentheorien aufgrund von Schädelmessungen gab, kein Ergebnis wissenschaftlicher Strömungen. Es handelte sich vielmehr zum großen Teil um wissenschaftlich daherkommende Behauptungen von halbgebildeten Autoren wie Wilhelm Marr (1819–1904) und Houston Stewart Chamberlain (1855–1927), die die antijüdischen Stimmungen in der Bevölkerung aufnahmen und in pseudotheoretische Pamphlete überführten. Seit Mitte der 1870er Jahre entstand eine breite antijüdische Publizistik (Nipperdey 2013 I, 294 f.).

Eine Art Vorspiel zum Berliner Antisemitismusstreit war die öffentliche Empörung über Max Liebermanns (1847–1935) Bild „Der zwölfjährige Jesus im Tempel" im August 1879. Liebermann hatte Jesus in naturalistischer Weise als jüdischen Jungen mit ungekämmten Haaren dargestellt und löste damit den Vorwurf der Blasphemie aus. Das deutsche Empfinden sei damit beleidigt worden, so die öffentliche Empörung. Auch Hofprediger Adolf Stoecker (→ § 10) hetzte gegen den jüdischen Maler Liebermann. Dieser übermalte das Bild, bevor es 1884 noch einmal in Paris gezeigt wurde (Homolka 2021, 10–12).

2.2 In die akademische Welt gelangte der Antisemitismus durch den Historiker Heinrich von Treitschke (1834–1896), der an der Berliner Universität lehrte. Ein einziger Satz von Treitschke überdauerte den Antisemitismusstreit, um im 20. Jh. immer erneut ausgesprochen zu werden: „Die Juden sind unser Unglück!", geschrieben am 15. November 1879 und publiziert in einem Artikel im No-

§ 9 Das Aufkommen des modernen Antisemitismus

vemberheft der „Preußischen Jahrbücher". Treitschke, eigentlich ein Liberaler, ließ sich in seinem Artikel zu antijüdischen Klischees hinreißen, die den Berliner Antisemitismusstreit provozieren und danach immer weiter kolportiert werden sollten. Sein eigentliches Movens war das nationale Gefühl und Bewusstsein, das er von jüdischer Seite bedroht sah. Vier Punkte kann man aus dem (ohne Gliederung und Überschriften publizierten) Text festhalten, wobei ich immer wieder wörtlich zitiere, um einen Eindruck von dem schwülstigen, emotional aufgeladenen Stil zu geben:

a. Man könne aktuell viele, auch pöbelhafte antisemitische Äußerungen, Vereinigungen und Schriften konstatieren; dabei handle es sich aber nicht nur um eine „flüchtige Aufwallung" von Zorn, sondern um die Wahrnehmung einer „schwere[n] Gefahr" durch den „Instinkt der Massen". Man müsse folglich in der Gegenwart „von einer deutschen Judenfrage" sprechen (zitiert nach BOEHLICH 2016, 9).

b. Die Zahl zuwandernder Juden sei zu hoch, weil diese in den nächsten Generationen den Kapitalmarkt und die Presse dominieren würden: „über unsere Ostgrenze aber dringt Jahr für Jahr aus der unerschöpflichen polnischen Wiege eine Schaar strebsamer hosenverkaufender Jünglinge herein, deren Kinder und Kindeskinder dereinst Deutschlands Börsen und Zeitungen beherrschen sollen" (ebd.). Unbestreitbar habe „das Semitenthum an dem Lug und Trug […] einen großen Antheil, eine schwere Mitschuld an jenem schnöden Materialismus unserer Tage" (11).

c. An die Juden müsse die Forderung gerichtet werden: „sie sollen Deutsche werden, sich schlicht und recht als Deutsche fühlen – unbeschadet ihres Glaubens" (10). Da-

2. Kapitel: Faules Denken

mit schließt auch der Text: Die jüdischen Mitbürger müssten „sich rückhaltlos entschließen Deutsche zu sein" (14). Die Messlatte der nationalen Identitätsforderung wurde immer höher gelegt.

d. Die Juden hätten ein „unbillige[s] Uebergewicht in der Tagespresse" (11). In der jüdischen Historiographie gebe es eine „fanatische Wuth gegen den ‚Erbfeind', das Christenthum" und gegen die „reinsten und mächtigsten Vertreter germanischen Wesens, von Luther bis herab auf Goethe und Fichte!" (Ebd.) Empörend sei, was jüdische Journalisten „in Schmähungen und Witzeleien" gegen das Christentum leisteten (12). Entsprechend ertöne heute bis in die Kreise der höchsten Bildung hinein der Satz „die Juden sind unser Unglück!" (13)

Kurz zusammengefasst: Vonseiten der Juden drohten nach Treitschke die Überfremdung Deutschlands aus dem Osten sowie die künftige Übernahme von Presse und Börse. Die Juden seien dem Christentum feindlich gesonnen und nicht rückhaltlos deutsch. Christentum und Deutschtum, Judentum und „Semitentum" werden gleichgesetzt und in einer Vermischung von National- und Religionszugehörigkeit gegeneinander ausgespielt. Von der präzisen Unterscheidung beider Perspektiven, wie sie sich bei Moses Mendelssohn fand (→ § 8.2.2), ist bei Treitschke nichts übriggeblieben.

2.3 Mit Treitschkes Artikel begann eine breite literarische Auseinandersetzung. Zunächst verwahrte sich Heinrich Graetz (1817–1891), der jüdische Verfasser der einflussreichen „Geschichte der Juden", gegen den Vorwurf, seine Darstellung sei „christenfeindlich", nur weil darin Goethe und Fichte als Judenfeinde bezeichnet würden (BOEHLICH 2016, 30.32). Sofort legte Treitschke am 15. Dezember 1879 mit einer Kaskade von Zahlen nach,

§ 9 Das Aufkommen des modernen Antisemitismus

die belegen sollten, dass ein ungebremster Zuzug von Juden nach Berlin festzustellen sei (35); außerdem schrieb er sich in Rage und endete mit dem erneuten Doppelvorwurf des Christenhasses und der Verachtung der Deutschen: „Sein [Graetz'] Band predigt von der ersten bis zur letzten Seite Haß, wilden Haß gegen das Christenthum und hoffärtige herausfordernde Verachtung gegen das deutsche Volk." (41) Treitschke steigert sich schließlich in den Vorwurf hinein, Graetz sei „ein Orientale [...]; er hat mit uns nichts gemein" (45). Im Januar 1880 schließlich verweist er in einem neuen Anlauf auf „große kosmopolitische Geldmächte", auf „das Haus Rothschild" und – im selben Atemzug – auf „manche schlechthin gemeinschädliche Elemente, von deren Bedeutung unsere mit jüdischen Wörtern so reich geschmückte Gaunersprache ein Zeugniß giebt." Treitschke benutzt schon das gesamte Arsenal antijüdischen Hasses, das später im nationalsozialistischen Antisemitismus begegnen wird: Überfremdung aus dem Osten, kapitalistische Weltmacht, Betrug lauten die Unterstellungen. (81)

Zwei Wochen später (am 24. Januar 1880) reagierte der Marburger neukantianische Philosoph Hermann Cohen (1842–1918) mit seiner apologetischen Schrift „Ein Bekenntnis in der Judenfrage" (BOEHLICH 2016, 126–151), indem er den Glauben der deutschen Juden „an den Einen geistigen Gott, [...] an die einstige Verbindung aller Menschen zu sittlicher Gottesverehrung" herausarbeitete (150). Die israelitische Religion sei „eine culturgeschichtliche Verbindung mit dem Protestantismus" eingegangen – „so [...] denken und fühlen wir im protestantischen Geiste" (ebd.). Deutschland sei das Vaterland und Palästina „allenfalls [...] eine Reisegelegenheit" (139) und im Grunde gebe es „nur eine einzige, für alle Menschen und

2. Kapitel: Faules Denken

in allen Zeiten gültige *Religion*" (129, dort kursiv). Doch diese Argumente beeindruckten die heiß gelaufenen Antisemiten nicht. Cohen versuchte vergeblich, mit Treitschke in ein sachliches persönliches Gespräch zu kommen. Die religionsphilosophischen Argumente trugen gegen den völkischen Antisemitismus Treitschkes nichts aus.

2.4 Im August 1880 brachten einige Lehrer und Politiker eine so genannte „Antisemitenpetition" in Umlauf. Danach sollte ausländischen Juden die Einwanderung verboten und die nach Deutschland eingewanderten polnischen Juden sollten ausgewiesen werden; außerdem wurde gefordert, Juden aus dem gehobenen Staatsdienst zu entlassen und an Universitäten einen numerus clausus für Studenten einzuführen. Kurz: Die Emanzipation sollte rückgängig gemacht werden. Im Herbst 1880 kam eine „Studentenpetition" hinzu, die in riesiger Auflagenzahl an den deutschen Universitäten verteilt wurde. Treitschke galt als ihr Unterstützer. Die Petition fand fast eine Viertelmillion Unterschriften; in Berlin unterschrieb etwa die Hälfte der Studierenden; daraus wiederum entstanden seit 1880 die Studentenverbände, die sich im August 1881 im „Kyffhäuserbund" zusammenschlossen. Anfangs war die Hälfte der Mitglieder Theologen, um 1900 nur noch 10 %.

Gegen die „Antisemitenpetition" richtete sich eine „Notabeln-Erklärung" vom 12. November 1880, die von 75 Wissenschaftlern, Politikern und anderen Vertretern des öffentlichen Lebens unterzeichnet wurde. Die Erklärung argumentierte auch explizit christlich, indem sie sich „an die Christen aller Parteien, denen die Religion die frohe Botschaft vom Frieden ist", richtete; sie rief dazu auf, die Grundlagen des gemeinsamen Lebens zu verteidigen: „Achtung jedes Bekenntnisses, gleiches Recht, gleiche

§9 Das Aufkommen des modernen Antisemitismus

Sonne im Wettkampf, gleiche Anerkennung tüchtigen Strebens für Christen und Juden." (KRIEGER 2003/2004 Teil 2, 551–54). Immerhin drei Pfarrer waren unter den Unterzeichnern: der liberale Prediger an der Berliner „Neuen Kirche" Gustav Lisco (1819–1887), der liberale Pfarrer Johannes Schmeidler (1841–1903) von der Berliner „Jerusalemer Kirche" und ein „Prediger Dr. Thomas".

Die genauer dokumentierten Einsprüche von Einzelpersonen gegen Treitschke im Jahre 1880 kamen hauptsächlich von Juden. Neben Graetz und Cohen äußerten sich u.a. der Historiker Harry Breßlau (1848–1926) und der nationalliberale Bankier und Mitbegründer der Deutschen Bank Ludwig Bamberger (1823–1899). Als einziger nichtjüdischer Wissenschaftler trat der Althistoriker Theodor Mommsen (1817–1903) den Unterstellungen Treitschkes entgegen. Mommsen konstatierte: „Wir, die eben erst geeinte Nation, betreten mit dem Judenkrieg eine gefährliche Bahn." (BOEHLICH 2016, 217) Mommsen war erschreckt über die nationalistische Resonanz, die der Antisemitismus Treitschkes fand: „Das ist der eigentliche Sitz des Wahnes, der jetzt die Massen erfaßt hat und sein rechter Prophet ist Hr. v. Treitschke. Was heißt das, wenn er von unseren israelitischen Mitbürgern fordert, sie sollen Deutsche werden? Sie sind es ja, so gut wie er und ich." (216) Treitschkes Artikel dagegen würden, so Mommsen, „den Bürgerkrieg predigen" (222). Entsprechend gründete Mommsen mit anderen 1890 den „Verein zur Abwehr des Antisemitismus".

Außer (dem Pfarrerssohn) Mommsen fanden sich in der Gruppe derer, die dem Treitschke'schen Wahn öffentlich widersprachen, keine Pfarrer und keine Universitätstheologen (der unsägliche Judenhass des Hofpredigers Adolf Stoecker muss eigens analysiert werden, → §10). Die re-

2. Kapitel: Faules Denken

nommierte Fakultät der Friedrich-Wilhelms-Universität mit Paul Kleinert (1839–1920), Otto Pfleiderer (1839–1908) und Bernhard Weiß (1827–1918) hüllte sich in Stillschweigen, als der Antisemitismus mit Treitschkes Pamphleten an der Berliner Universität hoffähig wurde.

2.5 Die Antisemiten versuchten nach 1880, mit der Gründung von Parteien über die Parlamente an Einfluss zu gewinnen, so dass es die zweite große Welle von 1887–1893 gab. Schließlich gelang es aber den anderen Parteien, Wähler zurückzugewinnen und die antisemitischen Parteien zu schlagen: „Diese Tatsache soll man nicht, wie gewöhnlich, verdrängen oder herunterspielen." (NIPPERDEY I 2013, 299) Damit war der Antisemitismus allerdings nur von der parlamentarischen Bühne verschwunden. Er wuchs und gedieh bis 1914 in anderen Zusammenhängen weiter. Die Gewerbefreiheit und die großen Warenhäuser galten als jüdisch und waren ebenso wie die Verhältnisse in der Landwirtschaft Anlässe zum Judenhass; so wurde die Margarine als „Judentalg" bekämpft.

Von zunehmender Bedeutung waren für den Antisemitismus die Rassentheorien. Abgesehen von ihrem wissenschaftlichen Unsinn müssen sie als Gegenkonzept zur Aufklärung verstanden werden. Sie versuchen der Gleichheit der Menschen zu widersprechen und stattdessen die Ungleichheit – und zumeist auch Ungleichwertigkeit – durch Tatsachenbehauptungen zu untermauern. Dabei gehören eine geisteswissenschaftliche Linie, die besonders vom Bayreuther Wagner-Kreis repräsentiert wird, und eine naturwissenschaftlich argumentierende Linie zusammen, die vom darwinistisch inspirierten „Kampf ums Dasein" ausgeht. Der Rassegedanke verband sich mit dem romantischen Volksgedanken, so dass beides an den – nicht nur in Deutschland – aufkommenden Nationalismus angeschlossen werden konnte. Nicht mehr allein Sprache und Kultur, sondern die angeblich naturwissenschaftlich nachzuweisende „Rasse" sollten nun Volk und Nation ausmachen.

2.6 Alle diese Linien vereinigten sich im völkischen Antisemitismus von Paul de Lagarde (1827–1891, → § 3.1.3), der das Volk und das Völkische zum Glaubensgegenstand erhob und als Apostel einer „neuen nationalen Religion" galt (Sieg 2022, 123). Lagarde war ein ehemaliger Theologe, ein Lutherverächter, der Kirche und Theologie dafür kritisierte, dass sie sich auf die paulinischen Lehren bezogen anstatt auf das in seiner Sicht antigesetzliche und antijüdische Evangelium Jesu. Der Staat Bismarcks und die Pfarrer als „Staatslakaien" wurden in „wilder Opposition" bekämpft zugunsten einer kommenden „völkischen", eindeutig antisemitischen Nation. Den starken, energiegeladenen Jesus machte Lagarde zum Gegenbild des paulinischen Christus der Kirchen und das Völkische stilisierte er als Gegenstand religiöser Erfahrung. „Nicht gläubig, sondern fromm" oder „Gesinnung und Ethos, nicht Dogma", so lassen sich Lagardes Prinzipien zusammenfassen (Nipperdey I 2013, 523). Es ist deutlich, dass sich hier eine völkische Religion herausbildete, die antidogmatisch und antikirchlich geprägt war. Nach 1918 galt Lagarde als Verkünder einer nationalen Wiedergeburt und nach 1933 kehrte sein völkischer Glaube bei den „Deutschen Christen" wieder. Keine antisemitische Denkfigur in der nationalsozialistischen Zeit war neu.

Auch in der katholischen Kirche gab es eine Fülle von antijüdischem Ressentiment, besonders am Niederrhein, in Westfalen und in Bayern. Die Zentrumspartei dagegen war eine offene Gegnerin des Antisemitismus. Ebenso war die Sozialdemokratie kritisch gegenüber dem – nur

2. Kapitel: Faules Denken

oberflächlich antikapitalistischen – Antisemitismus, den sie für eine Ablenkung von den gesellschaftlichen Widersprüchen hielt und als „Sozialismus der dummen Kerls" einordnete (NIPPERDEY II 2013, 307). 1893 wurde der „Centralverein deutscher Staatsbürger jüdischen Glaubens" gegründet und die Mehrzahl der Juden vor 1914 war davon überzeugt, dass sich ihre Integration in das Deutsche Reich auf gutem Wege befinde.

3. Antisemitismus am Ende des Kaiserreichs: Houston Stewart Chamberlain und Adolf von Harnack

3.1 Der Antisemitismusstreit, der damals schlicht „Treitschkestreit" genannt wurde, kam schnell zum Erliegen, aber der Ungeist des Judenhasses wirkte weiter und kam zwanzig Jahre später in neuer, noch wesentlich wirksamerer Gestalt zum Durchbruch. Um das Jahr 1900 handelte es sich nicht einmal mehr um einen Streit, sondern um eine breite Konsolidierung antijüdischer Einstellungen. Diese betraf nicht allein die Wissenschaft, sondern große Teile des bürgerlichen Lesepublikums.

Die zeitliche und sachliche Verbindung zwischen der Gründerzeit und dem tödlichen deutschen Antisemitismus des 20. Jahrhunderts bildet das populärwissenschaftliche Hauptwerk „Die Grundlagen des 19. Jahrhunderts" von Houston Stewart Chamberlain (1855–1927), dem Ideologen des Bayreuther Wagner-Kreises und Schwiegersohn Richard Wagners (1908 heiratete er Wagners Tochter Erika). Chamberlain lebte als Privatmann in Bayreuth und schrieb das 1200 Seiten umfassende, fatal erfolgreiche zweibändige Buch in nur 19 Monaten während der Jahre 1896/97. Die „Grundlagen" waren schon 1900

§ 9 Das Aufkommen des modernen Antisemitismus

ein Bestseller und erschienen 1912 in 10. Auflage. Kaiser Wilhelm II. war von dem Werk so begeistert, dass er 1901 seinen Gästen daraus vorlas und es an Gäste verschenkte (KINZIG 2004, 207). Der schon bettlägerige Chamberlain empfing 1923 Adolf Hitler und später beriefen sich die „Deutschen Christen" auf die „Grundlagen" (ebenso wie auf das Werk Lagardes).

Es handelte sich bei Chamberlains Buch um popularisierte Wissenschaft im schlechtesten Sinne. Einzelne Forschungen wurden zu einer universalgeschichtlichen „Großerzählung" verbunden, die jeder mäßig Gebildete verstehen und auf Kultur und Geschichte anwenden zu können meinte. Vor allem vertrat Chamberlain eine radikale Scheidung zwischen Judentum und Christentum; Jahwe war ihm der „Prototyp des edlen und dabei doch zank- und rachsüchtigen Juden" (SIEG 2022, 124). Ohne nähere Begründung behauptete Chamberlain, dass Christus kein Jude war.

Chamberlain, der auch Bücher über Goethe und Kant schrieb, begründete, entfaltete und popularisierte den rassistisch argumentierenden Antisemitismus, indem er von einer „arischen" Rasse handelte, die zur Weltherrschaft bestimmt sei und die der „semitischen" Rasse gegenüberstehe. Speziell die Germanen und die Deutschen ständen an der Spitze der arischen Rasse. Jüdische und germanische „Rasse" befänden sich während der Geschichte im Kampf gegeneinander. Der Ausdruck „Jude", so Chamberlain in den „Grundlagen", bezeichne eine „erstaunlich rein erhaltene Menschenrasse, nur in zweiter Reihe und uneigentlich die Bekenner einer Religion" (LIEDTKE 2012, 67). Entspricht dies dem seit der Aufklärung verbreiteten Urteil, die Juden seien „untaufbar" (→ § 8.2.4), so werden in Chamberlains Text „Rasse und Nation" aus dem Jahre

2. Kapitel: Faules Denken

1918 spätere NS-Behauptungen vorweggenommen: Das Judentum bestehe sittlich „aus dem Glauben an eine Auserwähltheit und an einen rechtmäßigen Anspruch auf ungeteilte Weltherrschaft." (LIEDTKE 2012, 71) Zu diesem Zweck verheirate „die heutige internationale jüdische Plutokratie ihre Töchter an Fürsten und Adel" (LIEDTKE 2012, 72). Trotzdem schrieb Chamberlain 1899 von sich selbst, er sei „kein eigentlicher Antisemit" und er habe viele jüdische Freunde (75) – dieses Muster begegnete schon bei Treitschke.

3.2 Wolfram Kinzig hat den Briefwechsel zwischen Chamberlain und Adolf von Harnack (1851–1930), dem bedeutendsten evangelischen Theologen im späteren Kaiserreich, ediert und kommentierend geurteilt, dieser Briefwechsel sei eines der merkwürdigsten Kapitel aus dem Leben Harnacks (KINZIG 2004, 207). Die Korrespondenz umfasst die Jahre 1901 bis 1925. Chamberlain und Harnack lernten einander 1901 (wahrscheinlich bei Hofe) kennen, in der Zeit ihres größten Ruhms, bei Chamberlain durch die 1899 erschienenen „Grundlagen" und bei Harnack durch das „Wesen des Christentums", jene legendäre Vorlesung an der Berliner Universität im Wintersemester 1899/1900, die vor 600 Studierenden aller Fakultäten gehalten und 1900 erstmals als Buch gedruckt worden war. Bis 1927 sollte das Buch 14 Auflagen finden und in 14 Sprachen übersetzt werden.

Es ist ein Rätsel, warum der bedeutende Gelehrte Harnack, „der mächtigste deutsche Wissenschaftspolitiker" der damaligen Zeit (KINZIG 2004, 155), so von Chamberlains Werk angetan war, dass er sich auf eine persönliche Beziehung mit z. T. sehr langen Briefen einließ und damit Chamberlain, dem unverhohlenen Antisemiten, eine Art von kollegialer Wertschätzung entgegenbrachte. Den

§ 9 Das Aufkommen des modernen Antisemitismus

höchsten Ton erreichten Harnacks Briefe im Herbst 1912 nach dem Erhalt von Chamberlains zweibändiger Goethe-Monographie, gehörte doch Goethe neben Augustin und Markion zu Harnacks „Lebensthemen" (Kinzig 2004, 217). In einem Schreiben an den Kaiser im September 1915 bezeichnete Harnack den Chamberlain der Kriegsaufsätze gar als „Deuter und Propheten" (Kinzig 2004, 222). Harnack ging der „pathetischen Rhetorik" und dem „gleißenden Charme" Chamberlains regelrecht „auf den Leim" (231). Die „ungeheure Aufgabe der Psychographie Goethes" sei Chamberlain „meisterhaft gelungen", schrieb Harnack an ihn am 17. November 1912 (254). Doch in einem weiteren Brief über das Goethebuch vom 24. November 1912 kritisiert Harnack deutlich Chamberlains Rassen-Antisemitismus – Chamberlain sei „von einem antijüdischen Dämon besessen" (263). Er (Harnack) glaube ohnehin „nur in sehr bedingter Weise" an scharfe „Rassen-Charakterlinien", weil die erlebte Geschichte für ein Volk ebenso viel bedeute (263). Die Juden seien in der Geschichte „zu lange gedrückt worden", so dass es ihnen schwer gemacht wurde, „sich zu edler Menschlichkeit emporzufinden" (266). Harnacks gönnerhafte Maxime: „Wollen wir dem Volke doch helfen, dass es vorwärts kommt" – so gewiss „der schlimme Jude" auch heute „eine furchtbare Kalamität für uns" sei (266).

Bei aller Kritik an Chamberlain markiert Harnack also lediglich eine Differenz in Nuancen. Dass es Rassenunterschiede gibt, dass es den Juden an „edler Menschlichkeit" fehlt, dass wenigstens einzelne („schlimme") Juden Schlechtes bedeuten („Kalamität" ist das Äquivalent für Treitschkes „Unglück"!) – das alles sind Annahmen, die Harnack mit dem explizit so genannten „Hass" Chamberlains auf Juden verbindet (vgl. dessen widerwärtigen,

2. Kapitel: Faules Denken

hasserfüllten Brief an Harnack vom 9. Dezember 1912, 266–272).

Man wird die Übereinstimmungen und die gegenseitige Wertschätzung von Chamberlain und Harnack nur so verstehen können, dass bei beiden trotz aller Unterschiedlichkeit des intellektuellen Formats und Schreibstils doch Gemeinsamkeiten in den Grundanschauungen (dogmenfreies Christentum, Goetheverehrung) und in der Zeitdiagnose (Rolle des Deutschtums, vorurteilsbedingte Distanz zum Judentum) vorhanden waren. Handelte es sich bei Chamberlain um einen antisemitischen Hetzer mit zweifelhafter sachlicher Expertise, so war Harnack der damals einflussreichste Interpret eines zeitgemäßen, menschengerechten und liberalen Christentums.

3.3 Der Harnack'sche Jesus der Vorlesungen von 1899/1900 ist nicht nur dogmenfrei, sondern auch der eigenen Herkunft aus dem Judentum zutiefst fremd. Gleich in der ersten Vorlesung heißt es: „Die Predigt Jesu wird uns auf wenigen, aber großen Stufen sofort in eine Höhe führen, auf welcher ihr Zusammenhang mit dem Judentum nur noch als ein lockerer erscheint" – wobei allerdings alle zeitgeschichtlichen Fäden gegenüber dem Evangelium als letztlich bedeutungslos angesehen werden (1. Vorl., 23). Jesu bildreiche Gleichnisreden „zeigen eine innere Freiheit und Heiterkeit der Seele inmitten der höchsten Anspannung, wie sie kein Prophet vor ihm besessen hat" (2. Vorl., 34). Vor Jesus sei „Sand und Schutt" über die Reinheit und den Ernst der „reine[n] Quelle des Heiligen" gehäuft gewesen (3. Vorl., 40), während Jesus „den lebendigen Gott und den Adel der Seele" verkündete (3. Vorl., 42). Er löste „mit scharfem Schnitte" die Verbindung der Ethik mit dem äußeren Kultus und wollte von dem „eigensüchtigen Betriebe ‚guter Werke' […] nichts mehr wissen." (4. Vorl. 53). Nicht als Knechten, sondern als Brüdern sollen wir den Armen helfen (6. Vorl., 69). Harnacks Tochter schrieb dazu: „Die Gestalt Jesu strahlte in diesen Vorlesungen unzähligen Menschen im neuen Lichte auf." (ZAHN-HARNACK 1936, 243)

Den hermeneutischen Schlüssel für Harnacks Vorlesung bildeten die berühmt gewordene Formel „Gott und die Seele, die Seele und ihr Gott" (2. Vorl., 33) sowie die Maxime „Nicht der Sohn, sondern allein der Vater gehört in das Evangelium, wie es Jesus verkündigt hat, hinein" (8. Vorl., 92, dort kursiv). Mit der Apostelgeschichte ist für Harnack die christliche Religion „die letzte und höchste", weil jeder Einzelne durch sie „unmittelbar und lebendig mit Gott verbunden" ist (9. Vorl., 104). Der frühen Christenheit gelang die „Befreiung von dem historischen Judentum und seinen überlebten Religionsgesetzen" (10. Vorl., 109). Doch durch das Alte Testament drang „ein inferiores, überwundenes Element in das Christentum" ein, das die christliche Freiheit bedrohte (10. Vorl., 115) und die christliche Religion musste „ihre Kraft unter dem Schutt der jüdischen Religion" entfalten (11. Vorl., 117). Eine besondere Judenfeindlichkeit kann man Harnack nicht unterstellen. Aber die seit der Aufklärung eingebürgerte Sicht des Christentums als der freiesten und moralisch höchsten Religion machte den jüdischen Glauben zu einer Religion, die gewissermaßen *en passant* mit überlebten Religionsgesetzen, mit Inferiorität und Schutt in Verbindung gebracht wurde. Der bedeutendste deutsche Theologe um die Jahrhundertwende verkörperte vor einer riesigen Berliner akademischen Öffentlichkeit ein entschiedenes christliches Überlegenheitsbewusstsein.

3.4 Auch in seinem sonstigen Werk brachte der Alt- und Kirchenhistoriker Harnack dem Judentum große

2. Kapitel: Faules Denken

Skepsis entgegen. Vor allem das palästinische Judentum sah er von einem ritualistischen Kultus und der Unterdrückung der Armen durch die herrschenden Klassen (Pharisäer und Priester) gekennzeichnet; gegen das alles habe sich die Predigt Jesu gerichtet. Das hellenistische Judentum der Diaspora, besonders das durch Philo repräsentierte Judentum Alexandrias, war für Harnack dagegen universalistisch, während Kultus und Zeremonialgesetz dort von untergeordneter Bedeutung waren. Der bildlose Monotheismus, die Tugendlehren und der Glaube an die zukünftige Vergeltung standen im Vordergrund. So legte das hellenistische Judentum nach Harnack die Grundlage für die Christianisierung der Griechen und für eine gesetzesfreie Heidenkirche.

Es ist deutlich zu sehen, wie genau bei Harnack die Prinzipien der Aufklärung (→ §8) wiederkehren: das Christentum als Verwirklichung der gesetzesfreien, moralisch fokussierten, durch einen transzendenten Gott garantierten, universalistischen und deswegen den partikularen Formen überlegenen Religion. Immer wieder bricht sich der Qualitätsvergleich der Religionen vom aufgeklärten Standpunkt aus Bahn. In Harnacks „Lehrbuch der Dogmengeschichte" (4. Aufl. 1909, Bd. 1, 166 Anm. 1) heißt es unmissverständlich: „Durch die Predigt von Jesus Christus [...] verwandelten sich die unfertigen und halbbürtigen Schöpfungen der jüdischen Propaganda im Reiche in selbständige, anziehungskräftige, den Synagogen weit überlegene Bildungen" (zitiert nach Kinzig 2004, 165). Und in Harnacks Werk „Die Mission und Ausbreitung des Christentums in den ersten drei Jahrhunderten" (4. Aufl. 1909, Bd. 1, 76) liest man: „Das jüdische Volk hat durch die Verwerfung Jesu seinen Beruf verleugnet und sich selbst den Todesstoß versetzt; an seine Stelle rückt das

§ 9 Das Aufkommen des modernen Antisemitismus

neue Volk der Christen; es übernimmt die gesamte Überlieferung des Judentums" (zitiert nach KINZIG 2004, 169).

Freilich: Harnack war kein Antisemit, denn er trat Chamberlains Antisemitismus ebenso klar entgegen wie demjenigen Stoeckers (→ § 10). Aber Harnack bereitete dennoch wie viele hoch Gelehrte dem christlichen Überlegenheitsgefühl und damit einer Verachtung des jüdischen Glaubens den Weg, wie es denn auch reichlichen Widerspruch von jüdischer Seite gab. Leo Baeck (1873–1956) veröffentlichte 1905 sogar einen expliziten Gegenentwurf zu Harnacks „Wesen des Christentums", eben das „Wesen des Judentums". Auch er spricht im Geist Kants von der „Pflicht", durch die das Kommende zu dem Frommen spreche (BAECK 1905, 33) und fügt hinzu: „Im Judentum soll die Religion nicht nur *erlebt* werden, sondern *gelebt* werden" (52, dort hervorgehoben). Das Buch wurde im deutschen Judentum viel an Jugendliche verschenkt und von allen Generationen gelesen. Ich komme darauf zurück (→ § 14).

Harnacks auf den ersten Blick so harmlos erscheinende Mischung von aufgeklärtem Liberalismus und Abwertung des Jüdischen war kein Einzelfall, sondern repräsentierte eine breite Strömung. Auf jeden Fall aber war die judenkritische Sichtweise in der evangelischen Theologie auf lange Sicht erfolgreich. Sie bereitete einer negativen Grundeinstellung gegenüber allem Jüdischen den Weg, die in Deutschland zu einem antijüdischen, antisemitischen und hasserfüllten Klima führen und schließlich tödliche politische Entscheidungen nach sich ziehen sollte.

2. Kapitel: Faules Denken

Zusammenfassung

Es wurden zwei Etappen und Ausprägungen antijüdischen Denkens und Publizierens im Deutschen Kaiserreich gezeigt, die beide, wenn auch in sehr verschiedener Weise, mit der Berliner Universität zusammenhängen. Der Historiker Heinrich von Treitschke machte mit seinen Äußerungen 1879/80 den nationalistischen und rassistisch unterfütterten Antisemitismus universitätsfähig. Lediglich der Althistoriker Theodor Mommsen widersprach damals und erinnerte daran, dass die Juden in Deutschland nicht „deutscher" werden konnten, weil auch sie deutsche Staatsbürger waren. Die akademische Theologie dagegen schwieg im Berliner Antisemitismusstreit. Zwei Jahrzehnte später hielt der bedeutende evangelische Theologe Adolf von Harnack eine viel beachtete Vorlesung über „Das Wesen des Christentums", in der er dieses scharf vom Judentum absetzte und dabei aus einem christlichen Überlegenheitsgefühl heraus antijüdische Klischees reproduzierte und in einer breiten Öffentlichkeit fest verankerte. Weit davon entfernt, selbst Antisemit zu sein, korrespondierte Harnack aber eine Zeitlang intensiv mit dem erklärten rassistischen Judenhasser Houston Stewart Chamberlain, einem der schlimmsten antisemitischen Propagandisten und aktiven Wegbereiter des Nationalsozialismus.

§ 10 Theorieloser, nationalistisch aufgeladener christlicher Antisemitismus: Adolf Stoecker (1835–1909)

Literatur: RUTH CONRAD: Die Rhetorik der „großen" evangelischen Kanzelredner um 1900, in: Handbuch homiletische Rhetorik, hg. von Michael Meyer-Blanck, Berlin/Boston 2021, 165–203 ♦ WOLFRAM KINZIG: Harnack, Marcion und das Judentum. Nebst einer kommentierten Edition des Briefwechsels Adolf von Harnacks mit Houston Stewart Chamberlain, Leipzig 2004 (AKThG 13) ♦ WOLFRAM KINZIG: „Ich kann gewiß nichts dafür..." Der Skandal um Hofprediger Adolf Stoecker in London im November 1883, in: Aschkenas. Zeitschrift für Geschichte und Kultur der Juden 4 (1994), 365–404 ♦ THOMAS NIPPERDEY: Deutsche Geschichte 1866–1918, Band I: Arbeitswelt und Bürgergeist, München 2013 [1990]; Band II: Machtstaat vor der Demokratie, München 2013 [1992] ♦ IMKE SCHEIB: Christlicher Antisemitismus im deutschen Kaiserreich. Adolf Stoecker im Spiegel der zeitgenössischen Kritik, Leipzig 2021 (AKThG 57) ♦ ADOLF STOECKER: Christlich-Sozial. Reden und Aufsätze, Berlin ²1890 [1884]

1. Christlicher Antisemitismus

1.1 Adolf von Harnacks „Wesen des Christentums" (→ § 9.3.3) ist 1923 von Franz Rosenzweig (1886–1929) als ein Buch bezeichnet worden, das in üblicher gelehrter Ahnungslosigkeit ein Judentum schildere, das seine einzige Existenzmöglichkeit darin habe, den finstern Hinter-

2. Kapitel: Faules Denken

grund für das christliche Licht zu bilden. Entsprechend wurde im letzten Paragraphen dargestellt, wie Harnacks Schilderung der „Inferiorität" des Judentums im Einzelnen aussah. Muss man Harnack in der Tat eine völlig ins Negative verzerrte Sichtweise attestieren, handelt es sich bei ihm jedoch nicht um Antisemitismus, der den Juden als Menschen von vornherein negative Eigenschaften und Verhaltensweisen zuschreibt und dies pseudowissenschaftlich zu untermauern sucht. Dennoch kommt der breiten Strömung der liberalen evangelischen Theologie eine klare Mitschuld am christlichen Antisemitismus zu. Dieser Paragraph wird allerdings zeigen, dass es noch wesentlich schlimmer kommen konnte.

1.2 Mit Adolf Stoecker (1835–1909) ist ein primitiver, gemeiner und maßloser Antisemitismus darzustellen, der aus parteipolitischen Gründen vertreten wurde, um im Wahlkampf Erfolge zu erzielen. Es handelte sich um eine Frühform dessen, was gegenwärtig als „Populismus" bezeichnet wird und heute wie damals mit nationalen und völkischen Sichtweisen Stimmung zu machen sucht. Dass die infame Hetze in den 1880er Jahren von einem evangelischen (kaiserlichen) Oberhofprediger kam, macht die Sache nur noch schlimmer. Mit seiner angeblich „christlich-sozialen" Orientierung suchte Stoecker Judentum und modernen Kapitalismus zu identifizieren, um so bei der Arbeiterschaft und vor allem beim Kleinbürgertum Stimmen zu gewinnen. Allein der große politische Erfolg war der christlich-sozialen Partei versagt und übrig blieb eine spezifisch christliche Art und Weise des Antisemitismus. Den *christlichen* Antisemitismus erkennt man daran, dass selbst getauften Juden Skepsis hinsichtlich ihrer Zuverlässigkeit als deutsche Staatsbürger entgegengebracht wurde.

§ 10 Christlicher Antisemitismus: Adolf Stoecker

Bei Stoecker wurden Deutschsein und Christsein identifiziert und alles Jüdische mit Liberalismus und Pressefreiheit, Kapitalismus und dessen negativen sozialen Folgen in Verbindung gebracht. Die massiven Auswirkungen der Modernisierung auf die Kirchlichkeit der städtischen Bevölkerung wurden nicht soziologisch mit der Freisetzung aus herkömmlichen Milieus erklärt, sondern immer wieder als Folge sozialistischer Anschauungen und eines „zersetzenden" liberalen Geistes (in der „Judenpresse") angesehen. Man wird nicht zu weit gehen mit dem Urteil, dass der Mangel an soziologischem Denk- und Problematisierungsvermögen für viele kirchliche und christliche Fehlurteile am Ende des 19. Jahrhunderts verantwortlich war.

1.3 Stoeckers christlicher Antisemitismus steht in enger sachlicher und zeitlicher Verbindung mit dem bereits geschilderten Berliner Antisemitismusstreit (→ § 9). Wie Treitschke trat Stoecker seit dem Herbst 1879 antisemitisch in Erscheinung. Dennoch wird Stoecker ein eigener Paragraph gewidmet, weil er seine Wirkung nicht (wie Treitschke) im universitären Umfeld entfaltete, sondern seinen Einfluss auf das Kleinbürgermilieu und auf kirchliche Kreise geltend machte, während die Versuche in der Arbeiterschaft erfolglos blieben. Stoecker gelang das Unglaubliche, im Namen der christlichen Nächsten- und Feindesliebe den Judenhass zu schüren und die Öffentlichkeit daran zu gewöhnen. Dabei war Deutschland vor 1914 – anders als Frankreich, Österreich-Ungarn und Russland – kein klassisches Land des Antisemitismus (Nipperdey II 2013, 289).

Stoecker muss zweifellos unter die großen evangelischen Kanzelredner um 1900 gerechnet werden (Conrad 2021, 180–186). Seine Predigtweise hatte etwas bewusst

2. Kapitel: Faules Denken

Schlichtes und Erweckliches. Trotz einer pietistischen Färbung wollte er aber weniger der persönlichen Erbauung dienen, sondern der sozialen Veränderung. Durch sein Reden und Handeln, Agitieren und Hetzen neben der Predigt wurde wenigstens für einige die Frage aufgeworfen, wie denn Christusglaube und Judenhass miteinander vereinbar sind. Denn wer aufmerksam war, musste das zutiefst Unchristliche dieses christlichen Antisemitismus wahrnehmen. Adolf von Harnack hat jedenfalls 1890 über Stoecker geschrieben, dass der christliche Antisemitismus „ein trauriger Skandal" sei und dass man als Christ „schamrot werden" müsse, um „im Namen des Christentums die Parole des Antisemitismus" auszugeben (KINZIG 2004, 190).

Hatte Treitschke den Antisemitismus an der Universität salonfähig gemacht, so geht auf Stoecker die Möglichkeit zurück, sich Christ zu nennen und sich gleichzeitig zum Judenhass zu bekennen. Auffällig ist dabei, dass theologische oder religionsphilosophische Argumente so gut wie fehlen. Das Judentum wird weniger als irrende oder überholte Religion bekämpft, sondern als kultureller Faktor, der sich hinter Kapitalismus, Liberalismus und Sozialismus verbirgt. Die Nähe des kaum emanzipierten Judentums zur Moderne wurde ihm zum Problem und das Doppelbild der „goldenen" und der „roten" Internationale (NIPPERDEY II 2013, 296) kam auf, um sich im 20. Jahrhundert zu festigen.

Positiv bedeutete das in den 1880er Jahren den Kampf für „Christentum, Deutschtum, Monarchie, Sozialreform", so das Vorwort von 1884 zur 1. Auflage von „Christlich-Sozial" (STOECKER 1890, VIII). Auf jeden Fall hat Stoecker „das soziale Thema unverlierbar auf die Tagesordnung der Kirche gesetzt" (NIPPERDEY I 2013, 497). Monarchie und

§ 10 Christlicher Antisemitismus: Adolf Stoecker

Nationalstaat waren ihm selbstverständlich; die Arbeiter sollten wieder in diesen integriert werden.

2. Notizen zu Stoeckers Leben und Werk

2.1 Adolf Stoecker wurde am 12. Dezember 1835 in Halberstadt (Sachsen) als Sohn eines Wachtmeisters geboren. 1854–1859 studierte er Theologie in Halle und Berlin und war zunächst Hauslehrer in der Neumark und Kurmark, bevor er 1863–1871 als Pfarrer in Seggerde und Hamersleben (Sachsen) tätig war. 1871 wurde er Divisionspfarrer in Metz. In dieser Zeit verfasste er Artikel für die „Neue Evangelische Kirchenzeitung" (NEKZ), das Organ der Positiven und Befürworter der Preußischen Kirchenunion. So profilierte er sich als Konservativer und wurde 1874 von Kaiser Wilhelm I. zum preußischen Hof- und Domprediger berufen; er versah dieses Amt bis 1890. Im Rückblick (1895) schildert Stoecker seine ersten Eindrücke von Berlin so: „Berlin fand ich in den Händen des kirchenfeindlichen Fortschritts und der gottfeindlichen Sozialdemokratie; das Judentum herrschte in beiden Parteien. Die Reichshauptstadt war in Gefahr, entchristlicht und entdeutscht zu werden." (Zitiert nach Scheib 2021, 89)

Bald begann in Berlin Stoeckers erbitterter Kampf gegen die Sozialdemokratie, bei der er Hass gegen das Christentum ausmachte. So warf er in einer öffentlichen Rede beim Handwerkerverein am 18. Januar 1878 der sozialdemokratischen Presse vor, dass er „in derselben manchmal den Blutgeruch gespürt" habe (Stoecker 1890, 5). Sozialismus, Kapitalismus, Liberalismus und Judentum wurden immer mehr zu seinen Feinden. Den überlieferten Quellen lässt sich entnehmen, dass Stoecker als Person erst im Kampfmodus in seinem Element war. Seine Liebe

2. Kapitel: Faules Denken

zum Kämpfen war jedenfalls stärker ausgeprägt als die Liebe zum Feind.

2.2 1877 übernahm Stoecker die Berliner Stadtmission und die von ihm verfassten und verteilten „Pfennigpredigten" erreichten zeitweise eine Auflage von mehr als 10.000. Am 1. Februar 1878 gründete Stoecker die „Christlich-Soziale Arbeiterpartei" (CSAP), wegen massiver Auseinandersetzung mit Sozialdemokraten erfolgte die Gründung in einer nichtöffentlichen Versammlung unter Polizeischutz. Doch die Partei scheiterte schon bei ihrer ersten Wahl (4. Wahl zum Deutschen Reichstag am 30. Juli 1878): Sie erzielte insgesamt 2310 Stimmen, davon 1422 in Berlin. Schnell wandte sich die CSAP von dem Ziel ab, die Arbeiter zu gewinnen. Die bevorzugte Zielgruppe war von nun an das von Abstiegsängsten geprägte Kleinbürgertum. Der Versuch, eine evangelische christlich-soziale Partei zu etablieren, scheiterte an der Aufteilung der Evangelischen in das konservative und das liberale Lager einerseits und an dem Fehlen eines alle Evangelischen verbindenden Motivs: Es gab keine „konfessionelle Bedrängungssituation" (NIPPERDEY I 2013, 498). Der negative Bezug auf das Judentum kann damit als der Versuch verstanden werden, einen gemeinsamen Gegner auszurufen.

Gut ein Jahr später, am 19. September 1879, hielt Stoecker vor der CSAP seine erste antisemitische Rede unter dem Titel „Unsere Forderungen an das moderne Judentum" (STOECKER 1890, 359–369); dies war zwei Monate vor Treitschkes erstem antisemitischen Artikel in den „Preußischen Jahrbüchern" (→ §9.2). Das letzte von Stoecker in „Christlich-Sozial" publizierte Dokument ist seine Landtagsrede „Das Überwuchern des Judentums in den höheren Schulen" vom 20. März 1890 (STOECKER 1890, 485–494).

§ 10 Christlicher Antisemitismus: Adolf Stoecker

Die CSAP hatte sich nach der krachenden Wahlniederlage von 1878 schon 1881 der „Deutschkonservativen Partei" (DkP) eingegliedert und Stoecker war für die Partei von 1879 bis 1908 Abgeordneter im Reichstag sowie im Preußischen Abgeordnetenhaus. Die DkP galt als besonders rechts innerhalb des konservativen Spektrums. 1890 verlor Stoecker unter Kaiser Wilhelm II. aufgrund seiner politischen Aktivitäten die Stelle als Hofprediger. In demselben Jahr gründete er den Evangelisch-Sozialen Kongress, dem auch Harnack angehörte. Zu dem auf seine Initiative hin veranstalteten Gründungskongress kamen rund 800 Teilnehmer. Später trat Stoecker wieder aus und gründete im Juli 1896 die „Freie Kirchlich-Soziale Konferenz".

2.3 Stoecker verfügte über die Gabe der Rede, und zwar nicht nur auf der Kanzel, sondern besonders auch in der Volksversammlung; er war „ein Redner und Volkstribun von außerordentlichem Format und gewaltiger Ausstrahlung" (NIPPERDEY II 2013, 335). Er vermochte – besonders bei seinen antijüdischen Hetzreden – 1.000 und mehr Zuhörer um sich zu sammeln und diese rhetorisch zu fesseln, wobei zu berücksichtigen ist, dass man damals ohne die Hilfe von Mikrofon und Verstärker zu sprechen hatte. Auch Einreden, Proteste und Tumulte sind in den publizierten Redemitschriften dokumentiert, was den Respekt vor der rhetorischen Leistung – bei allem berechtigten Abscheu in der Sache – nochmals steigert.

3. Christlicher Antisemitismus als Populismus

3.1 In der Forschung ist es umstritten, ob der Antisemitismus ein integraler, notwendiger Bestandteil von Stoeckers politischem Engagement ist oder ob es sich nur um eine

2. Kapitel: Faules Denken

Begleiterscheinung aus taktischen Gründen handelt. Zweifellos bildet ein konservatives, antiliberales, antisozialistisches und zunehmend nationales Grundmuster in religiöser Einfärbung die Substanz von Stoeckers Weltanschauung und politischem Handeln. Gerade auch die Bemühungen um die sozialen Fragen wurden innerhalb dieses nationalkonservativen Rahmens begründet. So lässt sich wohl kaum das soziale Profil von seinen antiliberalen Bestandteilen unterscheiden. Die genannten Aspekte gehören in einigen Variationen zusammen.

3.2 Dem Antisemitismus, so die hier vertretene These, kommt in diesem Zusammenhang die Rolle eines wirkungsvollen Katalysators zu. Ab dem Herbst 1879 wird der erfahrene Redner Stoecker gespürt haben, dass der Antisemitismus in großen Versammlungen „zog" und rhetorisch funktionierte, indem er die Menschenmassen ansprach und bei Konzentration (vulgo: bei Laune) hielt. Das Judentum wurde in Stoeckers Reden zum integrierenden Feindbild, in dem sich Kapitalismus, Sozialismus und Liberalismus als akute Bedrohungen zugleich ansprechen und bekämpfen ließen. Damit war Stoeckers Profil, waren sein Lieblingsthema und sein Lebensthema gefunden. Ab 1879 war Stoecker nicht mehr der antisemitische Politiker und Prediger, sondern der Antisemit als Prediger und Politiker – also zuerst Antisemit.

Mit dieser Sichtweise wird der These widersprochen, der Antisemitismus Stoeckers sei lediglich funktional im Hinblick auf dessen eigentliche kirchenpolitische Ziele gewesen. Ebenso wenig aber überzeugt mich die Ansicht, der Antisemitismus sei bei Stoecker durchgängig und von Anfang an das eigentliche Thema (zur Forschungsgeschichte s. Scheib 2021, 37–43). Ich gehe davon aus, dass Stoecker sein Publikum und sich selbst seit 1879 immer

§ 10 Christlicher Antisemitismus: Adolf Stoecker

mehr von der Wirksamkeit der Argumentationsfigur Antisemitismus überzeugte. Es handelt sich bei Stoeckers antisemitischen Tiraden demnach um die Folge rhetorischer und performativer Gelegenheiten. Ab 1879 nutzte er diese strategisch und gezielt im Kontext „populistischer Agitationsrhetorik" mit Abgrenzungs- und Exklusionsbemühungen im Freund-Feind-Schema (CONRAD 2021, 282).

3.3 Die antisemitische Programmrede „Unsere Forderungen an das moderne Judentum" vom 19. September 1879 (STOECKER 1890, 359–369) macht die antijüdischen Angriffsversuche noch in vorsichtiger Form. Christen würden niemanden hassen, auch nicht die Juden: „wir achten sie als unsere Mitbürger und lieben sie als das Volk der Propheten und Apostel, aus welchem unser Erlöser hervorgegangen ist" (360). Doch das Judentum sei „eine große Gefahr für das deutsche Volksleben" (360). Nach ausführlichen ironischen Bemerkungen zum 100. Todestag Moses Mendelssohns 1870 (361) lautet dann die erste Forderung gegenüber dem Wahrheitsanspruch der jüdischen Religion: „Ein klein wenig bescheidener!" (362) Danach bringt Stoecker schon massive Vorwürfe: Es sei der Juden „Verhängnis, dass sie, an Christo gescheitert, ihren göttlichen Kurs verloren, ihre hohe Mission preisgegeben haben und nach dem schneidigen Entweder – Oder des Herrn Jesu: ‚Ihr könnt nicht Gott dienen und dem Mammon' – den Götzen des Goldes nachlaufen, weil sie die Wege Gottes versäumt haben" (363). Hier werden zwei alte Klischees, Ablehnung Christi und Finanzgeschäfte, mit Mt 6,24 kombiniert. Ihr Geschäft sei „Gründen, Wuchern" und die Devise „billig und schlecht!" (368) Die zweite Forderung geht an die jüdische Presse: „Ein klein wenig toleranter!" (365) und die dritte fordert das Judentum auf, an der „produktiven Arbeit" teilzunehmen: „Bitte, etwas mehr Gleichheit!" (367) Die rhetorische Strategie besteht darin, sich selbst als benachteiligten Bittsteller zu stilisieren; heute würde man von Täter-Opfer-Umkehr sprechen. Wie wenig die unterstellte jüdische Dominanz der Realität entsprach, zeigt die dazwischen liegende Passage: „Die Juden sind und bleiben ein Volk im Volke, ein Staat im Staat, ein Stamm für sich unter einer fremden Rasse. [...] Dem germanischen Wesen setzten sie ihr ungebrochenes Semitentum, dem Christentum ihren starren Gesetzeskultus oder ihre Christenfeindschaft entgegen." (367)

Geschickt wird in dieser Rede mit Unterstellungen gearbeitet, die in den nächsten Jahren in monotoner Weise wiederkehren sollen: Nach Stoecker arbeiten die Juden nicht in Fabrik und Handwerk, sondern sind nur bei der Presse, im Finanzsektor, in der Justiz und der Wissenschaft tätig. Stoecker schließt die Rede mit der Bemerkung, es beginne „hier und da ein Hass gegen die Juden aufzulodern" (368) – doch dass er selbst diesen Hass unterstellt und schürt, übergeht er. Unverhohlen droht er schließlich den Juden mit Gewalt und gibt ihnen prospektiv dafür selbst die Schuld: „Fährt das moderne Judentum wie bisher fort, die Kapitalkraft wie die Macht der Presse zum Ruin der Nation zu verwenden, so ist eine Katastrophe zuletzt unausbleiblich." (368)

4. Biblische Elemente in Stoeckers Reden

4.1 Stoecker konnte in manchen Kontexten auch biblisch argumentieren. Drei Tage nach seiner ersten dokumentierten antijüdischen Rede sprach Stoecker am 22. September 1879 vor dem Nürnberger evangelischen Arbeiter-

§ 10 Christlicher Antisemitismus: Adolf Stoecker

verein über „Die Bibel und die soziale Frage" (STOECKER 1890, 182–194). Hier äußerte er die Ansicht, dass die soziale Frage dann ihre Gefahren verliert, wenn Fabrikant und Arbeiter vom Geist der Bibel erfüllt sind (182) und brachte unzählige Bibelstellen auch aus dem Alten Testament (zum Halljahr und der Prophetie gegen die Reichen); in der gut 12 Druckseiten umfassenden Rede findet sich nur eine einzige antijüdische Bemerkung („Die Bildungsvereine sind religionslos; die Gewerkvereine stehen unter einem Juden [...]", 193). Über die Sozialdemokratie heißt es, diese wolle „Sicheln zu Spießen und die Pflugscharen zu Schwertern machen" (183). Stoecker liefert eine Analyse dreier gegenwärtiger Übel: erstens sei der Besitz in wenigen Händen angehäuft und „die Kluft zwischen reich und arm" vertiefe sich; zweitens sei die Arbeit gegenüber dem Kapital zu gering bezahlt und drittens sei für Notfälle wie Krankheit, Alter und Invalidität nicht ausreichend gesorgt (184).

Dazu passt die These: „Das Wahre am Sozialismus ist die Befreiung vom Egoismus und die Sorge für das Gesamtwohl. Beide Züge waren in der mosaischen Gesetzgebung stark ausgeprägt." (185) Die Bibel bezeichnet Stoecker als „die größte soziale Macht, die je auf Erden gewirkt hat" (192). Zwar gehöre das Gebet ins Kämmerlein – das Christentum aber gehöre „in das politische, soziale, industrielle Leben." (193) Damit ist das christlich-soziale Programm skizziert, nach dem „die Bibel jedem das Gewissen schärft" und die evangelische Kirche die „leiblichen und materiellen Bedingungen" mit dem Sittlichen und Religiösen in Verbindung bringen soll (193).

4.2 Gut ein Jahr später, am 3. Dezember 1880, hielt Stoecker in einer Parteiversammlung der CSAP einen adventlichen Vortrag unter dem Titel „Der Kampf des Lichtes gegen die Finsternis, der Charakter und die Aufgabe der Gegenwart". Hier explizierte er den Gegensatz zwischen dem Licht der Aufklärung, das „eine falsche Bildung" sei und dem wahren Licht, das „aus der deutschen Bibel" entgegen leuchte (STOECKER 1890, 96f.). Die Rede bringt vor allem kulturpessimistische Allgemeinplätze, wie man sie bis heute u. a. in Predigten hören kann: Das „deutsche Gemüt" werde umgarnt „von den Netzen des Hasses, der Ironie, des Spottes" (97), das deutsche Haus verliere die Frömmigkeit (98), der Staat dürfe sich nicht an die Stelle des Reiches Gottes setzen (99) und die Zahl der Verbrechen nehme in letzter Zeit immer mehr zu (100). Judenfeindliche Äußerungen finden sich in dieser Rede dagegen nicht.

5. Stoeckers Distanzierung vom Rassenantisemitismus

5.1 Vereinzelt betonte Stoecker den Unterschied zwischen antisemitischen Positionen und dem eigenen christlich-sozialen Programm. In einem Vortrag vor der Partei am 27. Mai 1881 hatte er erklärt: „[…] wir Christlich-Soziale dürfen die Judenfrage nicht als Rassenfrage, sondern nur als sozial-ethische und sozial-politische Frage ansehen; wir wollen keine Ausnahmegesetze gegen die Juden fordern." (STOECKER 1890, 405). Sein sozialkulturell begründeter Antisemitismus ist von dem rassisch begründeten dadurch unterschieden, dass es für Stoecker die Möglichkeit gab, dass Juden zum Christentum konvertieren und so zu wahren Christen und wahren Deutschen werden konnten. Doch die Taufe war für ihn kein Automatismus; er verstand sich vielmehr „als Richter über den Grad der Christlichkeit konvertierter Juden" (SCHEIB 2021, 75). Mit dieser Zuspitzung wäre es also unangemessen, bei ihm

§ 10 Christlicher Antisemitismus: Adolf Stoecker

von einer Form des religiösen Antijudaismus zu sprechen; es handelt sich vielmehr tatsächlich um prinzipiellen Antisemitismus, wenn auch mit einer Ausnahmeklausel. Den Juden wird nur selten vorgeworfen, dass sie den falschen Glauben haben, umso mehr aber, dass sie eine Gefahr für die christliche deutsche Nation sind.

5.2 Auch in seinem Bericht über „Londoner Erlebnisse bei der Lutherfeier" am 23. November 1883 in Berlin (STOECKER 1890, 442–458) weist er explizit darauf hin, „dass zwischen den sogenannten antisemitischen Anschauungen und den meinen ein prinzipieller Unterschied ist; ich bekämpfe die Juden nicht als Rasse, ich bekämpfe sie, wo ich ihr unberechtigtes Übergewicht in der Presse, im öffentlichen Leben, in der Politik, in den sozialen Verhältnissen, in den wirtschaftlichen Dingen sehe." (455 f.) Noch einmal heißt es dann, er bekämpfe „nicht die Rasse als solche, nur das Schlechte in dem jüdischen Betragen" (456). Da Stoecker aber nur davon spricht, läuft auch diese Rede auf einen klaren Antisemitismus hinaus, der den Juden als Juden unmoralisches Handeln (in der oberlehrerhaften Diktion des „Betragens") vorwirft. In diesem Zusammenhang fällt übrigens auch das Schlagwort der „Lügenpresse" (456); und in einer Landtagsrede im Februar 1882 hatte Stoecker schon dazu aufgefordert, lieber bei Christen statt bei Juden einzukaufen (STOECKER 1890, 469).

Die Londoner Episode hat Wolfram Kinzig genau recherchiert und in allen Einzelheiten spannend dargestellt. Stoecker war nach London eingeladen worden, um über Luther und über die christlich-sozialen Bestrebungen in Deutschland zu sprechen, hatte sich dann aber – trotz der Auseinandersetzungen um seine Person schon im Vorfeld und trotz der sozialistischen Proteste bei den Vorträgen

2. Kapitel: Faules Denken

selbst – auch zum Judentum geäußert und damit Kontroversen und Tumulte ausgelöst. Ein Vortrag vor mehr als 1.500 Teilnehmern war von englischen und deutschen Sozialisten verhindert worden und Stoecker musste das Weite suchen (KINZIG 1994, 381–383); Stoecker sprach in seinen Aufzeichnungen vom deutschen „Sozialistenpöbel" (450). Im Londoner Vortrag zum Judentum wiederholte Stoecker seine „ein bisschen"-Rhetorik (KINZIG 1994, 386; s. o. 3.3) und zitierte zustimmend Treitschkes „Die Juden sind unser Unglück" (ebd.). Ein Sturm der Entrüstung war die Folge. Im Rückblick nannte Stoecker, der in London in sechs Tagen acht Reden gehalten hatte, das Ganze „eine echte Judengeschichte", denn in London wie in Berlin würden sich die Juden in die einflussreichen Stellungen in Wirtschaft und Kultur „schleichen": „Der mächtigste Feind, der in Deutschland überwunden werden muss, ist das Judentum." (STOECKER 1890, LX).

Die Londoner Ereignisse waren wahrscheinlich der Höhepunkt der antisemitischen Bewegung, die dann ab Mitte der achtziger Jahre abflaute.

5.3 Als letzte Zeugnisse des Stoecker'schen Antisemitismus seien einige Sätze aus zwei Artikeln in der konservativen „Kreuzzeitung" zitiert. In dem Artikel „Ein Schandfleck des öffentlichen Lebens in Europa" wurde mit der Angst vor den Juden aus Osteuropa Stimmung gemacht (STOECKER 1890, 477–481; ohne Jahresangabe, dem Inhalt nach im „Dreikaiserjahr" 1888): „Seitdem die jüdischen Barbaren aus Posen und Oberschlesien, ja aus Russland und Galizien unser Vaterland und unsere Hauptstadt überschwemmt haben, ist das Judentum im ganzen und großen ein anderes geworden: demokratisch, anmaßend, roh, schamlos in seiner Presse, frech gegen Thron und Altar" (481). Hier sind die Topoi Treitschkes aus dem Anti-

§ 10 Christlicher Antisemitismus: Adolf Stoecker

semitismusstreit ein Jahrzehnt vorher konsequent weitergeführt. Stoecker verbreitet antijüdische Propaganda, die vollkommen ohne religiöse (theologische) Aspekte auskommt und stattdessen mit dem Motiv der Fremdenfeindlichkeit Unsicherheit und Angst schürt.

Der Schluss eines weiteren Artikels aus derselben Zeit (481–485) erinnert gar an Adolf Hitlers berüchtigte Drohrede gegen die Juden am 30. Januar 1939 im Berliner Reichstag, als er „die Vernichtung der jüdischen Rasse in Europa" angekündigt hatte. Stoeckers Drohung in der Kreuzzeitung ist davon kaum zu unterscheiden: „Entweder das Judentum verzichtet auf seine unerträgliche Stellung, oder es fordert einen Kampf heraus, der nur mit seiner allgemeinen Unterdrückung enden kann." (484f.)

5.4 Es ist deutlich geworden, dass Stoecker zwar nicht spezifisch rassische Argumente einsetzt, um seinen Kampf gegen das Judentum zu begründen, aber sehr wohl den Juden als Menschen rundum Schlechtes unterstellt, so dass man bei ihm zweifellos von Antisemitismus sprechen muss. Man hat den Eindruck, dass sich die antisemitischen Aspekte immer stärker in den Vordergrund schieben und die theologischen und religiösen Argumente verdrängen. Stoecker wurde immer mehr vom Antijudaisten zum Antisemiten. Sein Leben und Reden gehört, zumal nach der Shoah, zu den dunklen Kapiteln der evangelischen Kirchengeschichte. Nationalismus, Rassismus und die Drohung der Vernichtung des Judentums im Nationalsozialismus sind zwar etwas durchaus anderes; dennoch gilt es sich der Tatsache zu stellen, dass es derlei schon in den 1880er Jahren gegeben hat – und das auch noch bei einem der prominentesten Prediger des Evangeliums.

2. Kapitel: Faules Denken

Zusammenfassung

Das deutsche Gemüt, die deutsche Nation sowie die Untrennbarkeit von Deutschtum, Christentum und christlich-sozialer Politik waren Adolf Stoeckers positive Orientierungsmarken, innerhalb derer sich sein Judenhass im Kontext des zeitgenössischen Antisemitismus immer stärker herausbildete. Es waren damit ausgerechnet die ethische Orientierung und die sozialen Konsequenzen des Evangeliums, die Stoecker über Antiliberalismus, Antikapitalismus und Antisozialismus auf unbegreifliche Abwege führten. Nicht im Sinne der Relativierung und Verharmlosung, wohl aber im Sinne eines Erklärungsversuches lässt sich erwägen, dass gerade die lutherische Tradition, zu der sich Stoecker zählte, Weisung und Gebot jahrhundertelang vernachlässigt hatte, so dass die ersten Versuche, den sozialpolitischen Anforderungen zu begegnen, einen jämmerlichen Verlauf nahmen. Statt zu mehr Verantwortung führten diese zur aggressiven Diskriminierung, zum Fremdenhass in der Gestalt des Judenhasses und so in die ethisch-moralische Katastrophe. Das immer weitere Zurücktreten theologischer Erwägungen ermöglichte derart primitive Formen von Judenhass, dass es schon schwerfällt, von einem „christlichen" Antisemitismus zu sprechen. Ein weiteres Einfallstor für den Judenhass in der evangelischen Kirche dürfte der aufkommende Nationalismus gewesen sein, der als Orientierung an den Bedürfnissen der Menschen erschien und – anders als der Katholizismus – kein internationales Widerlager hatte. Und schließlich war es wohl bei Stoecker wie bei vielen anderen der eigene rhetorische Erfolg, der ihn alle Selbstkritik vergessen ließ und auf übelste Abwege führte.

§ 11 Die Umwertung aller Werte und der Antisemitismus: Friedrich Nietzsche

Literatur: KARL BARTH: Die Kirchliche Dogmatik Band III,2, Zürich 1959 ♦ GÜNTER FIGAL: Nietzsche. Eine philosophische Einführung, Stuttgart 1999 ♦ MARGOT FLEISCHER: Art. „Nietzsche, Friedrich", in: TRE 24 (1994), 506–524 ♦ HANS HÜBNER: Nietzsche und das Neue Testament, Tübingen 2000 ♦ PETER KÖSTER: Nietzsche-Kritik und Nietzsche-Rezeption in der Theologie des 20. Jahrhunderts, in: Nietzsche-Studien 10/11 (1981/82), 615–685 ♦ TABEA KNURA: Religionspädagogik mit Friedrich Nietzsche. Eine Auseinandersetzung mit Nietzsches Religions- und Bildungskritik, Tübingen 2018 (PThGG 24) ♦ CHRISTIAN NIEMEYER: Art. „Fritsch, Theodor", in: Nietzsche-Lexikon, hg. von dems., Darmstadt ²2011 [2009], 114–117 ♦ FRIEDRICH NIETZSCHE: Sämtliche Werke, Kritische Studienausgabe in 15 Bänden, hg. von Giorgio Colli und Mazzino Montinari, München/Berlin ²1999 [1988; 1967–1977]; zitiert als „KSA" mit Band- und Seitenzahl ♦ FRIEDRICH NIETZSCHE: Jugendschriften 1854–1861, hg. von Hans-Joachim Mette, München 1994; zitiert als „JS" ♦ THOMAS NIPPERDEY: Deutsche Geschichte 1866–1918, Band I: Arbeitswelt und Bürgergeist, München 2013 [1990]; Band II: Machtstaat vor der Demokratie, München 2013 [1992] ♦ RÜDIGER SAFRANSKI: Nietzsche. Biographie seines Denkens, Frankfurt (Main) ⁵2010 [2000] ♦ ULRICH SIEG: Vom Ressentiment zum Fanatismus. Zur Ideengeschichte des modernen Antisemitismus, Hamburg 2022

2. Kapitel: Faules Denken

1. Nietzsches Zeit und die Zeit des Antisemitismus

1.1 Der Berliner Antisemitismusstreit (→ § 9) und die Judenhetze des Hofpredigers Adolf Stoecker (→ § 10) fielen zugleich in das produktive Jahrzehnt Friedrich Nietzsches, der zum einflussreichsten Philosophen im ersten Drittel des 20. Jahrhunderts, wenn nicht zum wichtigsten Denker des gesamten Jahrhunderts (FIGAL 1999, 9) werden sollte. 1879 gab Nietzsche seinen Lehrstuhl in Basel auf, um von da an als freier Schriftsteller zu leben. In den achtziger Jahren erschienen in rascher Folge u. a. „Menschliches, Allzumenschliches" (1880), „Morgenröte" (1881), „Die fröhliche Wissenschaft" (1882), „Also sprach Zarathustra" (1883/85); seit dem „Zarathustra" wurde Nietzsche als Analytiker der Gegenwart wahrgenommen, wenn auch nicht als philosophischer Denker eingeordnet. Es folgten „Jenseits von Gut und Böse" (1885), „Genealogie der Moral" (1887), „Der Antichrist" und „Ecce Homo" (1888). In einem nachgelassenen Fragment von 1888 spielt Nietzsche auf Adolf Stoecker an und spricht vom „unbescheidenen" Protestantismus „der Hofprediger und antisemitischen Spekulanten", wobei er zum deutschen Protestantismus die rhetorische Frage stellt: „Ist eine geistig verdumpftere, faulere, gliederstreckendere Form des Christen-Glaubens noch denkbar!" (KSA 13, 240)

1.2 „Mit Nietzsche wird alles anders, er ist der moderne Philosoph par excellence." (FIGAL 1999, 34). Nietzsche war für das geistige Leben, für Alltagsethik, Kultur- und Religionsverständnis das, was für den Propheten Jeremia das Wort Gottes war: ein Feuer und ein Hammer, der Felsen zerschlägt (Jer 23,29). Nietzsches Denken zerstörte alle idealistischen, philosophischen, religiösen und bürgerlichen Gewissheiten. Die Werte der Gegenwart, „Fort-

§ 11 Die Umwertung aller Werte und der Antisemitismus

schritt, Zivilisation, Humanität, Rationalität sind verbraucht, trivial, konventionell, unschöpferisch, sie sargen den einzelnen ein." (NIPPERDEY 2013 I, 512) Mochte eine Überzeugung noch so fest gewesen sein, Nietzsches Denken zertrümmerte die als tragend gewähnten Fundamente. Auch zeitlos erscheinende Traditionen und Weltanschauungen brannten auf wie Zunder, so dass von ihnen nichts mehr übrigblieb. Gott, Freiheit und Unsterblichkeit, aber auch die Ethik der Bergpredigt, vor allem Feindesliebe und Barmherzigkeit wurden im Modus der Entlarvung als heimtückische Versuche angeprangert, andere in clandestiner Weise zu beherrschen. Das Christentum, das im Kaiserreich von Modernisierung, Mobilität und Verstädterung bereits angezählt war, galt nach Nietzsches „Antichrist" als denkerisch erledigt.

Nietzsche, der Pfarrerssohn, der schon als Vierzehnjähriger über den Tod des Vaters in biblischen Wendungen hatte reden können („und ich weinte bitterlich", JS, 5), blieb der biblischen Diktion ein Leben lang treu. Um das zu realisieren, muss man nur kurz im „Zarathustra" lesen. Hatte Nietzsche 1858 „fest in mir beschlossen", sich dem Dienste Gottes „auf immer zu widmen" (JS, 31), verabschiedete er sich als Student vom Christentum zugunsten des wilden, ungezügelten, „dionysischen" Lebens. Die christlichen „Bleichsuchtsideale" wie „Demut, Armut, Keuschheit, Mitleid, Entsagung und Schonung" (NIPPERDEY 2013 I, 513) wurden von ihm radikal entwertet. Der entgrenzt lebende Mensch wurde zum neuen Ideal, während Barmherzigkeit und Nächstenliebe als Bemäntelungen heimlicher Herrschsucht gewertet wurden.

1.3 Nietzsches Anti-Christentum und sein Plädoyer für das ungebremste Recht des Lebens, für die Stärke als Tugend und damit auch für das Recht des Starken ist von

2. Kapitel: Faules Denken

den Nationalsozialisten begeistert aufgenommen und ohne sachliche Kenntnisnahme bzw. Auseinandersetzung übernommen bzw. ohne Bezug auf Nietzsche propagiert worden. Umso mehr soll durch diesen Paragraphen darauf hingewiesen werden, dass Nietzsche gerade kein Judenhasser oder gar ideologischer Antisemit war. Zwar konnte er noch 1885 in der Manier Treitschkes (→ §9.2) von der „Häßlichkeit neu einwandernder polnischer und russischer, ungarischer und galizischer Juden" sprechen, äußerte aber in demselben Fragment die Ansicht, die deutschen Juden hätten die Aufgabe, „in das deutsche Wesen hineinzuwachsen" (KSA 11, 688).

Kaisertreuer Nationalismus sowie politischer Antiliberalismus und Antisemitismus und erst recht die Rassentheorie gehörten für Nietzsche dagegen zu den abgelebten und kraftlosen Denkweisen, die er für nicht zukunftsfähig bzw. für intellektuell nicht satisfaktionsfähig hielt. Als ihm der bekannte Antisemit Theodor Fritsch (→ §3.1.1) im März 1887 Ansichtsexemplare der „Antisemitischen Correspondenz" in der Hoffnung auf Unterstützung zuschickte, sandte Nietzsche diese mit dem folgenden Kommentar an Fritsch zurück:

„[…] dieses abscheuliche Mitredenwollen noioser Dilettanten über den *Werth* von Menschen und Rassen, diese Unterwerfung unter ‚Autoritäten', welche von jedem besonneneren Geiste mit kalter Verachtung abgelehnt werden […], diese beständigen absurden Fälschungen und Zurechtmachungen der vagen Begriffe ‚germanisch', ‚semitisch', ‚arisch', ‚christlich', ‚deutsch' – das Alles könnte mich auf die Dauer ernsthaft erzürnen […]." (zit. nach NIEMEYER 2011, 115)

Es ist kurzschlüssig, Nietzsche als „prä-faschistisch" einordnen zu wollen, auch wenn bisweilen Klischees über das Judentum zu seinem Begriffs- und Argumentations-

§ 11 Die Umwertung aller Werte und der Antisemitismus

repertoire gehören. Man kann ihn jedenfalls nicht als Wegbereiter des Nationalsozialismus verbuchen. „Nietzsche ist das Welt-Genie, das quer zu solchen Besserwissereien steht." (NIPPERDEY 2013 II, 894)

Allein schon Nietzsches massive Christentumskritik, verbunden mit der Präferenz für das Alte Testament gegenüber dem Neuen, trennte ihn von allen kirchlichen Konventionen, die sich seit der Reformation und Aufklärung gebildet hatten und damit auch von dem dumpfen zeitgenössischen, angeblich christlichen Antisemitismus (→ §§ 9–10), wie er sich als Kennzeichen gefährdeter christlicher Identität eingebürgert hatte.

Bis heute erkennen nur wenige in Kirche und Theologie das konstruktive religiöse Potenzial in Nietzsches Kritik des Christentums (KNURA 2018). Der Philosoph, der 1881/82 im berühmten Aphorismus 125 der „fröhlichen Wissenschaft" vom „Tod Gottes" sprach (KSA 3, 480–482), war keinesfalls ein atheistischer Triumphator. Er formulierte vielmehr den abgrundtiefen Schrecken des Menschen, der Gott getötet hat und plötzlich vor einer gottlos gewordenen Welt steht: „Wie trösten wir uns, die Mörder aller Mörder? Das Heiligste und Mächtigste, was die Welt bisher besass, es ist unter unseren Messern verblutet […]. Ist nicht die Grösse dieser That zu gross für uns?" (481) „Stürzen", „Irren", „Kälte", „Nacht und mehr Nacht" waren Nietzsches Metaphern für die gottlos gewordene Welt. Ein konventioneller Gewohnheits-Theismus brach ebenso wie ein moralischer Gottesglaube in sich zusammen. Der „tolle" Mensch in Aphorismus 125 ist zugleich tollkühn wie reif für das Tollhaus, denn er wirft seine am Tage entzündete Laterne auf den Boden, dass sie „in Stücke sprang und erlosch." Wohl nie ist das Ende der aufklärerischen Ideale und des moralbasierten

2. Kapitel: Faules Denken

Gottespostulats (→ § 8.3) prägnanter und zugleich poetischer beschrieben worden. Das Licht der Aufklärung leuchtete nicht mehr. Die Wahrheit war plötzlich „ein bewegliches Heer von Metaphern, Metonymien, Anthropomorphismen, kurz eine Summe von menschlichen Relationen" (KSA 1, 880). Damit war Nietzsche vor allem eines: ein Kritiker jeglichen Denkens und Urteilens in der Tradition Immanuel Kants.

2. Nietzsches Atheismus, Antimoralismus und Christentumskritik

2.1 Seitdem Nietzsche als Leipziger Student im Spätherbst 1865 Artur Schopenhauers „Die Welt als Wille und Vorstellung" entdeckt hat, ist Nietzsche Atheist, genauer: erbitterter Gegner des Christentums geworden. Dabei waren es vor allem die christlichen Werte, die er radikal ablehnte. Seine radikale Kritik bezog Nietzsche dann auch auf das Judentum als die Ursprungsreligion des Christentums. Lebenslang bleibt seine Kritik am Judentum eine von der Christentumskritik abgeleitete Kritik.

Nietzsches tiefe Ablehnung alles Christlichen kann nicht ernsthaft bestritten werden. Es gibt bei ihm keine „heimliche", verborgene Affinität zum christlichen Glauben (KÖSTER 1981/82, 618). Statt einer „vornehmen", lebensbejahenden Moral lehre das Christentum eine lebensverneinende „ressentiment-Moral" und „dies ist die jüdisch-christliche Moral ganz und gar" (Der Antichrist 1888, KSA 6, 192). Nietzsche war „Immoralist" aus Überzeugung (BARTH 1959 [KD III,2], 283). Das Göttliche des Christentums ist ihm zufolge erbarmungswürdig, absurd und schädlich, eine Karikatur des wahrhaft vornehmen, des transzendenten und mächtigen Göttlichen. Das

§ 11 Die Umwertung aller Werte und der Antisemitismus

Christentum konfrontiert mit dem Schwachen und Elenden des Menschseins in der Gestalt des Gekreuzigten. Nietzsche hat das mit tiefem Widerwillen gesehen – und Karl Barth hat ihn für diese Klarheit emphatisch gelobt (BARTH 1959 [KD III,2], 290). Der „Übermensch" und der Gekreuzigte sind unvereinbare, alternative humane Konzepte.

Nietzsche zufolge war der *Gott Israels* ursprünglich ein machtbewusster Gott und eine Hoffnung des Volkes, aber in der Exilszeit wurde er umgedeutet zum moralischen Gott, der Lohn und Strafe für Wohlverhalten bzw. Sünde zuteilt. Daraus entstand die demütige Unterwerfung unter Gott und damit das Menschenverachtende der biblischen Religion, das im Christentum noch erheblich gesteigert wurde.

Der *christliche Gott* ist nach Nietzsche eine Schöpfung des Paulus und bedeutet die Negation des wahrhaft Göttlichen: „deus, qualem Paulus creavit, dei negatio" (KSA 6, 225). Nietzsche lehrt, so betont er hier selbst, keinen allgemeinen Atheismus, sondern den Widerspruch gegen den jüdisch-christlichen Gott. An der theologia crucis ging eine vornehmere Gesinnung zugrunde und „das Christenthum war bisher das grösste Unglück der Menschheit" (KSA 6, 232). Dabei ist Nietzsches antichristliche Argumentation mit theologischen Argumentationen durchaus vertraut – ohne dass man ihn deswegen als „Theologen" bezeichnen kann (gegen HÜBNER 2000, 22). Nietzsche folgt der damals geläufigen Entgegensetzung von Jesus und Paulus, wie sie sich in der „Leben-Jesu-Forschung" des 19. Jahrhunderts herausgebildet hatte und wie sie sich auch bei seinem Freund Franz Overbeck (1837–1905) findet. Nietzsche achtet Jesus als Person, weil er die Einheit von Gott und Mensch lebt und lehrt, verachtet aber das

2. Kapitel: Faules Denken

Christentum. Die 1870 beginnende Freundschaft Nietzsches mit dem Basler Kirchenhistoriker Overbeck überdauert alle Lebensphasen.

2.2 Nietzsches Religionskritik als Teil seiner Moralkritik und Kritik aller Wahrheitsansprüche wird besonders in der „Vorrede" zur „Morgenröte", den „Gedanken über die moralischen Vorurtheile" von 1880/81 deutlich. Der Textautor charakterisiert sich selbst als jemanden, der den Dingen an die Wurzel und auf den Grund geht: „In diesem Buche findet man einen ‚Unterirdischen' an der Arbeit, einen Bohrenden, Grabenden, Untergrabenden. Man sieht ihn, vorausgesetzt, dass man Augen für solche Arbeit der Tiefe hat" (KSA 3, 11).

Die Tiefenbohrung hat das Ziel, die Fundamente zu erschüttern. Der Autor (also N. selbst) habe begonnen, „unser *Vertrauen zur Moral* zu untergraben" (12, dort hervorgehoben). In dieser späteren Vorrede zur „Morgenröte" (von 1886) bringt Nietzsche den engen Zusammenhang von Moralkritik und Christentumskritik zum Ausdruck. Feind sei er „jeder jetzigen Art Glauben und Christlichkeit", aber auch „aller Romantik und Vaterländerei". „Wir Immoralisten, wir Gottlosen" wollen nicht wieder zurück in das, „was uns als überlebt und morsch gilt, in irgend etwas ‚Unglaubwürdiges', heisse es nun Gott, Tugend, Wahrheit, Gerechtigkeit, Nächstenliebe" (16). Man erkennt deutlich, wie *erstens* Christentum und Moral identifiziert werden und wie *zweitens* zur Moral auch kulturelle Selbstverständlichkeiten wie Tugend und Vaterlandsliebe gehören. Im ersten Buch der „Morgenröte" heißt es dann kurz und knapp: „Sittlichkeit wirkt der Entstehung neuer und besserer Sitten entgegen: sie verdummt." (32; Aph. 19)

2.3 Immer wieder kommt Nietzsche auf Paulus zu sprechen und die kritische Haltung radikalisiert sich zu-

§ 11 Die Umwertung aller Werte und der Antisemitismus

nehmend. Im ersten Buch der „Morgenröte" schreibt Nietzsche, Paulus sei in der Jugend von der Frage umgetrieben gewesen, wie man das Gesetz erfüllen könne und habe im Moment der Bekehrung realisiert, dass Christus der *„Vernichter des Gesetzes"* sei, so dass er selbst zum „Lehrer der Vernichtung des Gesetzes" werden konnte. Am Kreuz habe Paulus die Moral als „fortgeblasen" erkannt (67; Aph 68). Hier folgt Nietzsche der klassischen lutherischen Deutung vom Scheitern des Apostels am Gesetz (→ § 6.2.2). Damit war Paulus der „erste Christ", denn bis dahin „gab es nur einige jüdische Sectirer." (68) Das Christentum ist nach dieser Passage aus der „Morgenröte" zugleich antimoralisch und antijüdisch. Die paulinische Auferstehungspredigt mit der Korrelation von Evangelium und Auferstehungsglaube (1 Kor 15,14) kommentiert Nietzsche im Winter 1887/88 so: *„Paulus*, mit rabbinischer Frechheit diese Auffassung logisierend: ‚wenn Christus nicht auferstanden ist von den Todten, so ist unser Glaube eitel'" (KSA 13, 177, dort hervorgehoben). Im „Antichrist" ruft Nietzsche über Paulus aus: „Was hat dieser Dysangelist Alles dem Hasse zum Opfer gebracht!" und: „Was er selbst nicht glaubte, die Idioten, unter die er *seine* Lehre warf, glaubten es.– *Sein* Bedürfnis war die *Macht*" (KSA 6, 216, dort hervorgehoben); Paulus war der Jude, „der *ewige* Jude par excellence" (KSA 6, 246). Auch der NS-Ideologe Alfred Rosenberg (1892–1946) äußerte die Ansicht, Paulus habe das Christentum „verjudet" – während Chamberlain (→ § 9.3) meinte, Paulus habe das Christentum aus dem Judentum gelöst.

Ebenfalls in der „Morgenröte" kritisiert Nietzsche massiv den Versuch der Christen, das Alte Testament für sich zu reklamieren, es „den Juden unter dem Leibe wegzuziehen, mit der Behauptung, es enthalte Nichts als

2. Kapitel: Faules Denken

christliche Lehren" (79; Aph. 84). Hier urteilt Nietzsche als Philologe, der gegen „eine unverschämte Willkürlichkeit der Auslegung" protestiert. Von einer christlichen Hermeneutik im Gegenüber zur jüdischen will er zugunsten des sensus historicus nichts wissen.

2.4 Im dritten Buch der „Morgenröte" kommt Nietzsche auf die Gegenwart und Zukunft der Juden in Europa zu sprechen und prophezeit: „es bleibt ihnen nur noch übrig, entweder die Herren Europa's zu werden oder Europa zu verlieren" (181; Aph. 205). Hier wird den Juden zwar nichts Schlechtes unterstellt, aber dennoch sind Anklänge an die Behauptungen von Treitschke und Stoecker nicht von der Hand zu weisen. Nietzsche geht freilich in diesem Aph. 205 von einem durchaus positiven Judenbild aus und formuliert die ebenfalls positiv gemeinte Erwartung, „dass Europa irgendwann einmal wie eine völlig reife Frucht ihnen in die Hand fallen dürfte" (182). Dann werde sich „der alte Judengott" freuen „und wir Alle, Alle wollen wir uns mit ihm freun!" (183)

2.5 Allen Bestrebungen, das Christentum vom Judentum abzusetzen, erteilt Nietzsche eine Absage. Das Christentum, so der „Antichrist" 1888, ist keine Gegenbewegung „gegen den jüdischen Instinkt", sondern ein weiterer Schluss in dessen „furchteinflößender Logik"; an dieser Stelle zitiert er auch die berühmte johanneische Formulierung (Joh 4,22) „das Heil kommt von den Juden" (KSA 6, 191). Schon die Juden hätten die „radikale Fälschung aller Natur" zu verantworten, indem sie Religion, Kultus, Moral, Geschichte und Psychologie in den Widerspruch zu deren Naturwerten umgedreht hätten (192). Das Christentum apostrophiert Nietzsche als die „Kunst, heilig zu lügen" und damit komme „eine mehrhundertjährige jüdische allerernsthafteste Vorübung und Technik

§ 11 Die Umwertung aller Werte und der Antisemitismus

zur letzten Meisterschaft" (KSA 6, 219). Wenn es gilt das Christentum zu kritisieren, fällt das Judentum in der Regel mit unter das Verdikt. Judentum und Christentum haben „ein Lebens-Interesse daran, die Menschheit *krank* zu machen und die Begriffe ‚gut' und ‚böse', ‚wahr' und ‚falsch' in einen lebensgefährlichen und weltverleumderischen Sinn umzudrehn." (KSA 6,193) Damit können die negativen Urteile kombiniert und gegenseitig verstärkt werden, so dass die tiefe Abneigung gegen alles Christliche auf das Judentum übergreift.

Der Abscheu gegenüber dem „Rabbiner Paulus" verbindet sich bei Nietzsche mit zunehmender Abneigung gegen die Juden. Die Christen bezeichnet Nietzsche im „Antichrist" als „kleine Superlativ-Juden, reif für jede Art Irrenhaus"; ihr Wahnsinn (gemeint ist der christliche Glaube) wurde dadurch ermöglicht, „dass schon eine verwandte, rassenverwandte Art von Grössenwahn in der Welt war, der *jüdische*" (KSA 6, 220, dort hervorgehoben).

3. Nietzsches später Anti-Antisemitismus

3.1 Den in Deutschland geläufigen Antisemitismus der 1880er Jahre verachtete Nietzsche nicht zuletzt wegen der in seinem Umfeld anzutreffenden Personen. An erster Stelle zu nennen ist der von Nietzsche gehasste Schwager Bernhard Förster, der 1881 den antisemitischen „Verein Deutscher Studenten" mitgegründet hatte und wie Treitschke (→ § 9.2) den angeblichen Unwillen der Juden beklagte, sich an die deutsche Kultur anzupassen. Wie die vorangehenden Passagen gezeigt haben, bewunderte Nietzsche die Juden wegen ihrer Zähigkeit und Durchsetzungsfähigkeit. Sie haben nach seiner Ansicht zur europäischen Geistesgeschichte Entscheidendes beigetragen. Die

2. Kapitel: Faules Denken

jahrhundertelange Verfolgung hat sie gestärkt. Die Antisemiten als die angeblichen Herrenmenschen repräsentieren dagegen das Mittelmäßige und Eingebildete.

3.2 In den beiden letzten Jahren vor dem Zusammenbruch (1887/88) nahm Nietzsches Hass auf die Antisemiten noch zu. In einem Briefentwurf vom Dezember 1887 an die Schwester schreibt er, er sei gegen die Partei des Schwagers „im Zustand der Notwehr" und: „Diese verfluchten Antisemiten-Fratzen sollen nicht an mein Ideal greifen" (Briefe 8, 218 f.; SAFRANSKI 2010, 353). Im Frühjahr 1888 ist in einem Fragment über den Sieg der Schwachen davon die Rede, dass die Antisemiten zu den Mediokren und Neidischen gehören: „Die Antisemiten vergeben es den Juden nicht, daß die Juden den ‚Geist' haben – und Geld: der Antisemitismus, ein Name der ‚Schlechtweggekommenen'" (KSA 13, 365). Im Herbst 1888 ist dann der Gipfel der Verachtung der Antisemiten erreicht:

„[...] sie werden zum Beispiel Antisemiten, bloß weil die Antisemiten ein Ziel haben, das handgreiflich bis zur Unverschämtheit ist – das *jüdische Geld*
Definition des Antisemiten: Neid, ressentiment, ohnmächtige Wuth als *Leitmotiv* im Instinkt: der Anspruch des ‚Auserwählten'; die vollkommene moralische Selbst-Verlogenheit – diese hat die Tugend und alle großen Worte beständig im Munde. Dies als das *typische* Zeichen: sie merken nicht einmal *wem* sie damit zum Verwechseln ähnlich sehn? Ein Antisemit ist ein neidischer d. h. stupidester Jude – –" (KSA 13, 581, dort hervorgehoben).

Im Oktober 1888 notiert Nietzsche kurz und bündig: „Ein Antisemit stiehlt immer, lügt immer – er kann gar nicht anders" (KSA 13, 611; zum Lügen der Antisemiten auch der „Antichrist", KSA 6,238). Nietzsche ergänzt kurz danach: „Die Deutschen unterschätzen, welche Wohlthat es ist, einem Juden zu begegnen, – man hat keine

§ 11 Die Umwertung aller Werte und der Antisemitismus

Gründe mehr, sich zu schämen, man darf sogar intelligent sein" (KSA 13, 619) – hier fügt er noch eine begeisterte Notiz zu Jacques Offenbach (1819–1880) an (ebd.: „ein genialer Buffo").

4. Antisemitische Klischees und Nebentöne bei Nietzsche

4.1 Wie die letzten Passagen gezeigt haben, partizipiert Nietzsche bei aller Präferenz für die Juden gegenüber den Antisemiten durchaus an den üblichen Vorurteilen, wie sie etwa im Berliner Antisemitismusstreit 1879/80 hervortraten. Man kann bei Nietzsche immer wieder Beispiele einer *en passant* geäußerten Verächtlichmachung des Judentums finden.

In „Menschliches, Allzumenschliches" (1878) lässt Nietzsche in Aph. 475 die Bemerkung fallen, vielleicht sei „der jugendliche Börsen-Jude die widerlichste Erfindung des Menschengeschlechtes überhaupt" (KSA 2, 310), nachdem er unmittelbar zuvor konstatiert hatte, dass man gegenwärtig die Juden als Sündenböcke aller möglichen Übelstände „zur Schlachtbank" führe (ebd.). Er fügt aber hinzu, man verdanke den Juden „den edelsten Menschen (Christus), den reinsten Weisen (Spinoza), das mächtigste Buch und das wirkungsvollste Sittengesetz der Welt" (ebd.).

4.2 Bisweilen kann Nietzsche die Juden wegen ihrer intensiven und archaischen Gefühle hervorheben und bedient sich dabei ebenfalls antijüdischer Klischees. Immer wieder bringt er das Judentum mit Hass in Verbindung; stellt man die Geschichte der Juden in Europa in Rechnung, kann man gewiss von einer Täter-Opfer-Umkehr sprechen. Im 4. Buch der „Morgenröte" heißt es in Aph.

2. Kapitel: Faules Denken

377: „Den schwärmerischen Satz: ‚liebet eure Feinde!' haben Juden erfinden müssen, die besten Hasser, die es gegeben hat" (KSA 3, 246). Dabei ist erkennbar vorausgesetzt, dass Mt 5,44 auf Jesus, den Juden und den jüdischen Kontext zurückgeht.

Auch in der „Genealogie der Moral" (1887) wird den Juden eine spezifische Form des Hasses zugeschrieben. Sie hätten die „aristokratische Werthgleichung" von gut, schön, glücklich und gottgeliebt umgekehrt, so dass allein die Elenden, Armen und Ohnmächtigen als die Guten angesehen wurden. Dabei wird das Christentum als der siegreiche Erbe „dieser jüdischen Umwerthung" charakterisiert. Ähnlich wie in der „Morgenröte" heißt es von den Juden, sie hätten „mit einer furchteinflößenden Folgerichtigkeit die Umkehrung gewagt und mit den Zähnen des abgründlichsten Hasses (des Hasses der Ohnmacht) festgehalten" (KSA 5, 267). Mit den Juden beginne der „Sklavenaufstand in der Moral" (268) und durch Jesus von Nazareth habe die Umwertung aller Werte und „Israel mit seiner Rache" über die vornehmeren Ideale „triumphirt" (269). Hier verbindet sich eine erkennbare Faszination für die jüdische Moral mit ihrer deutlichen Ablehnung; Christentum und Judentum geraten gleichermaßen unter Nietzsches Verdikt, indem Jesus von Nazareth für ihn „die Verführung in ihrer unheimlichsten und unwiderstehlichsten Form" war, „die Verführung und der Umweg zu eben jenen *jüdischen* Werthen" (268, dort hervorgehoben).

4.3 Im dritten Buch der „Fröhlichen Wissenschaft" von 1882 wird den Juden, die sich als das auserwählte Volk unter den Völkern fühlen, zugeschrieben, dass sie zugleich „das moralische Genie" unter den Völkern sind, und zwar „vermöge der Fähigkeit, dass sie den Menschen in sich *tiefer verachtet haben*, als irgend ein Volk" (Aph. 136, KSA

§ 11 Die Umwertung aller Werte und der Antisemitismus

3, 487, dort hervorgehoben). Hier ist allerdings – abgesehen von dem Umstand, dass immer wieder von „den Juden" die Rede ist – mehr Bewunderung für den in die Tiefe vordringenden jüdischen Geist als Verachtung im Spiel.

Ähnlich wird im 5. Buch der „Fröhlichen Wissenschaft" der Umgang mit der zwingenden Logik als Merkmal des jüdischen Gelehrten herausgestellt. Protestantische Gelehrte seien daran gewöhnt, dass man ihnen glaubt – hier spielt Nietzsche auf die Rechtfertigung durch Glauben an. Die Juden hingegen „halten grosse Stücke auf die Logik, das heisst auf das *Erzwingen* der Zustimmung durch Gründe; sie wissen, dass sie mit ihr siegen müssen; selbst wo Rassen- und Classen-Widerwille gegen sie vorhanden ist" (KSA 3, 584, dort hervorgehoben). Insbesondere die Deutschen „als eine beklagenswerth deraisonnable Rasse" seien den Juden Dank dafür schuldig, von ihnen genauer zu denken sowie „heller und sauberer zu schreiben" gelernt zu haben (585).

Im Einflussbereich der Vorurteile aus dem Antisemitismusstreit bewegt sich hingegen die Bemerkung ebenfalls im 5. Buch, „der Jude" sei „der thatsächliche Beherrscher der europäischen Presse" und der „geborene Litterat", und das aufgrund seiner schauspielerischen Fähigkeiten, denn „welcher gute Schauspieler ist heute *nicht* – Jude?" (Aph. 361; KSA 3, 609, dort hervorgehoben)

Noch härter kommt es 1888 im „Antichrist" im Zusammenhang einer Sottise gegen das Neue Testament, bei dem man gut daran tue, beim Lesen Handschuhe anzuziehen, um sich vor dessen Unreinlichkeit zu schützen (KSA 6, 223). Und dann fährt der Text so fort: „Wir würden uns ‚erste Christen' so wenig wie polnische Juden zum Umgang wählen: nicht dass man gegen sie auch nur einen Einwand nöthig hätte... Sie riechen beide nicht gut." (ebd.).

2. Kapitel: Faules Denken

Hier bedient Nietzsche die von Treitschke und Stoecker im Jahrzehnt zuvor aufgebrachten Klischees.

4.4 Die widersprüchlichen Aussagen zwischen Antisemitismus und Anti-Antisemitismus lassen sich dahingehend zusammenfassen, dass Nietzsche sich positiv zu den Juden äußert, wenn er den verhassten Antisemiten eins auswischen kann; geht es allerdings gegen das Christentum, dann wird das Judentum als dessen Vorläufer gewertet und bekommt ebenso negative Lesarten, aber auch schlichte Häme und Spott ab. Dann sind antijüdische Klischees gerade gut genug, um gegen das Christentum eingesetzt zu werden. Es ist also durchaus *auch* möglich, die anti-antisemitischen Stellen bei Nietzsche in den Hintergrund treten zu lassen und ihn als Antisemiten zu lesen, wie das vielfach geschehen ist.

5. Nietzsches Wirkung im 20. Jahrhundert

5.1 Anfangs galt Nietzsche mit seiner abgebrochenen akademischen Karriere keineswegs als ernstzunehmender Philosoph. Doch schon 1890, kurz nach seinem Zusammenbruch, wurden seine Werke neu aufgelegt und fanden bald reißenden Absatz. Besonders der „Zarathustra" trat einen schnellen Siegeszug an, jenes seltsame Buch, „halb Evangeliumsparodie, halb neues Evangelium" (FIGAL 1999, 13). Richard Strauß gab schon 1896 einem sinfonischen Werk den Titel „Also sprach Zarathustra". Adolf von Harnack nahm 1899 gleich in seiner 1. Vorlesung zum „Wesen des Christentums" (→ § 9.3) auf Nietzsche Bezug.

Nietzsches Prinzip des „Lebens", das sich gegen die trockene Kathederphilosophie und den seelenlosen Materialismus richtete, wurde zu einem breiten Theoriestrom, der sich u. a. mit den Namen von Wilhelm Dilthey (1833–

§ 11 Die Umwertung aller Werte und der Antisemitismus

1911) und Henri Bergson (1859–1941) verband („Lebensphilosophie"). Besonders die seit 1901 (Gründung des Berliner „Wandervogel") aufkommende „Jugendbewegung" folgte dem Prinzip des „Lebens". Der Imperativ „Bleibt der Erde treu" aus dem „Zarathustra" (KSA 4, 15) wurde zum geflügelten Wort. Auch der späte Dietrich Bonhoeffer (1906–1945) wird sich darauf in seinem Plädoyer für eine diesseitige Theologie beziehen und Paul Tillich (1886–1965) wird Nietzsche als befreiend erleben.

5.2 Für die Rezeption von Nietzsches Werk nach seinem Tod sorgte vor allem die Schwester Elisabeth Förster-Nietzsche (1846–1935), die mit dem Wagnerianer und radikalen Antisemiten Bernhard Förster (1843–1889) verheiratet war; von 1886–1889 hatte das Paar eine rassisch reine deutsche Kolonie in Paraguay gegründet und geleitet. Nietzsches Schwester war ihrem Bruder zu Lebzeiten eng verbunden. Schon während der Zeit seiner Baseler Professur 1868–1878 hatte sie ihm den Haushalt geführt und nach seinem Zusammenbruch 1889 und dem Tod der Mutter 1897 brachte sie Nietzsche nach Weimar und pflegte ihn bis zu seinem Tod am 25. August 1900. Sie legte mit ihrer Biographie „Das Leben Friedrich Nietzsches" (3 Bde., Leipzig 1895, 1897, 1904) die Grundlage für die Bekanntheit des Bruders beim bürgerlichen Lesepublikum, indem sie Nietzsche als „Universalgenie" Goethe an die Seite stellte. Sie begründete mit ihrer Editions- und Publikationstätigkeit das Bild des nationalistischen, kriegsbegeisterten und rassistischen Philosophen.

Diesem Zweck diente auch ihre Gründung des Nietzsche-Archivs in der Villa „Silberblick" in Weimar. Durch geschickte Beziehungsarbeit mit akademischen Philosophen wie Rudolf Eucken (1846–1926) gelang es ihr, den Bruder auch akademisch salonfähig zu machen. Das war

2. Kapitel: Faules Denken

zunächst nicht einfach, da Nietzsche als subjektiver und expressiver Dichter, aber nicht als philosophischer Denker anerkannt war. Hermann Cohen (1842–1918) in Marburg etwa sah die Schriften Nietzsches als philosophisch haltlos und den „Zarathustra" als Blendwerk an (Sieg 2022, 141).

Legendär sind Elisabeth Förster-Nietzsches Fälschungen in den Schriften ihres Bruders, insbesondere die Herausgabe des von ihr redigierten und ergänzten Bandes „Der Wille zur Macht" 1901 (2. Aufl. 1906). Ab 1916 setzte sich Förster-Nietzsche zunehmend für nationalistische und antisemitische Tendenzen ein, etwa für den Neukantianer Bruno Bauch (1877–1942), der sich zu einem konsequenten Vertreter einer „deutsch-völkischen" und massiv antisemitischen Philosophie entwickelte. Seit 1923 wandte sie sich den Nationalsozialisten zu und vertrat den Antisemitismus ihres verstorbenen Mannes. Hitler selbst kam mehrfach nach Weimar, u.a um den Bau einer Nietzsche-Gedenkhalle voranzutreiben. Das alles hat zur nationalsozialistischen Nietzsche-Hermeneutik beigetragen und später seinem Ansehen sehr geschadet.

5.3 Bei Kriegsbeginn 1914 wurde der kriegerische Nietzsche hervorgehoben und die „lebensvolle" deutsche „Kultur" der französischen „Zivilisation" entgegengesetzt. Der „Zarathustra" mit Formulierungen wie der, die Weisheit liebe „immer nur einen Kriegsmann" (KSA 4, 49), wurde mit Goethes „Faust" und dem Neuen Testament zusammengestellt und in einer Sonderauflage von 150.000 Exemplaren für Frontsoldaten gedruckt. Die Kriegserzählung „Der Wanderer zwischen den Welten" von Walter Flex (1887–1917), eines der sechs auflagenstärksten deutschen Bücher im 20. Jahrhundert, lässt den damit verbundenen Geist erkennen.

§ 11 Die Umwertung aller Werte und der Antisemitismus

5.4 Eine wichtige Rolle bei der nationalsozialistischen Rezeption Nietzsches spielte der Philosoph, Pädagoge und NS-Ideologe Alfred Baeumler (1887–1968), der durch Alfred Rosenberg über Kontakte zum innersten Zirkel der NS-Macht verfügte: 1934 wurde er Leiter des „Amtes Wissenschaft" im „Amt Rosenberg". Baeumler suchte u. a. die „Rasse" als Grundbegriff der Erziehungswissenschaft zu etablieren und profilierte Nietzsche als den Machtphilosophen, dem es um Werden, Kämpfen und Siegen gegangen sei. Baeumler stellte das von Elisabeth Förster-Nietzsche kompilierte Werk „Der Wille zur Macht" in den Mittelpunkt seiner Nietzsche-Deutung und fand dafür eine breite Rezeption. Von Nietzsche gelte es zu lernen, dass Rassen, Stände und Völker miteinander im Streit liegen (Safranski 2010, 351 f.) und dass Kampf und Sieg – und damit buchstäblich der Krieg – der Vater aller Dinge seien. Schließlich waren es bei Baeumler „Rasse" und „Volk", die er Nietzsches Denken unterstellte. Auch dieses an Heraklits Philosophie orientierte Kampf-Denken lässt sich aus Nietzsche herauslesen (vgl. etwa KSA 5, 264 die Rede von der „Eroberer- und Herren-Rasse, die der Arier"). Aber es handelt sich dabei nicht nur um eine von den Nazis erwünschte, sondern auch um eine höchst einseitige Lesart, die das Dynamische und Offene, das Untergrabende und Grundstürzende von Nietzsches Denken ignoriert und stattdessen in Prinzipien umzuformen sucht.

Auf diese Weise gelang es Elisabeth Förster-Nietzsche und Alfred Baeumler, Nietzsche unter Ausblendung seiner antisemitismuskritischen Äußerungen zum Rassisten und Antisemiten zu stilisieren. Diese Lesart war erfolgreich, zumal die literarische Form von Nietzsches Texten ein besonderes Maß von Interpretationsoffenheit auf-

2. Kapitel: Faules Denken

weist. Man kann sehr Verschiedenes aus ihm herauslesen; aber es gibt eben auch „Sätze, die Nietzsche besser nicht geschrieben hätte" (Figal 1999, 16).

5.5 Nietzsche war ein „Laboratorium des Denkens" und ein „Kraftwerk zur Herstellung von Interpretationen" (Safranski 2010, 365). Er wurde und wird in vielfacher Weise gelesen. Er wirkte „als Antichrist und kritischer Intellektueller, als Religionsverkünder und Dichter zugleich. […] Christian Morgenstern und Thomas Mann, Georg Simmel und der größte Geist der Geistes- und Sozialwissenschaft nach 1900: Max Weber – sie alle leben und denken im Schatten Nietzsches." (Nipperdey I 2013, 514 f.) Doch auch Hitler las Nietzsche während seiner Festungshaft in Landsberg und die Nationalsozialisten an der Macht apostrophierten ihn als „deutschen Propheten". Umgekehrt griffen Adorno und Horkheimer in ihrer „Dialektik der Aufklärung" (→ § 8.1.5) auf ihn zurück, um die Verdinglichung des Denkens und den Umschlag der Aufklärung in den Totalitarismus aufzuzeigen. Für den französischen Poststrukturalismus wurde Nietzsches Werk eine der wichtigsten Quellen.

Zusammenfassung

Friedrich Nietzsche war kein Antisemit, sondern in seiner letzten Schaffensperiode sogar ein erklärter Anti-Antisemit. Aber zum einen bezog sich seine beißende Kritik am Christentum und der christlichen Moral, besonders an Paulus, auch auf das Judentum. Zum anderen entstand Nietzsches Hauptwerk in dem Jahrzehnt von 1880–1889, als der moderne Antisemitismus zur Wirkung kam, so dass Nietzsche in manchen Gedanken und Formulierungen an der negativen Sicht von Juden und Judentum parti-

§ 11 Die Umwertung aller Werte und der Antisemitismus

zipierte. Ebenso war Nietzsche gewiss kein (Prä-)Faschist. Aber auch bei ihm bestand das Fatale darin, dass er auf die Rezeption seines Werkes (und erst recht einzelner Formulierungen) keinen Einfluss hatte, so dass es seiner Schwester Elisabeth Förster-Nietzsche und anderen gelang, aus Nietzsche einen Nationalisten und einen Philosophen der Macht, des Kampfes und des Krieges zu machen. Nietzsche ist und bleibt ein moderner und eminent kritischer Philosoph in der Nachfolge Kants, weil er die Fragen nach dem Sein und der Wahrheit, nach Gut und Böse, nach dem Menschen und der Transzendenz in offene Problemstellungen überführt hat. Mit seiner poetischen und literarischen Art des Schreibens hat er das deutungsoffene Philosophieren und die Nötigung zum eigenen und situativen Urteil vorangetrieben, auch wenn seine Schriften schon im Ersten Weltkrieg und dann im Zusammenhang der Menschheitsverbrechen der Nationalsozialisten in schrecklicher Weise missbraucht wurden.

§ 12 Alttestamentliche Hermeneutik und Antijudaismus: Historische Schlaglichter

Literatur: KLAUS BECKMANN: Die fremde Wurzel. Altes Testament und Judentum in der evangelischen Theologie des 19. Jahrhunderts, Göttingen 2002 (FKDG 85) ♦ RUDOLF BULTMANN: Die Bedeutung des Alten Testaments für den christlichen Glauben, in ders.: Glauben und Verstehen Bd. 1, Tübingen ⁷1972, 313–336 [1933] ♦ RUDOLF BULTMANN: Christus des Gesetzes Ende, in ders.: Glauben und Verstehen Bd. 2, Tübingen ⁵1968, 32–58 [1940] ♦ RUDOLF BULTMANN: Weissagung und Erfüllung, in ders.: Glauben und Verstehen Bd. 2, Tübingen ⁵1968, 162–186 [1949] ♦ RUDOLF BULTMANN: Die Bedeutung der alttestamentlich-jüdischen Tradition für das christliche Abendland, in ders.: Glauben und Verstehen Bd. 2, Tübingen ⁵1968, 236–245 [1950] ♦ ROBERT P. ERICKSEN: Theologen unter Hitler. Das Bündnis zwischen evangelischer Dogmatik und Nationalsozialismus, München 1986 ♦ KONRAD HAMMANN: Rudolf Bultmann. Eine Biographie, Tübingen ³2012 [2009] ♦ EMANUEL HIRSCH: Das Alte Testament und die Predigt des Evangeliums. Mit anderen Arbeiten Emanuel Hirschs zum Alten Testament hg. von Hans Martin Müller, Tübingen/Goslar 1986 [1936] ♦ WOLFRAM KINZIG: Harnack, Marcion und das Judentum. Nebst einer kommentierten Edition des Briefwechsels Adolf von Harnacks mit Houston Stewart Chamberlain, Leipzig 2004 (AKThG 13) ♦ FRIEDRICH SCHLEIERMACHER: Sendschreiben über die Glaubenslehre an Lücke, hg. von Hermann Mulert, Gießen 1908 [1829] ♦ FRIEDRICH SCHLEIERMACHER: Der christliche Glaube nach den Grundsätzen der evangelischen Kirche im Zusammenhange dargestellt (1830/31), hg. von Martin Redeker, Berlin ⁷1960 ♦ FRIEDRICH SCHLEIERMACHER: Die praktische Theologie nach

§ 12 Alttestamentliche Hermeneutik und Antijudaismus

den Grundsätzen der evangelischen Kirche im Zusammenhange dargestellt, hg. von Jacob Frerichs, Berlin/New York 1983 [Reprint von ¹1850]

Das zweite Kapitel dieses Buches mit historischen Schlaglichtern zum Antijudaismus und Antisemitismus in der evangelischen Theologie schließt – dem evangelischen Prinzip *sola scriptura* entsprechend – mit einigen prominenten Voten zum Verständnis des Alten Testaments, die, so viel sei vorweggenommen, sämtlich mehr oder weniger problematisch sind. Friedrich Schleiermacher, Adolf von Harnack und Rudolf Bultmann waren nicht nur epochemachend für die Geschichte der evangelischen Theologie, und das weit über den deutschen Sprachraum hinaus; sie vertraten auch eine ganz auf das Neue Testament bezogene biblische Hermeneutik mit einer mehr oder weniger deutlichen theologischen Abwertung des Alten Testaments. Bei Emanuel Hirsch, dem „Deutschen Christen" und erklärten Nationalsozialisten, wundern die judenfeindlichen Äußerungen zum Alten Testament hingegen nicht.

Man muss sich erneut klar machen, wie ungeheuerlich und unbegreiflich die kirchliche und theologische Verachtung des Alten Testaments (und damit des Judentums) ist, da doch Jesus selbst ganz aus der Heiligen Schrift lebte, die die Christenheit das „Alte Testament" nennt. Das Verständnis des nahen Gottes (2 Mose 3,1–14), Gottes Zuwendung zu den Hungernden und Unterdrückten (Jes 1,10–17) und seine große Barmherzigkeit (Ps 103) kulminieren in der Predigt Jesu, etwa in den Seligpreisungen (Mt 5,1–12 – Evangelium am Reformationstag!). Jesu Lehre kommt aus dem theologischen Zentrum des Alten Tes-

2. Kapitel: Faules Denken

taments, aus der Tora, den Propheten und Schriften. Dabei greift Jesus zwar zu Zuspitzungen und Profilierungen der alttestamentlichen Überlieferung; man denke dazu an die Formel „Ich aber sage euch" in den Antithesen der Bergpredigt (Mt 5,22.28.32.34.39.44). Aber das bedeutet keine Zurückweisung, sondern ein besonderes Ernstnehmen der Heiligen Schrift Alten Testaments. Die Unvergleichlichkeit der Botschaft Jesu beruht gerade auf seiner Existenz aus der Mitte der Heiligen Schrift der Juden.

Wie dieses Kapitel mit dem *sola scriptura* (→ §4.3) begann, soll auch an seinem Ende der Blick auf dieses wichtige Verstehensprinzip der evangelischen Kirche stehen. Kann man die Kirchengeschichte allgemein als Geschichte der Auslegung der Heiligen Schrift verstehen, dann ist die Bewertung des Alten Testaments von erheblicher kirchlicher Tragweite. Leider ist die im Folgenden darzustellende Abwertung des ersten Teiles der Bibel keine Ruhmesgeschichte der evangelischen Theologie.

1. Das Verständnis des Alten Testament von Luther bis Friedrich Schleiermacher (1768–1834)

1.1 Die Abwertung des Alten Testaments geht in der Regel von der paulinischen Zurückweisung des Gesetzes (der Tora) als Heilsweg aus. Bei meiner Darstellung der paulinischen Israeltheologie ist deutlich geworden, wie sehr bei Paulus ein Neuanfang für Christen *und* Juden vorausgesetzt ist (→ §6.2). Das Gesetz, die Tora, ist gewiss heilig, gerecht und gut (Röm 7,12), aber in der Zeit der neuen Christuswirklichkeit handelt es sich dennoch nur um eine Vorstufe zum rechtfertigenden Glauben. Daraus ergibt sich die Unterscheidung zwischen den Werken des Glaubens und den Werken des Gesetzes (Röm 3,27), die

§ 12 Alttestamentliche Hermeneutik und Antijudaismus

seit der Reformation zu einem scharfen Gegensatz wurde. Zwar lehrte auch Luther die *Unterscheidung* von Gesetz und Evangelium, aber bei ihm handelte es sich um eine Unterscheidung in dialektischer Bezogenheit. Die ungeheure Spannung in der Theologie Luthers entsteht daraus, dass es sich jeweils um *denselben Gott* handelt, der in der Unterscheidung beider Redeweisen (Gesetz/Evangelium) vernommen werden kann. Unterscheidung ist jedenfalls nötig. Denn Gott ist lebendig. Er verhält sich nicht nach feststehenden Prinzipien

Doch diese Dialektik mutierte immer mehr zu der Vorstellung einer Art von Zwei-Stufen-Hermeneutik: Im Judentum sah man vor allem das „Gesetz" (→ § 6.1), das man mit Röm 10,4 als eine für das Christentum überwundene Stufe der Offenbarung und des Glaubens betrachtete. Diese Zwei-Stufen-Hermeneutik setzte sich durch, obwohl Luther selbst regelmäßig und oft (in der Regel im Nachmittagsgottesdienst) über das Alte Testament gepredigt hatte (so war es die Regel nach Luthers „Deutscher Messe" von 1526, WA 19,79,6f.).

Die Aufklärung verstärkte diese Sicht noch dadurch, dass nun das Christentum mit religionsphilosophischer Begründung als die höher entwickelte, autonome Religion galt, während das Judentum und das Alte Testament als gesetzlich im Sinne von heteronom, starr und leblos („statuarisch", → § 8.3.6) bezeichnet wurden. Jetzt begründete man die zwei Qualitätsstufen nicht nur heilsgeschichtlich, sondern mehr religionstheoretisch. Das Ergebnis aber war ein und dasselbe – die Geringschätzung des Alten Testaments.

1.2 Auf dem Fundament von Reformation und Aufklärung bewegt sich auch die biblische Hermeneutik Schleiermachers. Beim frühen Schleiermacher der „Reden" ist

2. Kapitel: Faules Denken

dies in dem Urteil begründet, im Alten Testament sei die „Anschauung des Universums" von politischen und moralischen Normen überlagert. Das religiöse Erleben sei von Tun und Ergehen und von Gott als einem Gegenüber geprägt, so dass die Einheit mit dem Kosmos gestört sei (BECKMANN 2002, 37). Damit liege in AT und Judentum – Schleiermacher unterscheidet beides nicht – ein unreifes, kindliches Religionsverständnis vor. Dieses Urteil fällte Schleiermacher, obwohl er in seiner frühen Berliner Zeit (1796–1802) eng mit Henriette Herz (1764–1847) befreundet war und in ihrem Salon mit Jüdinnen und Juden regelmäßigen Kontakt hatte (und dadurch Anstoß erregte). Die Konversion von Juden lehnte Schleiermacher aus religiösen Gründen ab (BECKMANN 2002, 116). Antijüdische Ressentiments wird man ihm jedenfalls nicht vorwerfen können.

Im Rahmen der Predigtlehre in der „Praktischen Theologie" schreibt er, die Predigt über einen AT-Text stelle den Prediger und die Zuhörer lediglich „auf einen historischen Standpunkt". Denn im Neuen Testament sei Christus „das Haupt, das Ende des Gesetzes", so dass man mit dem AT über etwas predige, worauf zurückgesehen wird (SCHLEIERMACHER 1850, 238). Auch der schöne Ps 139 habe darum einen gesetzlichen Charakter „und keinen christlichen." Das AT wird in solchen Formulierungen nicht nur als vorchristlich, sondern als nichtchristlich gewertet. Predigen könne man im Grunde nur die messianischen Weissagungen aus dem AT (ebd.). Schleiermachers eigene Predigtpraxis entsprach diesem Prinzip (BECKMANN 2002, 86f.).

1.3 In der „Glaubenslehre" widerspricht Schleiermacher gleich zu Beginn dem hervorgehobenen Stellenwert des Judentums für das Christentum. Zwar stehe dieses mit

§ 12 Alttestamentliche Hermeneutik und Antijudaismus

dem Judentum „in einem besonderen geschichtlichen Zusammenhange", aber sachlich verhalte es sich „zu Judentum und Heidentum gleich" (Leitsatz zu § 12). Man könne das Christentum also „auf keine Weise" als eine erneuernde Fortsetzung des Judentums ansehen. Nur der Glaube „an Jesum als den Erlöser" gebe Anteil an der christlichen Gemeinschaft (Leitsatz zu § 14).

Im zweiten Teil der „Glaubenslehre", in dem Abschnitt über die Heilige Schrift im Rahmen der Ekklesiologie, wird in einem „Zusatz" zu den alttestamentlichen Schriften (§ 132) festgestellt, dass diese „nicht die normale Dignität oder die Eingebung der neutestamentlichen teilen" (Leitsatz). Das AT verdanke seinen Platz in der christlichen Bibel teils den Bezugnahmen der neutestamentlichen Stellen auf das AT und teils dem Zusammenhang des christlichen Gottesdienstes mit der Synagoge. Das Gesetz – hier verweist Schleiermacher u.a. auf Gal 3,19 – habe aber nicht die Kraft des Geistes (Verweis u.a. auf Röm 7,6). Der „fromme Sinn der evangelischen Christen" erkenne „einen großen Unterschied zwischen beiderlei heiligen Schriften"; man täusche sich darum, wenn man meine, aus den Propheten und den Psalmen eine christliche Gotteslehre entwickeln zu können. Entsprechend solle man alttestamentliche Beweise für spezifisch christliche Lehren aufgeben. Auch homiletisch liege das „immer weitere Zurücktreten" des Alten Testaments in der Natur der Sache. Am Schluss von § 132 der Glaubenslehre macht Schleiermacher dann den weitreichenden Vorschlag, lediglich die prophetischen Schriften und die Psalmen dem NT als „Anhang" beizufügen. Die jetzige Anordnung in den Bibelausgaben entspreche dagegen der irrigen Forderung, man müsse sich erst ganz durch das AT „durcharbeiten", um zum NT zu gelangen.

2. Kapitel: Faules Denken

1.4 In seinem zweiten „Sendschreiben" über die „Glaubenslehre" an den Göttinger Neutestamentler und Vermittlungstheologen Friedrich Lücke (1791–1855) im Jahre 1829 begründete Schleiermacher seine Zurückstellung des AT mit dem Stand der allgemeinen Geschichtswissenschaft, die das alttestamentliche Geschichtsbild tief erschüttert hatte: „Wissen Sie schon, was der letzte Ausspruch sein wird über den Pentateuch und den Alttestamentlichen Kanon überhaupt?" (SCHLEIERMACHER 1829, 41) Der Glaube an eine „besondere Eingebung oder Offenbarung Gottes in dem jüdischen Volk" sei auf dem Hintergrund der historischen Forschung nicht mehr zuzumuten; der Glaube an die Christusoffenbarung sei „von jenem Glauben auf keine Weise" abhängig – „wie ich es ebenso deutlich einsehe als lebendig fühle" (ebd.). Das Christentum bedürfe keines „Stützpunktes aus dem Judentum" (42). Diese Überzeugung sei ihm „so alt, als mein religiöses Bewusstsein überhaupt." Je mehr man sich an das AT halte, desto „ärger" werde die Spaltung zwischen Frömmigkeit und Wissenschaft (ebd.). Christen haben ihr Gottesbewusstsein „nur als ein durch Christum in ihnen zustande gebrachtes" (31). Umgehend warf der Alttestamentler Ernst Wilhelm Hengstenberg (1802–1869) Schleiermacher vor, damit greife er auch den Neuen Bund an, weil dieser nichts anderes sei „als der Alte in seiner Realisierung und Verklärung" (BECKMANN 2002, 15). Es war dann auch Hengstenberg, durch den das AT in der kirchlichen Bevölkerung im 19. Jahrhundert lebendig blieb (BECKMANN 2002, 239–270).

1.5 Deutlicher als Schleiermacher in § 132 seiner „Glaubenslehre" und in dem dazu gehörenden „Sendschreiben" an Lücke kann man die Sache in der Tat kaum formulieren: Das AT hat demnach christlich gesehen eine gegen-

§ 12 Alttestamentliche Hermeneutik und Antijudaismus

über dem NT sekundäre Bedeutung. Es ist seinem Wesen nach „Gesetz" und nicht „Evangelium". Der christliche Gott erschließt sich dem Gläubigen allein über Christus, den Erlöser und nicht über die Geschichte Gottes mit Israel. Die letztere ist lediglich ein „Anhang", eine Fußnote zu dem Bewusstsein der in Jesus geschehenen und zu verkündigenden Erlösung.

Die bei Luther festgehaltene Einsicht, dass das Evangelium nicht ein bestimmtes Textcorpus meint, sondern die Handlungsweise Gottes *pro nobis* in beiden Testamenten, wird von Schleiermacher christologisch ausgehebelt. Der Glaube, dass die „in Christus" geschehene Versöhnung (2 Kor 5,18 f.) die Initiative *Gottes* ist und damit das Handeln des einen Gottes, der auch Israel erwählt hat, wird zugunsten des ausschließlichen Erlösungsbewusstseins in Jesus beiseitegeschoben. Die paulinische Lehre von der Einheit Gottes in der Geschichte und die Überzeugung, dass Gottes Gaben und Berufung ihn nicht gereuen können (Röm 11,29), spielen zugunsten der Berufung auf das „Ende" des Gesetzes (Röm 10,4) eine untergeordnete Rolle. Jesus hat nach Schleiermacher den Zwiespalt zwischen dem göttlichen und dem menschlichen Willen und damit auch das Gesetz überwunden.

Die Selbstverständlichkeit, mit der Luther das Alte Testament christologisch las (auch dies bekanntlich mit schlimmen Konsequenzen, → § 5.4), war Schleiermacher nach der historischen Kritik der Aufklärungszeit nicht mehr möglich. Vor allem die westeuropäischen Deisten waren für eine allgemeine Menschheitsreligion und gegen die Besonderheit des Judentums eingetreten (BECKMANN 2002, 22). Auch in der Theologie wollten viele das Alte Testament vom neutestamentlichen Kanon deutlich unterscheiden. Aus dieser historischen Einsicht erwuchs bei

2. Kapitel: Faules Denken

Schleiermacher jedoch nicht die spannungsvolle Beziehung beider Testamente, sondern ihre sachliche Trennung. Damit gibt es für ihn auch keinen theologisch wichtigen Zusammenhang von Judentum und Christentum (BECKMANN 2002, 53).

Diese Schlussfolgerung ist fatal. Denn so notwendig die genaue historische Zuordnung beider Testamente seit dem 18. Jahrhundert auch ist: Bei dem Versuch, aus der historischen Abfolge eine Abstufung und radikale Überbietung herauszulesen, handelt es sich um eine Art von historistischem Kurzschluss (besonders einflussreich mit seinen Vorbehalten gegenüber AT und Judentum war Schleiermachers Hallenser Lehrer Johann Salomo Semler, 1725–1791). Das historisch Klarere ist nicht per se auch das Wahrere. Für Schleiermacher jedenfalls war die Zurückstufung des AT keine Nebensache, denn sie war in seinem Gottesbild (im Gefühl und in der Anschauung des Universums) und seiner Christologie (Jesus als Überwinder des „Gesetzes") begründet.

In der Mitte des 19. Jahrhunderts wurde das AT allerdings in der evangelischen Theologie weitgehend rehabilitiert und erneut in die kirchliche Urteilsbildung einbezogen Dabei wurde es christozentrisch, ekklesiozentrisch und unmittelbar applikativ verwendet (BECKMANN 2002, 330). In der Eisenacher Perikopenreform von 1896 wurde jedem Sonntag neben zwei Episteln und zwei Evangelien als fünfte auch eine alttestamentliche Perikope zugeordnet (zum heutigen Stand → §2.3). Schleiermachers Abwertung des Alten Testaments schien um die Jahrhundertwende hinter Kirche und Theologie zu liegen, bis sich Adolf von Harnack 1921 erneut auf dem römischen Christen Marcion (gest. ca. 160) berief.

§ 12 Alttestamentliche Hermeneutik und Antijudaismus

2. Von Schleiermacher zu Adolf von Harnack (1851–1930)

2.1 Harnack (→ § 9.3) konzipierte seine Hermeneutik des Alten Testaments in Auseinandersetzung mit Marcion, der den bösen Gott des Alten Testaments (mit Gesetz und Gericht) dem Gott der reinen Liebe im Neuen Testament gegenübergestellt hatte. 1921 veröffentlichte Harnack seine letzte große Monographie unter dem Titel „Marcion. Das Evangelium vom fremden Gott". Harnack übernahm zwar nicht Marcions Zwei-Götter-Lehre, folgte aber dessen Entgegensetzung des alttestamentlichen und neutestamentlichen Gottesbildes. Nach Marcion handelte es sich zunächst um ein Christentum der Juden, bis er selbst den wahren Gott der Liebe aufgrund eines radikalisierten Paulusverständnisses entdeckte. In der Auseinandersetzung zwischen den paulinischen und den „judaistischen" Christen sah Marcion den Grundkonflikt der apostolischen Zeit. Der Gegensatz zwischen dem „Judengott" und dem „Erlösergott" wurde nach seiner Ansicht von Paulus – besonders im Galaterbrief – auf den Begriff gebracht. Das paulinische, unmittelbar von Gott offenbarte Evangelium (Gal 1,12) identifizierte Marcion mit dem – ebenfalls noch von Judaismen zu reinigenden – Lukasevangelium. Von den frühchristlichen Schriften entsprachen nach seiner Ansicht nur die zehn Paulusbriefe und das Lukasevangelium dem christlichen Gott, während alle anderen Schriften „judaisiert" waren. Lukas und Paulus, daraus sollte die neue, die entjudaisierte Bibel für Christen bestehen, die Marcion an die Stelle des Alten Testaments setzte. Damit stammt die Idee eines neutestamentlichen Kanons von Marcion; neben dieser Idee hinterließ er der Kirche das Prinzip einer streng biblischen Theologie (KINZIG 2004, 81 f.).

2. Kapitel: Faules Denken

2.2 Marcion war also der Vater der Idee eines „Neuen Testaments". Man kann allein aus dieser Bezeichnung den Gegensatz zweier Gottesvorstellungen heraushören. Bei Marcion jedenfalls bedeutete die Konzeption des „Neuen" zugleich die Verwerfung des Alten Testaments. In der Aufnahme dieser marcionitischen These formulierte Harnack dann die folgenreichen und viel zitierten Worte:

„Das AT im 2. Jahrhundert zu verwerfen, war ein Fehler, den die große Kirche mit Recht abgelehnt hat; es im 16. Jahrhundert beizubehalten, war ein Schicksal, dem sich die Reformation noch nicht zu entziehen vermochte; es aber seit dem 19. Jahrhundert als kanonische Urkunde im Protestantismus noch zu conservieren, ist die Folge einer religiösen und kirchlichen Lähmung." (Zitiert nach KINZIG 2004, 86)

Die Kirche solle das AT als Bücher deklarieren, die wie die Apokryphen „gut und nützlich zu lesen sind", aber keine kanonische Geltung haben. Das Argument, es handle sich beim AT um die Bibel Jesu, lässt Harnack nicht gelten, denn Jesus habe gesagt, dass alle Gotteserkenntnis künftig durch ihn gehe. Es gelte also beim Bekenntnis und im Unterricht klaren Tisch zu machen und das AT nicht mehr als kanonisches Buch zu betrachten (die Behandlung des AT in der Schule war schon seit der Zeit um 1900 ein Streitpunkt). Wie zwei Jahrzehnte zuvor im „Wesen des Christentums" (→ §9.3.3) insistiert Harnack, nun mit Marcion, auf dem Liebesgedanken als dem Zentrum der christlichen Gotteserfahrung und spricht dagegen von einem „inferioren Element" im AT. „Unerträglich", so Harnack dann 1927 in Vorlesungen, seien im AT die „inferiore Moral", die „ekelhafte Beschneidung" und der „chauvinistische Partikularismus" (KINZIG 2004, 99).

§ 12 Alttestamentliche Hermeneutik und Antijudaismus

Damit folgte Harnack der seit der Aufklärung geläufigen Annahme von der höheren religiösen Stufe des Christentums (→ § 8.3.6), wie diese auch von der zeitgenössischen liberalen Bibelwissenschaft vertreten wurde. Harnacks Bemerkungen stießen gleichwohl auf heftigen jüdischen Widerspruch: Harnack stehe mit diesen Bemerkungen auf einer Stufe mit allen „Berufsantisemiten" (KINZIG 2004, 93). Zur Vollständigkeit gehört aber die Tatsache, dass das AT für Harnack eine große Rolle in der persönlichen Frömmigkeit spielte. Es lag so mancher Hausandacht, gerade auch an besonderen Tagen (wie bei der eigenen Goldenen Hochzeit), zugrunde (KINZIG 2004, 101).

2.3 Das Gottesbild Marcions und die Zurückweisung einer kanonischen Geltung des Alten Testaments prägten u. a. die Auseinandersetzungen zwischen der liberalen und der dialektischen Theologie der 1920er Jahre. Dabei wurden u. a. der Dualismus Marcions und die scharfe Dialektik Barths und seiner Gefährten parallelisiert.

Kritik an Harnacks Zurückstellung des AT kam auch von seinem Schüler und Kollegen Karl Holl (1866–1926). Holl schrieb, die Lage im 20. Jahrhundert unterscheide sich nicht von der im 2. Jahrhundert: „Wir müssen das A.T. behalten, um es wie das N(eue) in Freiheit zu gebrauchen." (KINZIG 2004, 117) Der Judenhasser Chamberlain (→ § 9.3.1) dagegen stimmte Harnack ausdrücklich zu (KINZIG 2004, 122). Die entsprechende Rezeption bei den Antisemiten wie etwa dem Flensburger Hauptpastor Friedrich Andersen (1860–1940, → § 3.1.1), der sich auf Harnacks Marcion berief und die „Ausscheidung des Judentums aus dem Christentum" forderte, war vorprogrammiert (KINZIG 2004, 125). Zahlreiche Alttestamentler, Kirchenhistoriker und reformierte Theologen, die ja

2. Kapitel: Faules Denken

grundsätzlich von der Theologie der Bundesschlüsse Gottes im AT („Föderaltheologie") geprägt sind, widersprachen Harnack deutlich. Besonders treffend formulierte der Alttestamentler Wilhelm Vischer (1895–1988): „Sage mir, was du am alten Testamente streichst, und ich sage dir, was der Defekt deiner christlichen Erkenntnis ist." (KINZIG 2004, 131).

2.4 Harnacks Marcionbuch macht deutlich, dass eine historische Darstellung immer auf die Annahmen und Normen des jeweiligen Verfassers bezogen ist. Hatte Harnack schon zwei Jahrzehnte zuvor in seinem „Wesen des Christentums" alles Gewicht auf den Gott Jesu als den Gott der Liebe gelegt, so fand er dieses Konzept nun auch bei Marcion wieder. Ein neuer und starker Impuls bei Marcion war allerdings der unüberbrückbare Graben, der Dualismus zwischen dem alttestamentlichen und dem christlichen Gott. Harnack fand darin seine eigene, durchaus auch emotional begründete Sicht der „Inferiorität" des AT wieder und machte einen radikalen Schnitt mit dem Vorschlag, das AT zu dekanonisieren und es von der normativen Selbstvergewisserung der Kirche auszuschließen. Dass er damit den rassistischen Antisemiten und dem Germanenwahn der „Deutschkirchler" in die Hände spielte, dürfte ihm nicht verborgen geblieben sein.

3. Von Harnack zu Emanuel Hirsch (1888–1972)

3.1 Die Bezugnahmen auf Harnacks Marcion reichten bis in die Zeit des Nationalsozialismus. Bei der Auseinandersetzung über Emanuel Hirschs Buch „Das Alte Testament und die Predigt des Evangeliums" von 1936 kritisierte ihn der Erlanger Alttestamentler Otto Procksch (1874–1947) deutlich: Die aktuelle Kluft verlaufe nicht zwischen Al-

§ 12 Alttestamentliche Hermeneutik und Antijudaismus

tem und Neuem Testament, sondern zwischen der Theologie Hirschs und der kirchlichen Theologie.

Hirsch ist der wohl prominenteste evangelische Theologe, der sich völlig – bis zu seinem Lebensende – dem Nationalsozialismus und der deutschchristlichen Häresie zugewandt hat (1933 war er theologischer Berater des „Reichsbischofs" Ludwig Müller). Es gehört zu den Unbegreiflichkeiten der jüngeren Theologiegeschichte, wie Hirsch, ein derartig umfassend belesener Theologe, Schüler Karl Holls und ausgewiesener Kenner Luthers, Fichtes und Kierkegaards sowie Autor einer bewundernswert reichhaltigen Theologiegeschichte, sich so vollkommen der nationalsozialistischen Ideologie überlassen konnte. Dennoch wird man angesichts dieses Theologenlebens fragen: „[…] kann ein intelligenter Mensch sichergehen, dass es ihm gelingen wird, eine Wiederholung von Hirschs Irrtum zu vermeiden?" (ERICKSEN 1986, 258)

3.2 Da Hirsch unmäßig und erschreckend konsequent in seinem politischen Irrsinn war, ist es nicht unproblematisch, ihn – wie es hier geschieht – mit Harnack und Bultmann in eine Reihe zu stellen. Aber er war eben nicht nur ein Deutscher Christ, sondern auch derjenige, der die geläufige Entgegensetzung von AT und NT in schärfster Weise vertreten hat. Die antisemitischen Ausfälle des Gauobmanns Krause der „Deutschen Christen" bei der „Sportpalastkundgebung" im November 1933 (→ § 4.4.3) sind nur die primitive und ungeschminkte Form der Anwendung der Theologie von Hirsch. Es führt sachlich nicht weiter, die Hermeneutik des AT bei Hirsch in allen Einzelheiten nachzuzeichnen. Dennoch ist kurz zu verdeutlichen, dass von Hirsch die hermeneutischen Linien fortgesetzt und grob gezeichnet werden, die Schleiermacher und Harnack vorgegeben hatten. Der „Gegensatz der

2. Kapitel: Faules Denken

beiden Testamente" ist für Hirsch das Grundaxiom bei der Predigt über alttestamentliche Texte (HIRSCH 1986, 45), wobei er sich u. a. auf Kierkegaard beruft (47). Der Unterschied von AT und NT müsse bei der Predigtvorbereitung „unerbittlich bis ins Letzte" herausgearbeitet werden (116). Das AT rede von der „Gefangenschaft der göttlichen Wahrheit in einem unwahren Glauben und Dienst" (117) und zur Zeit Jesu sei es zu „dämonischen Verzerrungen des Judentums" gekommen (121).

So wird das weit verbreitete Klischee der „jüdischen Gesetzesreligion" (→ §4.1) in grober Weise zur Geltung gebracht. In einer Thesenreihe für eine theologische Fortbildung 1934 heißt es zunächst, das AT sei historisch das Dokument einer Volksreligion, das u. a. den Glauben und Dienst „eines aus der arabischen Wüste ins palästinische Kulturland einbrechenden Nomadenvolkes" zeige; der alttestamentliche Glaube stehe „in jeder seiner Gestalten" im „Gegensatz zum christlichen Glauben und Dienst" (107f.) Gegen Ende der Thesenreihe (Punkt 5) formuliert Hirsch: „Wir können auch an den tiefsten Stellen des Alten Testaments nicht christlichen Glauben spüren, sondern lediglich ein ahnendes Verlangen des unter der alttestamentlich-jüdischen Gesetzesreligion gefangen liegenden Gottesglaubens nach Befreiung und Erfüllung." (110) Der alttestamentliche Glaube ist für Hirsch also nichts anderes als Ausdruck des eigenen Mangelbewusstseins und der Sehnsucht nach Selbstaufhebung. Das ist eine erschreckend konsequente Sicht vom neutestamentlichen Christusglauben auf ein als Antithese dazu stilisiertes Altes Testament.

3.3 Allerdings darf man Hirsch weder die Absicht der Entkanonisierung des AT unterstellen noch eine marcionitische Position. Er betonte mehrfach, dass das AT zum

§ 12 Alttestamentliche Hermeneutik und Antijudaismus

Verständnis Jesu Christi nicht nur grundsätzlich, sondern auch praktisch in Unterricht und Predigt notwendig sei. Gegenüber der Kritik von Otto Procksch setzte er sich explizit von der Zwei-Götter Lehre Marcions ab (129f.). Es sei ihm nie zweifelhaft gewesen, dass es die alttestamentlichen Gestalten „unter der Decke ihres Jahweglaubens mit dem lebendigen Gott zu tun" hatten (40). Entsprechend votierte Hirsch nicht wie Harnack und Schleiermacher für den kirchlichen Verzicht auf das AT (49. 51. 148). Dieses habe eine „nahe Beziehung mit der vulgären kirchlichen Religiosität", so dass man an diese anknüpfen könne (ebd.).

Gleichwohl sind die in Hirschs Argumentationen en passant fallen gelassenen Attribute über das AT, wie bereits gezeigt, abfällig und verächtlich (vgl. 160 über die „Bosheit und Verstockung der Juden"). Die Bemerkungen des Herausgebers von Hirschs Texten zum AT, Hans Martin Müller, es sei bei Hirsch „kein antijüdischer Affekt" bestimmend, sondern die Sorge, es könne sich in der gegenwärtigen Predigt „die Verkündigung eines vergeistigten Gesetzes und eines irdischen Gottesreiches" ausbilden (in HIRSCH 1986, 12, Anm. 10), überzeugen mich nicht. Das rein negative, stereotype Urteil Hirschs über die „jüdische Gesetzesreligion" spricht eine zu deutliche Sprache (107. 115; 108 ist die Rede von „unterchristlichen […] Elementen"). Selbst der üble Judenhasser Lagarde (→ § 3.1.3) kommt in Hirschs Referenzen vor, wenn auch in der Abgrenzung (40). Hirschs Fazit zum Glauben Israels: „Das Kreuz Jesu Christi hat diese Volksreligion ebenso unter das göttliche Nein gestellt wie alle andern Nationalreligionen." (113) Der christliche Prediger werde die Abgrenzung „wider" das AT „als Weg christlicher Erziehung auf das Neue Testament" lebendig werden lassen

2. Kapitel: Faules Denken

(123). Erst da werde sich erschließen, dass das Herz des Menschen „der wahre Ort der Gegenwart Gottes" sei (152).

3.4 Obwohl Hirsch nicht die Dekanonisierung des AT fordert, lesen sich seine Beiträge als noch radikaler und negativer als die von Schleiermacher und Harnack. Das liegt zum einen an Hirschs Annahme eines *Gegensatzes* zwischen AT und NT, wie man ihn in Luthers *Unterscheidung* von Gesetz und Evangelium gerade nicht findet. Hinzu kommen bei Hirsch zum anderen die fast ausschließlich negativen Attribute für das AT. Dabei fußt Hirsch auf einer langen Tradition, die sich in Aufklärung und Idealismus eingebürgert hatte und der zufolge die Religionen nach einem allgemeinen Qualitätsstandard zu beurteilen sind; vor allem gilt dabei das Christentum nicht nur als die „wahre", sondern als die „beste" und „höchste" Religion und das Judentum als niedriger stehende Religion. Das wird an Hirschs Formulierung deutlich, es gehe beim Predigen um eine „Hinaufdeutung des Alten Testaments in das Christliche" (158). Am Beispiel des Eides unterscheidet Hirsch dann „die Eidesbindung nach alttestamentlich-jüdischer" Weise und „unsre christlich-germanische Auffassung des Eides" (164) unter der Prämisse, dass man daran „Art und Höhe der Religion, in der geschworen wird", erkennt. In diesem Text über „Jesus und das Alte Testament" aus dem Jahr 1937 (159–171) lässt schon die Sprache erkennen, wes Geistes Kind der Autor ist. Dass die Annahme, die nach menschlichen Kriterien „höhere" Religion sei auch die wahre Religion, einen dogmatischen Fehlschluss („nach dem Fleisch") enthält, ist leicht zu erkennen (1 Kor 1,26 ff.).

Hirschs Auslassungen haben zwar in der Praktischen, Biblischen und Systematischen Theologie wenig Resonanz gefunden, weil sich Hirsch durch sein politisches und theologiepolitisches Agieren selbst außerhalb der Argumentationsgemeinschaft begeben hatte. Die Struktur, Inhalte und Konsequenzen seiner alttestamentlichen Hermeneutik waren dagegen nicht so singulär, wie es nach dieser gerafften Darstellung zu sein scheint. So ähnlich wie er dachten wahrscheinlich mehr Theologen, die aber mit dieser Einstellung nicht die Öffentlichkeit suchten.

4. Von Hirsch zu Rudolf Bultmann (1884–1976)

4.1 Das faschismusfreundliche Verhalten Hirschs in der NS-Zeit war keinesfalls alternativlos. Konrad Hammann hat in seiner Bultmann-Biographie dargestellt, wie Bultmann ab 1933 entschieden für die Juden und gegen den staatlichen und kirchlichen Arierparagraphen eintrat (HAMMANN 2012, 275–295). Schon 1925 hatte Bultmann der Studentin Hannah Arendt (1906–1975) bei der Seminaranmeldung versichert, dass antisemitische Äußerungen von ihm nicht geduldet würden (276). In der Auseinandersetzung mit dem „Deutschen Christen" Georg Wobbermin (1869–1943, Systematiker in Göttingen) stellte Bultmann in einer Stellungnahme im Dezember 1933 fest, dass die Einführung des Arierparagraphen in der Kirche schrift- und bekenntniswidrig sei. Seinen akademischen jüdischen Freunden blieb er nach deren Entlassung treu und suchte ihnen Publikationsmöglichkeiten zu erhalten.

4.2 Bultmann, der zu Recht als Systematiker unter den Exegeten gilt, hat sich mehrfach mit der Frage nach dem Wort Gottes und der Offenbarung im Alten Testament beschäftigt. In einem äußerst gewichtigen, leider erst nach dem Krieg publizierten Aufsatz aus dem Jahr 1933 (Lite-

2. Kapitel: Faules Denken

ratur dazu bei HAMMANN 2012, 289, Anm.163) stellte er die bleibende Bedeutung des Alten Testaments für den christlichen Glauben heraus. Dazu erteilt er zunächst dem aufklärerischen und liberalen Modell vom Christentum als höchster Stufe der Religion eine Absage. Zielsicher erkennt er die Argumentation mit dem Religionsbegriff als theologischen Grundfehler: Das Verhältnis der neutestamentlichen zur alttestamentlichen Religion sei „überhaupt nicht theologisch relevant" (BULTMANN 1972, 317), weil man als Glaubender nur von der eigenen Existenz her und nicht aus einer Superperspektive fragen könne. Mit diesen wenigen Bemerkungen destruiert Bultmann eine bis heute immer wieder begegnende Entwicklungs- und Stufenhermeneutik, die mit äußeren (in der Regel moralischen) Kriterien Werturteile fällt. Man ahnt auch, wen er meint, wenn er davor warnt, das AT als „Ausdruck eines bestimmten völkischen Geistes (des israelitisch-jüdischen)" zu verorten (325, Anm. 1).

Im Glauben sei das AT primär die Gestalt von Gottes Forderung (Gesetz) und das NT die Gestalt der Gnade (Evangelium); dabei gelte aber keine Ausschließlichkeit, weil das Gesetz im AT von der Gnade unterfangen und das Evangelium im NT im Zusammenhang mit Gottes Forderungen laut werde. Auf jeden Fall sei es sinnlos, „das Christentum festhalten zu wollen, und das Alte Testament zu verwerfen" (325). Das Sein unter dem Gesetz im AT sei „schon als ein Sein unter der Gnade verstanden" (326, dort kursiv), so dass man nicht sagen könne, „dass im Alten Testament das Evangelium fehlt" (327). Die Differenz zu Hirsch, aber auch zu Harnack drängt sich auf. Die Gedanken von Sünde und Gnade seien im AT „radikal erfasst", so dass der Glaube im AT *Hoffnung* sei und im NT *Erfüllung*. Die eschatologische Tat Gottes in Jesus

§ 12 Alttestamentliche Hermeneutik und Antijudaismus

mache „aller Volksgeschichte" als Heilsgeschichte ein Ende (332). Die Geschichte Israels sei „für uns nicht Offenbarungsgeschichte" (333, dort kursiv). „Gottes Wort" ist für Bultmann allein das Neue Testament – und die Kirche findet im AT nur wieder, „was sie aus der Offenbarung in Jesus Christus schon weiß" (334). Insofern es auf Christus bezogen wird, kann das AT „in vermittelter Weise Gottes Wort sein" (335, dort kursiv).

4.3 Damit liegt bei Bultmann ein radikal christologisches Verständnis des AT vor; dieses ist zwar anders als bei Luther, aber doch vergleichbar. Bultmann fällt jedenfalls kein negatives Urteil über das AT oder das Judentum, sondern er markiert in klarer Weise seine Urteilsperspektive: Das AT wird von der Christuserfahrung her gelesen und bewertet. Der Christusglaube ist bei Bultmann nicht „besser" oder „höher" als der alttestamentliche Glaube, sondern er ist anders, eben auf das Christusbekenntnis fokussiert. In diesen Fokus geraten alle anderen Seins-, Sollens- und Existenzaussagen des Christen, so dass „Augen, Herz und Sinn" gerichtet sind auf Jesus hin (EG 479,1). Der christologische Gedanke ist kein Werturteil, sondern ein Bekenntnisurteil. Dieser entscheidende Unterschied war bisher, wie wir in den letzten Paragraphen gesehen hatten, nicht gemacht worden. Bultmann war offensichtlich durch die radikalen Unterscheidungen der „dialektischen" Theologie so geprägt, dass er den Glauben nicht von bestimmten Merkmalen her zu bewerten suchte, aber dennoch die Glaubenserfahrung als theologisches Axiom ins Spiel brachte. Die christologische Konzentration wurde nicht um den Preis der Abwertung des AT und des Jüdischen erkauft.

4.4 Zu Beginn seines Aufsatzes „Christus des Gesetzes Ende" von 1940 betonte Bultmann nochmals, dass Qualitätsurteile in Sachen des Glaubens verfehlt seien. Der „moderne Entwicklungsgedanke" liege Paulus gänzlich fern: „die jüdische Religion ist für ihn nicht eine überwundene Stufe in der Entwicklung des menschlichen Geistes" (BULTMANN 1972, 32). Außerdem weist Bultmann hier auf das falsche Bild vom jüdischen Verständnis des Gesetzes als einer drückenden Last hin (33; → § 6.3.3). Wohl aber schreibt er dem Judentum bei Paulus ein tiefes „Geltungsbedürfnis" zu, das mit dem Streben nach Gerechtigkeit verbunden sei. Dieses Streben sei zwar „jedem Menschen eigen", aber für den Juden (durch das Gesetz als Mittel der Geltung vor Gott) in besonderer Weise charakteristisch (38). Dergleichen kehre im modernen Leistungsgedanken wieder (39), sei aber typisch jüdisch: „Das ist der große Irrtum, der Wahn, in dem die Juden befangen sind" (40). Bultmann spricht hier zwar von den Juden *bei Paulus* und *mit der Rechtfertigungserfahrung* – aber der Satz klingt eben doch wie ein abfälliges Qualitätsurteil, das Bultmann zuvor mit Recht deutlich zurückgewiesen hatte. Das wird nur wenig dadurch relativiert, dass er die Geltungssucht als „Grundsünde der Juden" auch bei den Heiden und Heidenchristen ausmacht (42). Im Kreuz habe Paulus die Befreiung des Menschen von sich selbst erfahren, so dass Bultmanns Fazit lautet: „In diesem Sinne also ist das Judentum überwunden, ist das Gesetz erledigt" (52 f.).

Auch zu dieser Passage gilt Analoges wie das oben Gesagte: Bei Bultmann verläuft die Argumentation aus der Bekenntnisperspektive und nicht aus dem Qualitätsvergleich der Religionen. Dennoch wird man notieren müssen, dass auch die Thesen Bultmanns antijüdisch gewendet bzw. missdeutet werden können. Andererseits kann man aus Bultmanns systematischem Denken und Unter-

§ 12 Alttestamentliche Hermeneutik und Antijudaismus

scheiden vieles lernen. Eine Abwertung oder gar Herabstufung bzw. Dekanonisierung des AT liegt ihm fern. Bultmanns Christozentrismus macht das Alte Testament erst recht notwendig. Dieses zeigt das Wort Gottes im Modus vor Christus, aber nicht ohne Christus, das Wort des Gottes, der im Modus der Hoffnung als der Vater Jesu geglaubt wird.

4.5 Knapp ein Jahrzehnt später hat Bultmann diese Sichtweise noch einmal anders auf den Punkt gebracht, indem er das biblische Verhältnis von „Weissagung und Erfüllung" vom Christusbekenntnis her eschatologisch deutete. Das bedeutet für Bultmann im Einzelnen: Die alttestamentlichen Geschichtskategorien des Bundes, der Königsherrschaft Gottes und des Gottesvolkes sind nach Ostern durch die Christusgeschichte qualifiziert. In Christus gilt der neue Bund, die Christusherrschaft ist etwas Überweltliches und damit etwas ganz anderes als das von den Propheten Erwartete; das wahre Gottesvolk ist die Ekklesia. Diese neutestamentliche Umdeutung der Kategorien bringt Bultmann zusammenfassend auf die – nicht eben glückliche – Formel des *Scheiterns*. Die alttestamentlich-jüdische Geschichte ist danach Weissagung *„in ihrem inneren Widerspruch, in ihrem Scheitern"* (BULTMANN 1968, 183, dort kursiv).

Diese Begrifflichkeit ist insofern problematisch, als damit doch wieder ein quasi objektives Urteil oberhalb der Geschichte gefällt zu werden scheint: Das Alte Testament ist gescheitert und die christlichen Geschichtskategorien haben sich durchgesetzt. Wenn man genau liest, ist deutlich, dass Bultmann wiederum vom Bekenntnis her urteilt und gerade keine Qualitäts-, Wert-, Entwicklungs- oder Siegesurteile fällt. Aber dennoch wäre besser von einer radikalen Neuinterpretation als vom „Scheitern" die Rede,

2. Kapitel: Faules Denken

weil das Letztere triumphalistisch missdeutet werden kann. Es sei der Fehler des Judentums, „wenn das Gottesvolk mit dem empirischen Volk identisch sein soll". Das Scheitern erweise die Unmöglichkeit davon und genau dieses sei zugleich die Verheißung (184). Deswegen bedürfe auch der christliche Glaube „des Rückblicks in die alttestamentliche Geschichte als eine Geschichte des Scheiterns und damit der Verheißung" (186). Mit diesem Spitzensatz scheint das gesamte Alte Testament als etwas „Gescheitertes" qualifiziert zu sein – wenngleich das dem Argumentationsgang Bultmanns nicht entspricht. Man kann jedoch Harnack oder gar Marcion und damit eine Abqualifizierung des Alten Testaments und des Judentums in diesen Satz hineinlesen.

4.6 Insgesamt sind Bultmanns Erwägungen von hoher systematischer Durchdringungskraft. Der Standpunkt des Bekenntnisses als Argumentationsbasis aller Theologie wird deutlich markiert und die damit verbundenen Konsequenzen werden herausgearbeitet. Dennoch sind die Formulierungen vom „Wahn der Juden" und vom „Scheitern" der alttestamentlichen Geschichte leicht antijüdisch zu missdeuten, wenn sie als solche zitiert werden. Dass Bultmann allerdings auch Gesichtspunkte der „new perspective on Paul" (→ § 6.3) vorwegnimmt, wenn er schon 1940 dem Klischee vom unter dem Gesetz leidenden Judentum widerspricht (BULTMANN 1968, 33), sollte der Vollständigkeit halber vermerkt werden.

Zusammenfassung

Weder Schleiermacher noch Harnack waren Antijudaisten oder gar Judenhasser, wenngleich ihre negativen Sichtweisen des Alten Testaments (mit dem Vorschlag der Ab-

§ 12 Alttestamentliche Hermeneutik und Antijudaismus

trennung des Alten Testaments vom Neuen) dem Antijudaismus Vorschub leisten konnten und können. Dabei war es vor allem das in aufklärerischer Tradition stehende (moralische) Qualitätsurteil, mit dem man die religiöse „Höhe" des Neuen Testament gegen das Alte Testament ausspielte. Wohin eine solche alttestamentliche Hermeneutik führen kann, wurde bei Emanuel Hirsch deutlich. Bei ihm wurde aus Luthers Unterscheidung von Gesetz und Evangelium der tiefe Gegensatz zwischen beiden Testamenten, so dass Hirsch im Hinblick auf die christliche Predigt vom „Hinaufdeuten" des Alten Testaments sprach. Bei Bultmann schließlich wird die souveräne systematische Herangehensweise an die Zuordnung beider Testamente deutlich, indem er vom Christusbekenntnis ausgeht und darum keine Negativurteile über das Alte Testament als eine tiefer stehende Religion fällt. Aber auch Bultmanns Rede vom „Geltungsbedürfnis" der Juden und vom „Scheitern" der alttestamentlichen Heilsgeschichte kann antijüdischen Interpretationen Tür und Tor öffnen.

3. Kapitel

Der Jude Jesus Christus:
Christlicher Glaube im Angesicht Israels

Das zweite Kapitel (§§ 4–12) hat in einer gedrängten Schau Beispiele für antijudaistische und antisemitische Tendenzen in der christlichen (evangelischen) Theologie und Kirche vor Augen geführt. Dabei ist zum einen deutlich geworden, dass die Unterscheidung von Antijudaismus und Antisemitismus nur von begrenztem Erklärungswert ist. Die verbreitete Abneigung gegenüber Jüdischem und Juden kleidete sich in jeweils unterschiedliche, zeittypische Moden, wovon die pseudowissenschaftliche Rassentheorie des 19. Jahrhunderts nur eine, wenn auch eine besonders folgenreiche und abstoßende Ausprägung war. Die Abneigung war primär, die Begründung sekundär. In diesem Zusammenhang musste zum anderen gezeigt werden, wie auch theologische Denkmuster, die nicht eigentlich antijüdisch gemeint gewesen sein mögen, dennoch in den breiten Strom eines allgemeinen Judenhasses einmünden konnten. Selbst das aufklärerische Denken hatte daran Anteil.

Theologisch waren es die – zum Teil eher unbedachten – Karikaturen des angeblichen alttestamentlichen „Rachegottes", des „Partikularismus" der Religion Israels und des „versklavenden" *jüdischen* Gesetzes, die zu einer Grundsignatur der Verächtlichkeit und Überheblichkeit

3. Kapitel: Der Jude Jesus Christus

beitrugen, mit der das Judentum in der evangelischen Kirche und Theologie bewertet wurde. Diese Grundsignatur evangelischen Denkens ergab sich – dem „sola scriptura" entsprechend – vor allem aus den Rezeptionsgewohnheiten des Alten Testaments. In dem nun folgenden dritten Kapitel soll der christliche Glaube in seinem Verhältnis zu Israel vor allem positiv entfaltet werden. Der Glaube an das Evangelium ist Glaube an den Juden Jesus und an seinen Vater, der einen Bund mit Israel geschlossen hat.

Insgesamt geht es in den folgenden vier Paragraphen um eine zweifache Aufgabe und Verantwortung der christlichen Theologie im Angesicht Israels. Nach innen, *intra muros ecclesiae*, ist die trinitarische Einsicht grundlegend, dass sich Glaube und Gebet auf den Vater Jesu Christi und damit auf den Gott Israels beziehen, der „durch den Sohn" und „im Heiligen Geist" angerufen wird. So wahr das christliche Beten ohne den Sohn und ohne den Geist unmöglich ist, so wahr ist es doch der Vater des Sohnes, dem „durch ihn und mit ihm und in ihm" alle Herrlichkeit und Ehre zuteilwird. Im Geist erschließt sich die Untrennbarkeit von Vater und Sohn. Da die christliche Theologie nichts anderes ist als die Reflexion der menschlichen Gottesbeziehung in dieser Logik des christlichen Betens, ist die gesamte Theologie in dieser Weise trinitarisch anzulegen. *Nach außen* stehen der christliche Glaube und die christliche Theologie in der Verantwortung für das Reden über Israel und das Judentum in der Öffentlichkeit. Darum ist *innen*, in der Predigt, im Unterricht und bei kirchlichen Stellungnahmen die sorgfältige Unterscheidung zwischen der *Differenz* im Bekenntnis einerseits und dem Respekt und der *Wertschätzung* für den jüdischen Glauben andererseits zugrunde zu legen. Christlicher Glaube ist immer auch Glaube mit Israel.

§ 13 Zur aktuellen Hermeneutik des Alten Testaments im Dialog mit dem Judentum

Literatur: LEO BAECK: Das Wesen des Judentums, Wiesbaden ⁷o.J. [1905; 1925] ♦ FRANK CRÜSEMANN: Das Alte Testament als Wahrheitsraum des Neuen. Die neue Sicht der christlichen Bibel, Gütersloh 2011 ♦ ALEXANDER DEEG: „Auch für dich" und das messianische „Heute". Überlegungen zur Hermeneutik des Alten Testaments aus homiletischer Perspektive, in: Witte / Gertz 2017, 166–187 ♦ MICHAEL FRICKE: ‚Schwierige' Bibeltexte im Religionsunterricht. Theoretische und empirische Elemente einer alttestamentlichen Bibeldidaktik für die Primarstufe, Göttingen 2005 (ARP 26) ♦ ELISABETH GRÄB-SCHMIDT / REINER PREUL (Hg.): Das Alte Testament in der Theologie, Leipzig 2013 (MJTh 25) ♦ FRIEDHELM HARTENSTEIN: Weshalb braucht die christliche Theologie eine Theologie des Alten Testaments? In: Gräb-Schmidt / Preul 2013, 19–47 ♦ FRIEDHELM HARTENSTEIN: Zur Bedeutung des Alten Testament für die christliche Kirche. Eine Auseinandersetzung mit den Thesen von Notger Slenczka, in: ThLZ 140 (2015), 738–751 ♦ MICHAEL MEYER-BLANCK: Gottesdienstlehre, Tübingen ²2020 [2011], 444–452 (§ 40, Predigt über alttestamentliche Texte) ♦ MANFRED OEMING: Der Kampf um das Alte Testament. Ein Plädoyer für das Alte Testament als notwendigen Bestandteil des christlichen Kanons, in: Witte / Gertz 2017, 1–40 ♦ REINER PREUL: Predigt über alttestamentliche Texte, in: Gräb-Schmidt / Preul 2013, 169–185 ♦ KONRAD SCHMID: Theologie des Alten Testaments, Tübingen 2019 (NThG) ♦ NOTGER SLENCZKA: Die Kirche und das Alte Testament, in: Gräb-Schmidt / Preul 2013, 83–119 ♦ NOTGER SLENCZKA: Rezeptionshermeneutik und Schriftprinzip. Bemerkungen zu einem ambivalenten Verhältnis, in: Witte /

3. Kapitel: Der Jude Jesus Christus

Gertz 2017, 144–165 ♦ Markus Witte/Jan C. Gertz (Hg.): Hermeneutik des Alten Testaments, Leipzig 2017 (VWGTh 47) ♦ Mirjam Zimmermann/Ruben Zimmermann (Hg.): Handbuch Bibeldidaktik, Tübingen ²2018 [2013]

1. Der Berliner Bibelstreit 2013–2017

Schloss das zweite Kapitel mit der Hermeneutik des Alten Testaments, so muss dasselbe Thema zu Beginn dieses dritten, systematischen und aktuellen Kapitels nochmals aufgenommen werden, denn 2013 wurde tatsächlich erneut die Herabstufung des Alten Testaments in der evangelischen Kirche zur Diskussion gestellt, wie das schon in Harnacks Marcionbuch (→ § 12.2.2) der Fall gewesen war. Doch die Zeiten haben sich seit 1921 grundlegend geändert. Im Hinblick auf Harnacks berühmt-berüchtigtes Zitat zum AT im 2., 16. und 19. Jahrhundert muss man heute formulieren: Das AT 1921 zur christlichen Dekanonisierung vorzuschlagen, mag auf dem Hintergrund des neuzeitlichen Entwicklungsgedankens eine gewisse Plausibilität gehabt haben. Dies aber heute, nach der Shoah, nach den neuen Einsichten zur biblischen Theologie und angesichts des grassierenden Antisemitismus, zu wiederholen, ist ein hermeneutischer und ethischer Irrweg. Zuerst ist jedoch die Kontroverse detaillierter zu schildern, bevor dann Thesen für das heutige Verständnis des AT entwickelt (§ 13) und systematische Konsequenzen formuliert werden können (→ § 14–16).

1.1 Im Jahre 2013 löste Notger Slenczka mit seinem Beitrag über die Hermeneutik des Alten Testaments in der christlichen Kirche eine Kontroverse aus, wie sie die Theologie lange nicht erlebt hatte (Slenczka 2013). Eini-

§ 13 Zur aktuellen Hermeneutik des Alten Testaments

germaßen verklausuliert, aber dennoch deutlich lautete der letzte Absatz seines Textes so:

„Vielleicht ist es [...] durchaus wohlgetan, wenigstens darüber nachzudenken, ob nicht die Feststellung Harnacks – dass die Texte des AT zwar selektiv Wertschätzung und auch religiösen Gebrauch, nicht aber kanonischen Rang verdienen – lediglich die Art und Weise ratifiziert, in der wir mit den Texten im kirchlichen Gebrauch faktisch umgehen." (SLENCZKA 2013, 119)

So sehr die Passage und der gesamte Text auch im Modus der Frage und des Problematisierens formuliert sind, läuft das Ganze zweifellos auf die von Schleiermacher (→ § 12.1) inaugurierte und von Harnack (→ § 12.2) vertretene These hinaus, den Texten des AT den kanonischen Rang abzusprechen. Das Hauptargument in dem Zitat ist nicht so sehr die Ansicht Harnacks, sondern ein empirisches, nämlich „die Art und Weise", in der mit dem AT im kirchlichen Gebrauch „faktisch" umgegangen werde. De facto, so ist zu ergänzen, spiele das AT in der theologischen Selbstvergewisserung der Kirche keine regelgebende (kanonische), sondern allenfalls eine selektive Rolle. Die Infragestellung des kanonischen Rangs des AT „ratifiziere" lediglich die tatsächliche kirchliche Praxis. Praktisch habe das AT in der christlichen Kirche keinen kanonischen Rang (mehr) und es gelte darum, in der theologischen Hermeneutik vor dieser Tatsache nicht länger die Augen zu verschließen.

1.2 Abgesehen davon, dass es sich bei Slenczkas Argument um einen Schluss vom Sein auf das Sollen handelt, ist dessen empirische Basis leicht zu erschüttern. In der Religionspädagogik, speziell in der Bibeldidaktik, hatte man sich gerade in den zurückliegenden Jahren bemüht, nicht nur die leicht zugänglichen, sondern auch die „schwieri-

3. Kapitel: Der Jude Jesus Christus

gen" Texte für den Unterricht in der Grundschule heranzuziehen. Dazu gehörten Gespräche mit Kindern über die Sintflut (1 Mose 6–9), Jakobs Segensbetrug (1 Mose 27) und die Tötung der ägyptischen Erstgeburt (2 Mose 7–12; FRICKE 2005). Sieht man das erstmals 2013 erschienene „Handbuch Bibeldidaktik" durch, dann fällt auf, dass sich dort sieben neutestamentliche, aber fünfzehn alttestamentliche Personenartikel finden (ZIMMERMANN/ZIMMERMANN 2018, 287–395). Erst recht bedeutsam war die 2010 begonnene Arbeit an der neuen Perikopenordnung der EKD, bei der die Zahl der alttestamentlichen Texte von knapp einem Fünftel auf ein Drittel fast verdoppelt wurde. 2014 erschien der Entwurf zur Erprobung und am 1. Advent 2018 wurde die neue „Ordnung Gottesdienstlicher Texte und Lieder" (OGTL) eingeführt. Die tragende Rolle der alttestamentlichen Texte für die Lese- und Predigtpraxis der Evangelischen Kirche war das wohl folgenreichste Ergebnis der moderaten, aber an diesem Punkt konsequenten Revision.

Exakt das Gegenteil des von Slenczka postulierten Befundes entspricht demnach der empirischen Realität: Das Alte Testament ist in der kirchlichen Praxis nicht auf dem Rückzug, sondern auf dem Vormarsch. Besonders wer fast jeden Sonntag zu predigen hat, ist erfreut über die neuen alttestamentlichen Perikopen, die lebensgesättigte Impulse in das Kirchenjahr bringen. Ein oft genanntes Beispiel aus der OGTL von 2018 ist der Predigttext Hoheslied 2,8–13 („Das ist die Stimme meines Freundes! Siehe, er kommt und hüpft über die Berge") am 2. Advent.

1.3 Beruht das empirische Argument Slenczkas demnach auf Fehleinschätzungen bzw. auf unzureichenden Informationen, sind nun seine sachlichen Gründe für die Forderung nach einer Dekanonisierung des AT zu unter-

§ 13 Zur aktuellen Hermeneutik des Alten Testaments

suchen. Den Kern der ausführlichen und höchst ambitionierten Argumentation wird man in dem – bereits in den letzten Paragraphen problematisierten – Entwicklungsgedanken sehen können, der sich in der Aufklärung herausgebildet hatte und den sich Schleiermacher und Harnack zu eigen gemacht hatten (darüber hinaus wird man den Entwicklungsgedanken als geistigen Schlüssel zum Verständnis des 19. Jahrhunderts überhaupt veranschlagen können). Slenczka zufolge kam das Christentum in seiner Abstoßung vom alttestamentlichen Gottesbewusstsein zustande und fand weiterhin mit den Klärungen u. a. des 2. (Marcion), 16. (Luther) und 19. Jahrhunderts (Schleiermacher) zu sich selbst; zu dieser Entwicklung gehörte die Selbstunterscheidung vom AT. Mit dieser Analyse stimmte Slenczka dem berühmten Harnack-Zitat (→ § 12.2.2) zu, wonach das „Conservieren" des AT im 19. Jahrhundert die Folge einer kirchlichen „Lähmung" gewesen sei. Das Gottesbewusstsein des AT entspreche spätestens seit dem 19. Jahrhundert nicht mehr dem Christusbewusstsein.

Der damit kurz zusammengeraffte Gedankengang begründet Slenczkas klipp und klar formulierte Eingangsthese, „dass das AT in der Tat, wie Harnack vorgeschlagen hat, eine kanonische Geltung in der Kirche nicht haben sollte" (SLENCZKA 2013, 83). Das AT könne keine „Basis einer Antwort auf die Frage nach dem Wesen des Christentums" darstellen (90). Das AT gehöre zwar „unverzichtbar" zur „Vorgeschichte des Christentums", doch dieses sei dazu bestimmt, sich „im Laufe einer Entwicklung" von seinen partikularen Voraussetzungen „abzulösen" (93). Die „Universalität des Religiösen" sei erst in Jesus erfasst und „im Laufe der Christentumsgeschichte ausgearbeitet" worden (95). Hier wird also eine Grund-

3. Kapitel: Der Jude Jesus Christus

idee des umfassend Religiösen vorausgesetzt und zum Maßstab der Meinungsbildung erhoben. Das Urteil – bei Harnack und bei Slenczka – ist damit kein eigentlich religiöses, sondern ein religionstheoretisches Urteil. Die Ablehnung der normativen Funktion des AT in der Kirche beruhe auf einem Prozess, in dem das Christentum „seiner Besonderheit in der Religionsgeschichte ansichtig" geworden sei (100). Das impliziert nicht nur eine andere, sondern eine komplexere, qualitativ höherwertige Religion. Daraus konnte – vorsichtig formuliert – ein christliches Gefühl der Überlegenheit gegenüber dem Alten Testament und dem Judentum herausgelesen werden.

Höchst strittig war auch Slenczkas Paulusdeutung, der zufolge die Heiden zwar durch Christus „in den Bund Gottes mit Israel hineingenommen werden", dass aber dieser Bund für Paulus schon von vornherein, also schon bei Abraham, als christologisch konstituiert verstanden werde (117). An diesem Punkt wird man Slenczka allerdings exegetisch im Wesentlichen zustimmen müssen (→ § 6, Thesen 2.6 und 2.7).

1.4 Slenczkas Aufsatz verursachte ein erhebliches Rauschen im Blätterwald der Feuilletons. Etwas später kam es zu intensiven Auseinandersetzungen, die besonders scharf in der Berliner Theologischen Fakultät geführt wurden. Ein Artikel in der „Frankfurter Allgemeinen Zeitung" vom 21. April 2015 berichtete über die Berliner Auseinandersetzung unter der Überschrift „Der Gott des Gemetzels" (Einzelheiten und weitere Literatur bei OEMING 2017, 22). Slenczka wurden Antijudaismus, mindestens aber das Unsensible seines Vorstoßes und die Belastung des jüdisch-christlichen Gesprächs vorgeworfen.

1.5 Das Ergebnis des Streits bestand vor allem in der Einsicht, dass es zwar Differenzen im Verstehen das Alten

§ 13 Zur aktuellen Hermeneutik des Alten Testaments

Testaments gibt, dass aber kein Gesprächspartner (auch Slenczka nicht) ernsthaft die praktische Konsequenz erwog, das AT in seiner ganz praktischen Relevanz für die Kirche herabzustufen.

1.6 Offen blieben also die hermeneutische und die kirchenrechtliche Frage, was die Herabstufung des AT in seiner „Kanonizität" bzw. in seiner „kanonischen Geltung" praktisch zu bedeuten hätte. Schleiermacher hatte ja dafür votiert, in den Bibelausgaben aus dem AT nur die Propheten und die Psalmen dem NT als Anhang beizugeben (→ § 12.1.3); so weit wagte sich in den aktuellen Debatten jedoch niemand hervor. War also stattdessen gemeint, AT-Texte nicht mehr zu predigen oder nicht mehr im Gottesdienst zu lesen? Wohl kaum – die EKD entschied 2018 völlig konträr. Sollte sich eine eventuelle Herabstufung auf die Verpflichtung der Geistlichen beziehen? Doch die Formulierung im Ordinationsvorhalt fragt summarisch nach dem „Evangelium von Jesus Christus […], wie es in der Heiligen Schrift gegeben" ist – von einer Differenzierung zwischen AT und NT ist dabei nicht die Rede. Sollte das AT nicht mehr in dogmatischen und ethischen Debatten herangezogen werden? Auch das wäre unvorstellbar, bezieht man sich doch in der Ethik auf vielerlei Texte, nicht nur aus der Bibel. Außerdem fordert bekanntlich niemand, aus biblischen Ermahnungen direkt kirchliche Handlungsanweisungen abzuleiten – man denke nur an 1 Kor 5,13 oder 1 Kor 14,34. Alles das kann demnach kaum gemeint gewesen sein.

Wird also bei der Absage an die „kanonische" Geltung des AT insgeheim ein literalistisches Schriftverständnis vorausgesetzt? „Kanonisch" bedeutet ja in der Gegenwart nicht mehr, als dass der kritische (!) Rekurs auf eine plural und kontrovers zu diskutierende (!) Schriftstelle nicht

3. Kapitel: Der Jude Jesus Christus

weiter begründet werden muss. Kanonizität im Sinne der literalen Geltung ohne Bezug auf das gegenwärtige Selbst- und Wahrheitsbewusstsein – das wäre ein Popanz ohne Anhalt an einer ernstzunehmenden realen Hermeneutik. Das Schrift*prinzip* kann in der Spätmoderne nur „im Sinne der Auseinandersetzung mit dem historisch Fremden und hermeneutisch Widerständigen", also im Sinne des *initium* verstanden werden (HARTENTEIN 2013, 34). Gleichwohl gibt es freilich Theolog:innen, die das Schriftprinzip in der Moderne für generell unhaltbar erklärt haben (Beispiele referiert OEMING 2017, 19 f.). Doch diese melden sich in der Kontroverse nicht zu Wort.

1.7 Der Berliner Streit 2013–2017 hat erneut deutlich gemacht, dass die „kanonische" Geltung nichts anderes als den (selbst)kritischen Bezug auf die biblische Tradition – in beiden Testamenten – meint. Der Maßstab dafür ist, abgekürzt formuliert, das Evangelium von Jesus Christus in seiner Gestaltwerdung innerhalb des modernen Wahrheitsbewusstseins. Dass sich das Evangelium aber auf den Juden Jesus von Nazareth bezieht und dass es bei Jesu Gottesverhältnis seinen Anfang nimmt, ist unbestritten und soll im Folgenden näher erläutert werden.

2. Bekennen statt Bewerten: Maximen für die christliche Rede vom und mit dem Alten Testament

2.1 Im Paragraphen zur Zeit der Aufklärung (→ § 8) war deutlich geworden, dass die qualitative Betrachtung und Bewertung von Religionen zum Einfallstor für antijüdische Ansichten wurden. In der Aufklärungszeit wurden vor allem die religiösen Regelungen und Vorschriften am Judentum kritisiert, so dass man dieses als eine erstarrte („statuarische") Religion zu kennzeichnen begann. Die

§ 13 Zur aktuellen Hermeneutik des Alten Testaments

damit verbundene Abwertung des jüdischen Glaubens hat sich seitdem gefestigt und immer weiter verbreitet. Ähnlich verhält es sich mit dem Erwählungsgedanken, der im Sinne des nationalen Partikularismus Israels ebenfalls als negatives Kennzeichen aufgefasst wurde und wird.

Demgegenüber wird das Christentum als die universale Religion der Liebe geltend gemacht. Die Entgegensetzung von Altem und Neuem Testament kann so aussehen, dass „Gesetz", „Rache", „Heteronomie" und „Gewalt" mit dem Alten Testament verbunden werden, mit dem Neuen Testament dagegen „Liebe", „Vergebung", „Autonomie" und „Friede" (OEMING 2017, 13 nennt acht Gegensatzpaare). In dieser Art von Schematismus steht das Christentum von vornherein als die bessere und überlegene Religion fest.

Hinzu kam als Verstärkung der erwähnte Entwicklungsgedanke (dazu s. auch HARTENSTEIN 2013, 26), demzufolge das Christentum im Laufe der Jahrhunderte immer mehr zu sich selbst kam, um schließlich zu seiner eigentlichen (aktuellen) Gestalt zu finden, die von Universalismus, Humanismus und umfassender Menschenliebe geprägt ist; so beschrieb es Harnack schon in seinem „Wesen des Christentums" im Jahr 1900 (→ § 9.3.3). Beim Christentum konstatierte man eine positive Entwicklung zu mehr Offenheit und Universalität, beim Judentum meinte man von einer zunehmenden „Erstarrung" in Rechtsvorschriften („Gesetz") sprechen zu können.

2.2 Der entscheidende Fehler bei dieser Art von Betrachtung ist die qualitative Bewertung, die durch die Metatheorie einer bestimmten „Entwicklung" noch verstärkt wird. Allein der deutsche Begriff „Ent-Wicklung" enthält eine implizite Teleologie: Das Eigentliche, das Wesen ei-

3. Kapitel: Der Jude Jesus Christus

ner Sache oder eines Menschen wird immer deutlicher, indem dieses seine Verpackung abstößt (und sich aus dieser herauswickelt). Bewertungen aus der Metaperspektive gehen religionstheoretisch und in der Regel ethisch-moralisch vor. Religiös im eigentlichen Sinne können sie nicht sein, weil sie nicht im Modus des Angeredetwerdens oder der Gottesliebe urteilen, sondern im Modus des kühlen Blickes und des ethischen Qualitätsvergleichs. Die Selbstinterpretation des Judentums wird dabei vernachlässigt.

So wurde im Zusammenhang der christlichen Kritik am jüdischen „Gesetz" übersehen, dass die kultische und ethische Tora für die gläubigen Juden als Erweis der Gnade und Liebe Gottes angesehen und praktiziert wird. Der Weg mit Gott und zu Gott führt nach dem jüdischem Glauben durch den Alltag – und für diesen steht die Tora. „Im Judentum soll die Religion nicht nur *erlebt,* sondern *gelebt* werden, sie soll nicht eine bloße Erfahrung des Lebens sein, sei es auch seine tiefste, sondern seine Erfüllung." (Baeck 1905, 52, dort hervorgehoben) Wichtig ist in diesem Zusammenhang, dass auch Baeck den Begriff der Entwicklung, „und zwar einer *durch Persönlichkeiten bestimmten Entwickelung*", als „unentbehrlich" für das Verstehen der israelitischen Religion ansieht (Baeck 1905, 14, dort hervorgehoben).

2.3 Wie dem auch sei: Ein religiöses Qualitätsurteil über das Judentum steht Christenmenschen ebenso wenig zu wie in Bezug auf andere Religionen. Möglich und sachlich notwendig ist dagegen das ethische (sowie pädagogische und politische) Urteil über die Praxis gesellschaftlicher Gruppen bzw. Bestrebungen; doch das betrifft wiederum nicht nur oder primär die Religionen, sondern alle gesellschaftlichen Zusammenschlüsse und Einflüsse (Vereine, Organisationen, Institutionen und politische Parteien).

§ 13 Zur aktuellen Hermeneutik des Alten Testaments

Das aber heißt: Ein spezifisch religiöses Urteil ist nur im Modus des *Bekenntnisses* (bzw. des „Zeugnisses", HARTENSTEIN 2013, 20. 38–43) angezeigt. Dieses geht nicht eigentlich argumentierend vor, sondern erzählend. Es gibt Auskunft über die Hoffnung, die einen Menschen bestimmt (1 Petr 3,15). Vom Glauben gilt es zu erzählen. Es hilft dagegen nicht, im Gespräch mit Andersgläubigen für ihn zu argumentieren, weil in Sachen des religiösen Glaubens nur religiöse Gründe – eigene Erzählungen und Lebensdeutungen – Geltung beanspruchen können. Darum ist die Enthaltung von Argumentationen über andere Religionen ein wichtiger Schritt zur Wertschätzung und zum Dialog. Der Aufweis von Argumenten für den eigenen Glauben kann diesen sogar schwächen. Der Glaube sucht nach Einsicht, aber Einsichten schaffen keinen Glauben. Das eigene Glaubensbekenntnis ist gerade keine Behinderung der Verständigung, sondern ein Schritt zur Eröffnung des gleichberechtigten Dialogs. Das eigene Bekenntnis ist für den Anderen *anders*, eben so, wie von ihm erzählt wird. Es ist aber weder *besser* noch *schlechter* als das des Anderen – erst recht dann nicht, wenn es sich wie beim Alten Testament um dieselbe Heilige Schrift handelt, der man sich mit unterschiedlichen Lesarten nähert. Dabei ist nicht eine Lesart besser oder wahrer als die andere. Die christliche Lesart des Alten Testaments ist so eine sehr spezifische. Die gegenwärtige Zurückhaltung der (deutschen) alttestamentlichen Wissenschaft gegenüber einer christlichen Lektüre des AT (HARTENSTEIN 2013, 36) ist darum verständlich; sie ist allerdings keine Lösung, sondern ein Grund mehr für einen Graben zwischen beiden Testamenten.

2.4 Die christliche Theologie – einschließlich der Theologie des Alten Testaments – ist als die sachliche, theore-

3. Kapitel: Der Jude Jesus Christus

tisch nachvollziehbare Explikation des Christusbekenntnisses zu definieren. Der Glaube sucht nach seiner sachlichen Erläuterung. Die Erläuterung entsteht aus dem Glauben, von dem sie anhand der von Christus her verstandenen Heiligen Schrift erzählt. Selbstverständlich geschieht das, insofern es sich um Theo*logie* handelt, in analytischer, argumentativer Weise und nicht im Modus der Mitteilung von Erlebnissen oder des Dauerbekenntnisses. Die Explikation des Glaubens erfolgt ja in der Gemeinschaft derer, die „in Christus" (2 Kor 5,17 u. ö.) verbunden sind; sie hat deswegen einen persönlichen und lebensbezogenen, aber keinen individualistischen und privaten Charakter.

Dennoch kommt es dabei auf die Haltung eines erzählenden und bekennenden Argumentierens an. Der bekennende Glaube kann nur berichtend, erläuternd, beispielgestützt vorgehen, aber er kann nicht syllogistisch bewiesen werden. Für den Glauben gibt es nur *religiöse* Gründe der eigenen Überzeugung, während *religionstheoretische* Begründungen („die universale, humane, emanzipative Religion der Freiheit") lediglich sekundären Charakter haben. Die innere Geltung und die Verpflichtung durch den Glauben ist analog der Bindung durch die Liebe zu begreifen, indem gute Gründe dafür nicht den Ausschlag geben – im Gegenteil: Begründungen schwächen die Liebe, indem sie eine Unterstützung zu geben suchen, derer die wahre Liebe nicht bedarf. Die eigene Gebundenheit an den Einen Gott, wie er im Alten und Neuen Testament bezeugt und geglaubt wird, bedarf also keiner religionstheoretischen Qualitätsurteile und schon gar keiner Herabsetzung der Darstellungsform Gottes im Alten Testament. Es bleibt dabei, dass Gott in beiden Testamenten nicht nur der in seiner Liebe erkennbare Gott ist

§ 13 Zur aktuellen Hermeneutik des Alten Testaments

(Jer 29,11–14; Ps 103,8; 1 Kor 13; 1 Joh 4,16), sondern auch der uns entzogene, fremde und verborgene *deus absconditus* (Jes 63,15; Am 9,4; Mt 8,12; Mt 25,41). Beide Testamente bezeugen eine gemeinsame Lehre von Gott (vgl. auch OEMING 2017, 31 f.).

2.5 Das Christentum ist keine gedanklich, sondern eine geschichtlich entstandene Religion. Sie bezieht sich auf die Lebensgeschichte des Mannes aus Nazareth, der als Jude und mit der Heiligen Schrift der Juden, unserem „Alten Testament", als Prediger und Prophet auftrat und dessen Schicksal an Karfreitag und Ostern später vom Alten Testament, besonders von Jes 53 her, gedeutet wurde (Lk 24,27). Ohne Jesus, den Juden, gäbe es kein Christentum und ohne die Bibel Alten und Neuen Testamens ebenfalls nicht. Die Geschichte des Lebens, Sterbens und Auferstehens Jesu sowie deren Vorgeschichte in Israel und deren Folgegeschichte in der Kirche machen die umfassende Historizität der Religion des Christentums aus.

Zum Christentum verhält man sich nicht durch die Initiation in geheime Lehren und Bräuche, sondern durch die Urteilsbildung anhand von historischen Quellen, die jedem Lesewilligen zugänglich sind. Dabei wird das Christentum nicht durch Werturteile verbreitet, sondern durch das Erzählen von der eigenen Begeisterung über die Geschichte, „die da geschehen ist" (Lk 2,15). Aber dieses Weitererzählen setzt sich dem allgemeinen Werturteil aus, so dass die historische und sachliche Kritik und Prüfung von Anfang an dazu gehören (1 Thess 5,21). Das geordnete selbstkritische Erzählen vom eigenen Glauben (1 Petr 3,15), das man „Theologie" nennt, nutzt selbstverständlich die Quellen, so dass ein Verzicht auf die Vorgeschichte (das Alte Testament) ein kategorialer Selbstwiderspruch dieser geschichtlich konturierten Religion wäre (Lk 1,1; Röm 1,3; Hebr 1,1f.).

Nicht erst ein drohender Antijudaismus ist ein guter Grund, um christliche Unaufmerksamkeit gegenüber dem Alten Testament auszuschließen. Schon die Einsicht in die historische Verfasstheit des eigenen Glaubens reicht aus, um diesen fundamentalen Irrtum zu vermeiden. Von dem, was einem wichtig ist, was einen freut und begeistert, möchte man nicht nur möglichst viel wissen, sondern man möchte auch die Umstände kennen, die damit verbunden sind und die dazu geführt haben: Das Alte Testament ist die Lebensgeschichte des Glaubens Jesu und des Glaubens an Jesus.

3. Die Predigt mit alttestamentlichen Texten

3.1 Der Ernstfall des Erzählens vom Glauben ist das diskursiv erklärende und abwägende Erzählen in kommunikativer Absicht, das man „Predigen" nennt. Zwar gehört dazu nicht nur die professionelle Kanzelrede, sondern jede adressatenorientierte Explikation des Glaubens (also auch in der Familie und im Unterricht). Insofern aber das Predigen durch Textordnungen und eine umfangreiche rhetorisch-homiletische Theorie unterstützt wird, hat es für die Kirche in der Öffentlichkeit eine hervorgehobene Bedeutung. Vielen Pfarrer:innen fällt eine Predigt über einen lebensgesättigten AT-Text leichter als etwa über eine neutestamentliche Epistel (DEEG 2017, 170). Doch die christliche Predigt des Alten Testaments erfordert eingehende theologische Klärung. Die Literatur zu dieser Frage ist kaum überschaubar, so dass es an dieser Stelle genügen muss, einige Grundprinzipien in Thesenform anzufügen (etwas ausführlicher MEYER-BLANCK 2020).

§ 13 Zur aktuellen Hermeneutik des Alten Testaments

3.2 Zunächst lassen sich die Extrempositionen ausschließen. Es kann nicht angehen, das AT vor allem als Zeugnis von Jesus Christus zu predigen, wie das bei Luther – vor dem Durchbruch der historisch-kritischen Methode – selbstverständlich der Fall war (→ § 5.2–3). Es wäre aber auch verfehlt, auf die Predigt des AT im christlichen Gottesdienst ganz zu verzichten – mit der Begründung, das AT gehöre allein dem Judentum (davon berichtet OEMING 217, 21). Ebenso unsinnig wäre es, bei der Predigt von AT-Texten die christologischen Bezüge völlig auszuklammern, da der Gottesdienst immer im Namen des dreieinigen Gottes gefeiert wird und darum schon immer fundamentale Christusbezüge aufweist.

3.3 Auch die klassischen Modelle der hermeneutischen Zuordnung von Altem und Neuem Testament (Gesetz – Evangelium; Verheißung – Erfüllung) sind bei der Predigt nicht hilfreich, weil sie in der Regel zu einer Abwertung des Alten Testaments gegenüber dem Neuen führen. Die Ansicht von Emanuel Hirsch, beide Testamente stünden in einem unüberbrückbaren Gegensatz (→ § 12.3), ist dabei ein extremes, aber typisches Beispiel. Darüber hinaus sind diese Modelle deswegen problematisch, weil man mit ihnen immer schon zu wissen meint, was in den Texten steht. Das aber ist eine der größten Gefahren bei der Anfertigung einer Predigt: das Subsummieren der Aussagen eines Textes unter eine allgemeine (biblische, dogmatische, lebensweltbezogene) Wahrheit. Das hindert einen, das Besondere, Einmalige und Fremde eines Textes aufzuspüren und rhetorisch fruchtbar zu machen. Besonders der thematische „Überschuss" des AT, der etwa mit den Themen politischer Friede, Natur und Schöpfung gegeben ist (DEEG 2017, 172–174), lässt sich so nicht aufspüren. Daneben ist auch an den ästhetisch-stilistischen Über-

3. Kapitel: Der Jude Jesus Christus

schuss des AT zu denken (PREUL 2013, 179). Packende Erzählungen retten aus der Gefahr trockener Erläuterungen.

3.4 Trotzdem gilt der hermeneutische Grundsatz: Die Kirche predigt nicht *Texte*, sondern das *Evangelium* von der unermesslichen Liebe Gottes und *Christus*, das lebendige Wort der Zugänglichkeit Gottes (Joh 1,1–18) *mit Hilfe von Texten*. Die biblischen Texte dienen dazu, der Lebendigkeit des Evangeliums in Zeit und Geschichte auf die Spur zu kommen, um diese auch in der aktuellen historischen Situation entdecken zu können.

3.5 Das Alte Testament ist tatsächlich der „Wahrheitsraum" des Neuen Testaments (CRÜSEMANN 2011), weil Gott als der Eine Gott beider Testamente geglaubt wird. Gewiss können Altes und Neues Testament auch einander widersprechen, ebenso wie das bei Äußerungen von Menschen der Fall sein kann, ohne dass das die gegenseitige Vertrauensbeziehung gefährdet. Diese bleibt dieselbe und Gott bleibt der verlässlich Zugewandte im Wandel der Zeiten – seine Gaben und Berufung können ihn nicht gereuen (Röm 11,29). Wir bekennen Gott, den Schöpfer und den Vater, den uns der Sohn so im Gebet anzureden gelehrt hat. Die Aufgabe der Predigt ist es, das liturgische Beten nachzubereiten, neues Beten vorzubereiten und vor allem, Mut und Lust zu machen zum Gebet.

3.6 Inhalt des Evangeliums ist auch die Hineinnahme der Christen in den Bund mit Israel, aber eben in den in Christus *erneuerten* Bund mit Israel. Gott bleibt sich treu, so glauben die Christen, indem er derselbe Liebende bleibt; aber zu verschiedenen Zeiten redet Gott „vielfach und auf vielerlei Weise" zu den Menschen (Hebr 1,1) – und in der erfüllten Zeit (Gal 4,4f.) spricht er durch den Sohn (Hebr 1,2). In christlicher Betrachtungsweise ist der in Christus lebende Mensch der Mensch der Verheißung

§ 13 Zur aktuellen Hermeneutik des Alten Testaments

(Gal 3,6–14; → § 6.2.6–6.2.7). Diese Christuswahrheit kann nur im Wahrheitsraum des AT umfassend erkannt werden, aber sie ist eine Wahrheit, die zugleich eine neue, aktualisierte Weise des Bundes darstellt (Hebr 8,8–13). Das Alte Testament gehört dem Judentum; die Christen können darum keinen Besitzanspruch geltend machen. Aber sie predigen das Alte Testament vom Verständnis des Neuen her. Dabei müssen sie immer wissen, dass das für die ersten Adressaten, das Volk Israel, ein Ärgernis ist (1 Kor 1,23). Christen und Juden sind „Zwillingsbrüder", die eine schwierige Geschichte miteinander haben, aber nicht voneinander loskommen (Deeg 2017, 186). Dabei gibt es allerdings eine deutliche Asymmetrie: Das Christentum ist viel stärker auf das Judentum angewiesen als umgekehrt das Judentum auf das Christentum.

Zusammenfassung

Der jüngste Streit um die kanonische Geltung des Alten Testaments in der Kirche in den Jahren 2013–2017 hat ergeben, dass die Bedeutung des AT besonders in Gottesdienst und Predigt zugenommen und nicht abgenommen hat (Textordnung OGTL der EKD von 2018) und dass in der Evangelischen Kirche um das Schriftverständnis immer wieder gerungen werden muss. Dieses ist als jeweils aktuelle Bemühung um die *Prinzipien* des Schriftgebrauches aufzufassen und führt nicht zu einem Kanon zeitlos gültiger Sätze. Ebenso verbietet sich beim Zuordnen beider Testamente ein teleologisches Verständnis, bei dem die Überlegenheit des Neuen Testaments von vornherein feststeht („Gesetz und Evangelium", „Verheißung und Erfüllung"). Bei der Predigt mit alttestamentlichen Texten ist deren oftmals gegebener Überschuss gegenüber dem

3. Kapitel: Der Jude Jesus Christus

Neuen Testament ebenso in Rechnung zu stellen wie der Grundsatz, dass die Kirche nicht eigentlich Texte predigt, sondern das Evangelium von Jesus Christus mithilfe von Texten.

§ 14 Die Bedeutung Israels und des Judentums für den christlichen Glauben

Literatur: Leo Baeck: Das Wesen des Judentums, Wiesbaden ⁷o.J. [1905; 1925] ♦ Oswald Bayer: Martin Luthers Theologie. Eine Vergegenwärtigung, Tübingen ²2004 [2003] ♦ Schalom Ben-Chorin: Bruder Jesus. Der Nazarener in jüdischer Sicht, München ⁴1981 [1967] ♦ Johannes Calvin: Unterricht in der christlichen Religion. Institutio Christianae Religionis, nach der letzten Ausgabe 1559 übersetzt und bearbeitet von Otto Weber, Neukirchen-Vluyn 2008 ♦ Gerhard Ebeling: Luther. Einführung in sein Denken, Tübingen 1964 ♦ Walter Homolka: Leo Baeck als Prediger, in: GPM 62 (2007/2008), 125–134 ♦ Walter Homolka: Der Jude Jesus – eine Heimholung, Freiburg ⁵2021 [2020] ♦ Andreas Pangritz: Vergegnungen, Umbrüche und Aufbrüche. Beiträge zur Theologie des christlich-jüdischen Verhältnisses, Leipzig 2015 ♦ Gerhard von Rad: Theologie des Alten Testaments, Band I: Die Theologie der geschichtlichen Überlieferungen Israels, München ⁶1969 [1960] ♦ Otto Weber: Grundlagen der Dogmatik Bd. I und II, Neukirchen-Vluyn ⁵1977 [1955]

Der letzte Paragraph schloss mit der Einsicht, dass Christen und Juden Geschwister sind, die mit aller bzw. trotz aller Verschiedenheit nicht voneinander loskommen. Es wurde gezeigt, wie die Unterschiede beim Verständnis des Alten Testaments immer wieder hervortreten. Das Alte Testament ist und bleibt die Heilige Schrift Israels, während für die Christenheit das Neue Testament als herme-

3. Kapitel: Der Jude Jesus Christus

neutischer Ausgangspunkt hinzutritt, so dass die Geschichte und Gegenwart des Einen Gottes von Jesus Christus, der Mitte der Zeit, her gelesen wird. Das führt notwendig zu einer unterschiedlichen Lektüre des Alten Testaments. Die zahlreichen Erfüllungszitate im Matthäusevangelium (z. B. Mt 2,15.17.23) deuten das Alte Testament von Christus her und markieren damit die fundamentale Differenz zwischen dem christlichen und dem jüdischen Glauben. Doch im Folgenden sollen diese weder zu leugnenden noch aufhebbaren Unterschiede nicht weiterverfolgt werden. Das Ziel dieses Paragraphen ist es vielmehr, positiv die Bedeutung des Judentums für den christlichen Glauben aufzuzeigen. Es gibt nicht nur eine Tiefenstruktur von Hass und Vorurteil gegenüber Juden und Israel, sondern auch eine gemeinsame Tiefenstruktur des Glaubens, der Art und Weise, sich auf Gott zu beziehen, die Welt zu betrachten und die Existenz des Menschen zu deuten. Nicht nur das Alte Testament, sondern auch das moderne Judentum, wie es sich mit und nach der Aufklärung und vor der Shoah herausgebildet hat, stellt einen vielfachen Entdeckungszusammenhang für das vertiefte Verständnis des Christentums dar. Das jüdische Verständnis des Glaubens an Gott erschließt auch den Glauben des Mannes aus Nazareth, des Herrn der Kirche. An Jesus zu glauben bedeutet, mit Jesus zu glauben und das wiederum bedeutet, mit Israel zu glauben. Weil das nicht geschichtslos und kulturunabhängig geschehen kann, ist dazu wenigstens exemplarische an die jüdische Glaubenskultur in Deutschland anzuknüpfen.

Der bedeutende Rabbiner und liberale Gelehrte Leo Baeck (1871–1956) hat in seinem viel gelesenen Buch „Das Wesen des Judentums", das er 1905 als Erwiderung auf Harnacks „Das Wesen des Christentums" (→ § 9.3.3) pu-

§ 14 Die Bedeutung Israels und des Judentums

blizierte, zahlreiche Linien herausgearbeitet, die das jüdische und das christliche Denken einander näherbringen können. Wenn in diesem Paragraphen Grundlagen des Christentums in der Folge des christlichen Glaubensbekenntnisses rekapitulierend skizziert werden, dann soll das unter der Aufnahme von Gedanken aus Leo Baecks Darstellung des Judentums geschehen. Dieses Buch ist noch mehr als 120 Jahre nach seinem Erscheinen äußerst anregend, weil Baeck „als einer der großen Lehrer des Judentums" (HOMOLKA 2007/2008, 125) die Grundstrukturen des jüdischen Glaubens und seine besonderen Stärken herausarbeitet und dabei von einem tiefen Humanismus sowie von Mut machender Hoffnung geprägt ist. Das Judentum ist eben nicht nur das Judentum der Shoah, sondern auch eine Religion, die in der Moderne verwurzelt ist und damit ein Potenzial an lebendigem Glauben und an Menschlichkeit für die Gegenwart und Zukunft bietet. Der christliche Glaube kann sich darin wiederfinden und der eigenen Tradition neue Impulse geben lassen. Das ist besonders hinsichtlich der Dimension der Hoffnung und der Möglichkeiten des menschlichen Handelns der Fall. Im liberalen Judentum Leo Baecks ist ein faszinierender Optimismus der Tat lebendig, der gerade nach der Shoah als Protest gegen alle Resignation von Bedeutung ist und es verdient, auch im Christentum entdeckt zu werden.

1. Der nahe, erhabene Gott im Judentum und der christliche Schöpfungsglaube

1.1 Nach der eindrücklichen Beschreibung des lukanischen Paulus auf dem Areopag in Athen ist Gott „nicht ferne von einem jeden unter uns", denn „in ihm leben, weben und sind wir" (Apg 17,27 f.). Die Welt ist für den Glau-

3. Kapitel: Der Jude Jesus Christus

ben kein Zufall, kein Spielball unbekannter oder dunkler Mächte, sondern der Erfahrungsraum Gottes. Die Welt ist Schöpfung, die zwar der Vergänglichkeit unterworfen ist (Röm 8,20), die aber zusammen mit den Menschen seufzt und auf Freiheit hofft (Röm 8,21). Gott ist und bleibt den Menschen nahe, weil weder Hohes noch Tiefes von der Liebe Gottes scheiden kann (Röm 8,38 f.). Die Nähe des Herrn ermöglicht Freude und Güte (Phil 4,4 f.), wenngleich die endgültige Rettung noch Gegenstand des Hoffens ist (Röm 8,24). Das christliche Verhältnis zur Welt und zu sich selbst ist grundlegend von einem vertrauenden Gottesverhältnis bestimmt: „Ich glaube, dass mich Gott geschaffen hat samt allen Kreaturen", heißt es in Martin Luthers Erklärung zum 1. Artikel des Glaubensbekenntnisses. Auf diese Weise ist auch die Empfindung von Apg 17,27 f. treffend wiedergegeben.

Damit ist allerdings die Erfahrung verbunden, dass Gott für den Menschen nicht verfügbar ist, sondern ihm in Freiheit entgegentritt. Luther, der wesentlich vom Alten Testament her dachte (→ § 5.2), beschrieb die Gotteserfahrung in der Ambivalenz des im Kreuz offenbaren (deus revelatus) und des in der Welt verborgenen Gottes (deus absconditus). Entsprechend ist der Mensch dem Handeln Gottes ausgeliefert wie der Ton dem Töpfer (Röm 9,21). Das Erbarmen Gottes unterliegt keiner festgelegten und erkennbaren Regel (Röm 9,14–16). Zudem gibt es Zeiten und Situationen der Gottesferne, die von der menschlichen Trennung von Gott verschuldet sind und die von lauter Schaden und Jammer auf dem Weg (Röm 3,16) und, in der klassischen Begrifflichkeit: von der Sünde (Röm 6,23) geprägt sind.

Alle diese Aussagen vom Leben und Hoffen des Geschöpfes auf die göttliche Gnade sind von alttestament-

§ 14 Die Bedeutung Israels und des Judentums

lichen Begriffen und Denkstrukturen geprägt, was allein schon ein Blick auf die Stellenverweise der Bibelausgaben deutlich macht. Wie die Christen die Welt, die Schöpfung und den Menschen vor Gott denken können, dazu fanden und finden sich zahlreiche Aussagen in der Bibel Israels (→ §§ 12–13). Entsprechend beschrieb auch Leo Baeck die jüdische Gotteserfahrung als eine höchst ambivalente.

1.2 Die jüdische Rede von Gott ist nach Baeck Gleichnis und Poesie, nicht aber in Begriffe gefasste Mythologie, also keine Rede, die „für ein Reales, Benanntes genommen wird" (BAECK 1925, 98; künftig nur mit Seitenzahlen nachgewiesen). Mit der Gotteserfahrung kommt sogleich das Handeln der Menschen in den Blick: „Es war das Besondere der Propheten gewesen, dass sie nicht darauf ausgingen, die göttliche Natur zu malen oder zu definieren; sie wollten nur so, wie ihre Seele es erfahren hatte, zeigen, was Gott für den Menschen ist und der Mensch vor seinem Gotte sein soll." (99) Anstatt die „Natur" Gottes erfassen zu wollen, habe das jüdische Denken das „Nein der Demut" formuliert und Gott als den verehrt, „zu dem kein Begriff und kein Wort hinanreicht" (100). Das Wesentliche dabei ist die Erfahrung der Lebendigkeit Gottes. An die Stelle von Mythen der Weltentstehung tritt der Schöpfungsgedanke und damit das „seelische Erlebnis von der Beziehung alles Menschlichen und aller Welt und aller Zeit zu dem lebendigen Gotte" (105).

Gott wird dabei in der „Einheit des scheinbar Unvereinbaren" erfahren (106). Mehrfach spricht Baeck in diesem Zusammenhang von einer „Paradoxie"; man könnte dies auch wie Nicolaus Cusanus (1401–1464) als „coincidentia oppositorum" bezeichnen. Zum jüdischen Gottesglauben gehört nach Baeck die Erfahrung des Abstandes und der Zugehörigkeit, von Jenseits und Diesseits und die

3. Kapitel: Der Jude Jesus Christus

Empfindung „des Erhabenen und des Vertrauten" (107): „Gott ist der Unnennbare, der nicht zu Erfassende und nicht zu Erreichende, und er hat doch mein Leben geschaffen; er ist der Unergründliche, Verborgene, Unsagbare, und doch kommt alles Dasein von ihm her" (107). Daraus entsteht eine „Spannung", in der sich das Erleben „dehnt und sehnt; in dieser Spannung hat das religiöse Erleben, wie es in der israelitischen Seele geworden ist, ein Eigenes und Besonderes. Sie ist von dem Gefühl, geschaffen zu sein, untrennbar." (110) Erfahren wird das alles vom Ich des Menschen, „welches sein Du verlangt und darum seine Zwiesprache mit Gott hält" (113). Gott ist der Fernste, der Erhabene – und er ist doch der Gegenwärtige, „der Gott meines Herzens, allem Menschlichen in seinem Tiefsten verbunden" (173 f.).

Spannung, Ich-Erleben, Zwiesprache mit dem im eigenen Leben in mehrfacher und widersprüchlicher Weise erfahrenen Gott: Die Berührungen mit Aussagen Luthers liegen auf der Hand. Gott ist der Lebendige, der nicht zu Fassende, der Nahe und doch der Fremde. Vor allem geht es Baeck um eine Lebens- und Erfahrungstheologie, die er von einer Theologie der Begriffs- und Definitionslogik absetzt. Der Gott Israels ist der Mitgehende, der Gott der Lebensgeschichte.

2. Liebe, Gerechtigkeit, Vergebung im Judentum und die Christologie

2.1 Die nicht auf den Begriff zu bringende Lebendigkeit Gottes hat bei allen Spannungen und Ambivalenzen einen verlässlichen Urgrund – Gottes Menschenfreundlichkeit und sein Dasein für den Menschen. Die damit umschriebenen Einsichten sind der Inhalt des jesuanischen Evan-

§ 14 Die Bedeutung Israels und des Judentums

geliums. Die „gute Nachricht" besteht in der Gewissheit, dass Gott die Welt so sehr geliebt hat, dass er seinen einzigen Sohn in sie gab (Joh 3,16). Gott *agiert* darum nicht nur aus Liebe, sondern sein – an sich unfassbares und unnennbares – *Wesen* wird im Jesusglauben als Liebe identifiziert (1 Joh 4,16). Zugleich wird Jesus als die personifizierte Liebe und als der Lehrer der Gerechtigkeit erfahren. Jesus fordert das Leben nach der Tora, und zwar in besserer Weise, als das bei den zeitgenössischen Frommen der Fall war (Mt 5,20). Jesus stellt die Tora nicht in Frage, sondern er will, dass sie in ihrem wahren, menschenfreundlichen Geist erfüllt wird und nicht nur als Summe von Vorschriften missverstanden wird (Mt 15,1–20). Glücklich gepriesen werden diejenigen, die sich nach der Gerechtigkeit sehnen (Mt 5,6) oder sogar deswegen verfolgt werden (Mt 5,10). Die wichtigste Erfüllung der Tora und der Gerechtigkeit aber ist der neue, unbelastete Anfang für die Gescheiterten. Die Vergebung ist der Grundton der jesuanischen Gleichnisse und Erzählungen; mit der Vergebung erhalten Liebe wie Gerechtigkeit ihre endzeitliche Gestalt. Gewiss: Der Glaube Jesu einigt Judentum und Christentum, während der Glaube an Jesus sie trennt (BEN-CHORIN 1981, 11). Doch an der Gestalt Jesu zeigt sich erst recht der Zusammenhang beider Glaubenswege, obwohl der dogmatisierte Christus für Juden lange Zeit ein „Symbol christlicher Unterdrückung" gewesen ist (HOMOLKA 2020,9).

2.2 Die „hohe" Christologie des Neuen Testaments kann auch so verstanden werden, dass sie Liebe, Gerechtigkeit und Vergebung in der Jesusgeschichte auf den Punkt zu bringen sucht. Der Gekreuzigte wird im Alten Testament als das „geopferte Lamm" entdeckt, das um der Missetat und Sünde der Menschen willen geopfert wird (Jes 53,5f. und Röm 4,25 sowie 1 Petr 2,24f.; Jes 53,7 und

3. Kapitel: Der Jude Jesus Christus

Joh 1,29). Jesus wird als der Gerechte identifiziert, der den Vielen Gerechtigkeit schafft (Jes 53,11 und 1 Kor 1,30) und der für die Übeltäter um Vergebung bittet (Jes 53,12 und Lk 23,33f.). Das paulinische Fazit: Gott war „in Christus" (2 Kor 5,19) und der Glaubende „in Christus" ist eine neue Schöpfung (2 Kor 5,17); das Alte ist vergangen, Neues ist geworden und die Schuldigen werden „in Christus" zur Gerechtigkeit (Jes 53,4–6 und 2 Kor 5,21).

Wie absurd der Gedanke der „Dekanonisierung" des Alten Testaments (→ § 13.1) ist, zeigt sich an diesem einen Kapitel Jes 53: Ohne dieses würde es unser Neues Testament nicht geben. Man könnte das gesamte Neue Testament auch als ausführlichen christologischen Kommentar zu Jes 53 bezeichnen. Die Christologie entstand aus den Denkformen des Alten Testaments. Die Liebe, Gerechtigkeit und Vergebung im Leben Jesu wurden mit Hilfe des Alten Testaments auch in seinem Sterben wiedergefunden. Das war deswegen möglich, weil die Grundstruktur des Lebens und Sterbens Jesu, seine Liebe und Gerechtigkeit (Joh 13,1; Joh 15,13; 1 Kor 1,30), zutiefst dem Gottes- und Menschenbild des Alten Testaments entsprach.

2.3 Auch für Leo Baecks jüdisches Denken sind die Liebe und Gerechtigkeit Gottes zentral. Baeck beschreibt diesen Zusammenhang als die „dritte große Paradoxie" der Religion, wie sie im Judentum gegeben ist: „dass Gott, dessen Wesen die unendliche Liebe ist, doch auch in der eifervollen Gerechtigkeit den bestimmten Ausdruck findet" (155). Die erste Paradoxie (s. o. 1.2) ist nach Baeck die Nähe und Ferne Gottes; die zweite nach Baeck ist diejenige der menschlichen Freiheit: dass der Mensch „ein Geschaffener ist und doch ein Schöpfer" ist (174). Die dritte Paradoxie, also die von Liebe und Gerechtigkeit, besteht auf der Seite des Menschen in der steten persönlichen Ver-

§ 14 Die Bedeutung Israels und des Judentums

antwortlichkeit und Rechenschaft, die er Gott schuldet (174). Die menschliche Freiheit, so Baeck, ist im Judentum vor den richtenden Gott hingestellt; als Beginn aller Sünde gilt die heimliche Ansicht, dass es kein Gericht und keinen Richter gebe (175). Schließlich aber kommt im Erleben der Versöhnung „am innigsten zusammen, worin alle jüdische Religiosität lebt: Geheimnis und Gebot, Grund und Weg, Gewissheit der gewährenden göttlichen Liebe und Gewissheit der gebietenden göttlichen Gerechtigkeit. Beides ist hier zu *einem* Seelischen geworden" (183, dort hervorgehoben).

Als Differenz zum Judentum wird man hier anmerken, dass der christliche Glaube die Gerechtigkeit vor Gott vor allem als *passive*, als im Glauben geschenkte und wirksame Gerechtigkeit versteht: Das war Martin Luthers reformatorische Entdeckung, die er von Röm 1,17 her machte. Aber man erinnere sich an dieser Stelle daran, dass auch Paulus mit und in Christus das Gericht nach den Werken lehrt (Röm 2,16; Röm 14,10; 2 Kor 5,10). Das Gericht wird nach Paulus „ohne Verdienst gerecht" machen (Röm 3,24). Aber es bleibt das gerechte Gericht.

Baeck kritisiert in einem späteren Abschnitt über die Gerechtigkeit explizit das reformatorische Verständnis: Der jüdische Begriff der Gerechtigkeit habe sich dadurch im Christentum nicht recht entfalten können. Die Gerechtigkeit, die dem Menschen von Gott her im Glauben *entgegenkommt*, habe dem Recht, das der Mensch anderen *gewähren* soll, seinen Sinn und Gehalt entzogen: „Das, was die Tat verwirklichen soll, trat zurück hinter dem, was die Gnade gibt. Der Idee der Gerechtigkeit […] fehlte die Leidenschaft und die Sehnsucht" (217).

2.4 Zugleich ist für das Judentum der Gedanke von Gottes Vergebung, von der Versöhnung zwischen Gott

3. Kapitel: Der Jude Jesus Christus

und den Menschen, zentral: „Das Judentum ist *Versöhnungsreligion*" (183, dort hervorgehoben). Dem Leben des Menschen wird nach jüdischem Verständnis immer wieder ein neuer Anfang gewährt (178). Die Worte von der göttlichen Barmherzigkeit und Gnade haben für den jüdischen Glauben den „Ton der Milde und Vergebung, der Langmut und Nachsicht" (181). Gott richtet den Menschen auf und tröstet ihn. „Alle seine Erhabenheit offenbart sich in dieser Erhabenheit des Vergebens, dieser Unendlichkeit des Verzeihens." (181)

Darum konnten das Leben und die Predigt Jesu (Mk 2,5; Mt 6,12), aber auch sein Sterben und Auferstehen (2 Kor 5,14–21) im Neuen Testament als Gottes versöhnendes Handeln begriffen werden. Wenn die Liebe, Gerechtigkeit und Vergebung Gottes bei der Tradierung der Jesusgeschichte von zentraler Bedeutung waren, dann erschließt sich erneut der tiefe Zusammenhang beider Testamente der christlichen Bibel. Auch das Kreuz Jesu kann als Gleichnis für das jüdische Volk verstanden werden, „das, blutgegeißelt, immer wieder am Kreuze des Judenhasses hing" (BEN-CHORIN 1981,24).

3. Tora, Prophetie, Gebot und der Glaube an den Heiligen Geist

3.1 Liest man Baecks Buch im Zusammenhang, dann prägt sich vor allem die Leidenschaft für das menschliche Handeln in verantwortungsvoller Freiheit ein. Dieser Gedanke kehrt in verschiedener Gestalt mehrfach wieder: Der Mensch kann und soll das Gute tun, das Böse lassen und entsagungsvoll leben. Der jüdische Glaube kenne zwar ein Zurückbleiben hinter dem Gebot und hinter dem eigenen Ideal und auch den Einfluss des „bösen Trie-

§ 14 Die Bedeutung Israels und des Judentums

bes". Baeck konstatiert jedoch klar und unmissverständlich über die jüdische Religion: „Aber sie weiß nichts von einem Bösen, das mit der menschlichen Natur notwendig gegeben ist. Sie kennt keine Erbsünde." (177)

Nach Baecks engagierter Beschreibung erlebt der Mensch das Gute, „wie es in seiner ganzen Gewalt die Propheten ergriffen hat". (130) Dabei verbinden sich erkennbar Baecks Prägung durch Bibel und Talmud sowie durch den aufklärerischen und moralischen Geist. Der Mensch ist nach Baeck einerseits auf der Suche nach dem göttlichen Geheimnis, andererseits aber wird er ergriffen von der klaren Antwort „mit ihrem Du sollst und Du kannst" (131). Das Erleben des Geheimnisses stelle ihn in das All hinein, das Erleben des Gebots hebe ihn heraus zur freien Gestaltung (131). Kants Rede vom bestirnten Himmel über mir und vom moralischen Gesetz in mir aus dem Beschluss der Kritik der praktischen Vernunft (Kant, A 289) sind von den Aussagen Baecks nicht weit entfernt.

Für das Judentum stehe der Mensch in der Welt „als Subjekt, herausgehoben aus dem bloßen Kreis der Objekte" (134). Das Ich des Menschen ist in der ewigen Tiefe gegründet – „und in der sittlichen Tat tritt es hervor, um offenbar zu werden" (135). Der Mensch kann Gott dienen und „nicht nur in Demut etwas empfinden" (136). In diesem Zusammenhang kritisiert Baeck explizit Schleiermacher, der wegen seiner Rede vom Abhängigkeitsgefühl das „Freiheitsgebot außer acht" gelassen habe (135). Für das Judentum aber sei das „Du sollst" ohne Ende, „ewig wie der ewige Gott"; dieses habe aber „immer wieder einen Beginn in dem ‚Du kannst' des Menschen." (140)

3.2 An den letzten Zitaten Leo Baecks wird besonders deutlich, dass der Tora-Gehorsam im Judentum keine „drückende Gesetzesreligion" bedeutet, sondern als Pra-

3. Kapitel: Der Jude Jesus Christus

xis der Freiheit erlebt wird, die in der Bindung an Gott als das Geheimnis der Welt Gestalt gewinnt. Im Sollen und Können gelangt der Mensch zu der ihm gemäßen Lebensform der Freiheit. Das Gebot ist Erfüllung und Erleben der Gottesnähe. Im Sollen kommt der Mensch zu sich selbst und über sich hinaus. Die in der Aufklärung entstandene Verbindung von Freiheit und Moralgesetz, die im Aufklärungsjahrhundert dem Judentum abgesprochen wurde (→ § 8.3), zeigt sich in Baecks Spielart des liberalen Judentums in überzeugender Weise verwirklicht. Es wäre kurzschlüssig, hier von „Gesetzlichkeit" zu sprechen, denn es handelt sich um die jüdische Form von Glauben, Gnade und Leben mit der Heiligen Schrift, wie sie in den evangelischen „allein-" Formulierungen (→ § 4) zugespitzt worden ist (dabei ist selbstverständlich die vierte, die „Christus allein"-Formel, ohne Parallele).

3.3 Die christliche Entsprechung zur alttestamentlichen Prophetie und zum Erleben der Freiheit im Tora-Gehorsam wird man in der Rede von der Begabung mit dem Heiligen Geist sehen können. Weil Gottes Geist und der Geist Christi in ihm wohnen (Röm 8,9), ist der glaubende Mensch von diesem Geist „angetrieben" (Röm 8,14). Gerettet ist er „auf Hoffnung" (Röm 8,24) und in dem Glauben, dereinst frei zu werden zu der „herrlichen Freiheit der Kinder Gottes" (Röm 8, 21). Der Geist verleiht Gaben, die als Gestalten der Freiheit je nach den Personen vielfältig sind (1 Kor 12). Dabei ist die wichtigste Gabe der Christusglaube, denn „niemand kann Jesus den Herrn nennen außer durch den heiligen Geist." (1 Kor 12,3) Der Geist ist nach dem neutestamentlichen Zeugnis real und wirkungsvoll, so dass dieser nicht ins Allgemeine verflüchtigt werden darf. Zu Recht hat darum der Göttinger Dogmatiker Otto Weber (1902–1966) vor „pneumatologi-

§ 14 Die Bedeutung Israels und des Judentums

schem Doketismus" gewarnt (WEBER 1977 Bd. II, 269). Der Geist ist von ethischer Relevanz: Das Gute muss getan werden. Der Geist ist nach Calvin der Modus, in dem der Mensch an der Gnade Christi Anteil gewinnt (Inst. III,1,1; CALVIN 2008, 289).

4. Die Geschichtlichkeit des jüdischen Glaubens und die trinitarische Denkform im Christentum

4.1 Der biblische Gott, wie er im Alten und im Neuen Testament bezeugt wird, ist der Lebendige, in dem die Nähe und Erhabenheit der Transzendenz, Liebe, Gerechtigkeit und Vergebung sowie Bindung durch das Gebot erfahren werden. Das Wesentliche am biblischen Gottesglauben ist die Erfahrung von Gottes Lebendigkeit, die durch die Begegnung in verschiedenen Lebenssituationen spürbar ist. Das geschieht nach beiden Testamenten allein im Glauben und allein durch die Gnade. Die individuelle und die soziale Existenz wird in der Bibel und mit der Bibel von Gott her gedeutet, so dass metaphorisch von „Gottes Gebot", von „Gottes Wort" bzw. von der „Gottesbegegnung" gesprochen wird. Das bedeutet zugleich, dass zur Gotteserfahrung immer bestimmte lebensgeschichtliche, kulturelle und historische Umstände gehören.

4.2 Darum erzählt das Alte Testament von Gott als dem Gott der Geschichte. Leo Baeck beschreibt Gott als den Lebendigen, den Schaffenden und Gebietenden, „der das Eine, das geboten ist, kundtut" (103). Gottes Einheit besteht darin, dass der Mensch „ihm wahrhaft dienen kann nur durch die Erfüllung sittlicher Forderungen" (103). Tora und Gebot sind der Modus, in dem Einheit und Einzigkeit Gottes erfahren werden. Daraus folgert Baeck, dass der biblische Monotheismus keine Sache der Zahl ist,

3. Kapitel: Der Jude Jesus Christus

sondern eine Sache des Hörens auf Gott und der Nachfolge: „Der Unterschied zwischen den vielen Göttern und dem einen Gotte ist so nicht etwa ein Unterschied der *Zahl* – ein ärgeres Missverständnis könnte es nicht geben – sondern ein Unterschied des Wesens" (102, dort hervorgehoben). Es handele sich nicht um eine rechnerische, sondern um eine inhaltliche, religiöse und ethische Abgrenzung. Der Gott Israels sei der einzige und der einige Gott nicht dadurch, dass er alles das tue, was auch die Götter der Heiden tun, sondern dadurch, „dass er *anders* ist als sie alle und *anderes* tut als sie alle" (103, dort hervorgehoben). Gott gebietet. Sein Gebot ist der Widerspruch „gegen alles Niedrige und Gemeine" (144).

Dazu gehört im Judentum in besonderer Weise der Gedanke der Zukunft und des Messianischen, denn der Horizont des Gebots geht über den einzelnen Menschen hinaus. Gottes Interesse und Gebieten betrifft die gesamte Menschheit. Der Tag des Menschen „ist der kurze, aber der Tag der Menschheit ist lang. In der Menschheit dehnt sich der Weg des Gebotes […]; ihre Zukunft ist die eigentlichste menschliche Zukunft." (253) In der Überschreitung des Individuellen und des Aktuellen im Judentum habe „die Geschichte ihre Seele" (254) und die „messianische Idee" mache die „Ethik zur Ethik der Geschichte" (255). Auch dabei ist erneut die Versöhnung die alles leitende Vorstellung: „Die Erwartung der Zukunft sieht sie, sieht ihren Frieden, den Tag der Freiheit vor sich. Zukunft und Versöhnung bedeuten in ihrem Eigentlichsten dasselbe." (257)

4.3 Markiert die Christologie die nicht zu bestreitende fundamentale Differenz, so lassen sich in der Geschichtlichkeit des jüdischen und des christlichen Glaubens starke Parallelen zeichnen. Das Christentum geht von einem

§ 14 Die Bedeutung Israels und des Judentums

konkreten Ereignis aus (Gal 4,4) und deutet von diesem her die eigene Geschichte (Mt 1,1–17), die Geschichte der Welt (Offb 11,15), ja die Geschichte des gesamten Seins (Joh 1,3). Auch das Alte Testament ist von der Deutung geschichtlicher Erfahrungen geprägt: Israels Religion schöpft „aus einer Tiefenschicht geschichtlichen Erlebens" (VON RAD 1969, 120) und sein Theologisieren besteht in der „Verarbeitung, Kombination und aktualisierenden Interpretation dokumentarischer Überlieferungen" (VON RAD 1969, 130).

Auch die entscheidende begrifflich ordnende Denkform des christlichen Glaubens, wie sie sich in den ersten vier Jahrhunderten herausbildete, die *Trinitätslehre*, ist vor allem eine die Geschichte deutende Kategorie. Diese Lehre sucht die Erfahrung des mitgehenden alttestamentlichen Gottes (2 Mose 3,1–14), das „Gott war in Christus" (2 Kor 5,19) und das Erfülltsein vom Geist des Vaters und des Sohnes (Röm 8,9) so miteinander zu verbinden, dass die gesamtbiblische Sichtweise von der Einigkeit und Einzigkeit Gottes, der Monotheismus Israels, gewahrt bleibt und in der Jesusgeschichte wie in der aktuellen Erfahrung des schöpferischen Geistes lebendige Gestalt gewinnt. Hier gilt in modifizierter und verstärkter Weise das, was Leo Baeck über den Monotheismus Israels formuliert hat: Auch bei der Trinitätslehre geht es nicht um eine Zahl, sondern um das Dasein Gottes für den Menschen in Geschichte, Gegenwart und Zukunft. Eigentlich handelt es sich beim Dogma der Trinität nicht um eine „Lehre", die essentielle Glaubensinhalte formuliert, sondern um eine Verknüpfungsregel für Glaubenserfahrungen in verschiedenen Zeitdimensionen. Christen glauben nicht an die Trinität, sondern an den Einen Gott, den Vater Jesu Christi und schöpferischen Geist: Gott selbst kommt uns

3. Kapitel: Der Jude Jesus Christus

entgegen, die Zukunft ist sein Land (EG 395,3). Die Trinitätslehre verknüpft die verschiedenen geschichtlichen Erfahrungen zur Einheit des Gedenkens, Hoffens und Gegenwärtigseins. Insofern kann man auch hier von einer Tiefenstruktur der Glaubenserfahrungen sprechen, die dem Judentum analog ist. Die Aufmerksamkeit gilt dem verlässlichen (Röm 11,29) und mitgehenden (Mt 28,20) Gott in der Geschichte. Selbstverständlich darf und soll andererseits „das klare jüdische Nein zur Trinität" bei solchen Beobachtungen nicht vernebelt werden (BEN-CHORIN 1981, 192). Die Trinität trennt, aber die dahinter wirksame Geschichtlichkeit des Glaubens verbindet.

5. Die kommende Welt: Eschatologische Perspektiven

5.1 Leo Baeck legte in seiner Darstellung des jüdischen Glaubens großes Gewicht auf die Zukunft des Menschen und der Welt (s. o. 4.2). Wesentlich ist das, was kommen soll. Das Messianische umschreibt die Hoffnung auf Versöhnung und der „Tag, der kommen soll, ist die Offenbarung des Ewigen im Menschlichen, der Besitz des Friedens auf Erden, gewissermaßen die Versöhnung der Immanenz mit der Transzendenz," (BAECK 1925, 257). Die Zukunft ist die Einheit von Gerechtigkeit und Liebe und der jüdische Optimismus, dahin gelangen zu können, versteht sich als Protest gegen die mittelmäßige Wirklichkeit. Der Glaube an die Zukunft bedeutet „die Verachtung des Tages, den Spott gegen die Stunde" (259). Baeck nennt dies eine „messianische Weltverachtung, eine messianische Ironie" (259). Die Menschheit ist dazu bestimmt, das Gute immer mehr in sich zu verwirklichen. Darin liegt das Ziel der Geschichte (256). Dabei gehören die individuelle und

§ 14 Die Bedeutung Israels und des Judentums

die kollektive Eschatologie zusammen. Eindrücklich formuliert Baeck:

„Für den Einzelnen liegt die Vollendung im Jenseits, und in ihr Land nimmt, im dämmernden Ufer des Todes aufsteigend, das Gestade der anderen Welt ihn auf; für die Menschheit liegt die Vollendung im Diesseits, und der Weg der Geschichte ist der Weg zu ihr. So tritt das Jenseits in das Diesseits ein, die Ewigkeit, die einstige Welt steigt zur Erde hernieder, um die Zukunft zu zeigen und zur Zukunft zu werden – das ewige Ziel hienieden, das Jenseits auf Erden." (256)

Zentral für diese Vorstellung des messianischen Protests und Optimismus ist das Vertrauen in die Fähigkeit der Tora, des Gebotes Gottes, die Geschichte zu durchwirken und zu vollenden. Das bedeutet: Die Menschheit soll und sie kann. Frieden und Gerechtigkeit sind möglich.

5.2 Es wäre sehr kurzschlüssig, die damit zum Ausdruck gebrachte jüdische Hoffnung mit dem christlichen Sündenkonzept, besonders mit der Vorstellung von der Grund- bzw. Ursprungssünde („Erbsünde"), zu konfrontieren und damit als unrealistisch abzutun oder gar das Menschheitsverbrechen der Shoah – als ein Argument für humanen und ethischen Pessimismus – dagegen zu stellen. Stattdessen kann sich das christliche Denken von der jüdischen Hoffnung und Zuversicht beim Tun des Guten anregen lassen.

Leo Baecks „Wesen des Judentums" kann dazu ermutigen, auch die Potenziale der christlichen Hoffnung (Mt 5,3–16; Röm 5,2; Röm 8,20–24; 2 Petr 3,13; Offb 21,1–4) ernster zu nehmen und der Tora des Bergpredigers im Hinblick auf eine erneuerte Welt mehr zuzutrauen. Der Glaube an Jesus, den Juden, bedeutet auch Vertrauen in die Kraft der jüdischen Ironie und der christlichen Erneuerung (1 Joh 3,2). Und auch wenn der christliche Glaube

3. Kapitel: Der Jude Jesus Christus

mit Recht viel von der Vergebungsbedürftigkeit und von der Universalität menschlicher Verfehlungen zu sagen weiß (Röm 3,23; Röm 5,12), ist das kein Grund für einen defätistischen Pessimismus oder für ethische Resignation. Die Früchte des Geistes wie Friede, Geduld und Freundlichkeit (Gal 5,22) vertragen keinen Unglauben, sondern verlangen das Bleiben in Christus (Joh 15,5) und das Tun dessen, was er geboten hat (Mt 28,20).

Zusammenfassung

Die Unterschiede zwischen dem jüdischen und dem christlichen Glauben an den Einen Gott sind erheblich und dürfen nicht bagatellisiert werden. Das gilt besonders für das Verständnis der Bedeutung der Jesusgeschichte und für die sich daraus ergebenden christologischen und trinitätstheologischen Denkformen, mit denen das Christentum seine Glaubenserfahrungen strukturiert. Es darf auch nicht vergessen werden, dass Juden die Christologie und Trinität jahrhundertelang als Mechanismen der Unterdrückung durch eine christliche Bevölkerungsmehrheit erlebt haben. Gleichwohl kann es hilfreich sein, in den beiden Glaubenswegen von Christentum und Judentum Parallelen und Strukturanalogien aufzuzeigen. Geht man von der hermeneutischen Grundregel aus, dass die Aussagen des Neuen Testaments in den alttestamentlich-jüdischen Glaubenserfahrungen ihre Wurzeln haben und dass kein Gegensatz zwischen beiden Testamenten zu konstatieren ist (→ § 13), dann legt es sich nahe, die grundlegenden christlichen Lehrbestände mit jüdischen Denkstrukturen ins Verhältnis zu setzen. Dies geschieht hier in Anlehnung an die – auch literarisch und sprachlich überzeugende und berührende – Darstellung des „Wesens des

§ 14 Die Bedeutung Israels und des Judentums

Judentums" von Leo Baeck. Im Einzelnen werden die Lebendigkeit und Ambivalenz der jüdischen Gottesvorstellung mit dem christlichen Schöpfungsglauben verbunden, die neutestamentliche Christologie mit Liebe, Gerechtigkeit und Vergebung im Judentum und der christliche Glaube an den Heiligen Geist mit dem jüdischen Leben und Glauben aus der Tora. Die Trinität kann mit der Geschichtlichkeit im Judentum korreliert werden und auch in der Eschatologie zeigen sich erstaunliche Berührungspunkte. Insgesamt wird deutlich, dass es nicht nur historische Zusammenhänge zwischen Judentum und Christentum gibt, sondern auch gemeinsame theologische Denkweisen und daraus entstehende Potenziale gemeinsamer Hoffnung.

§ 15 Ein Seitenblick: Römisch-katholische Kirche und Judentum

Literatur: GIUSEPPE ALBERIGO: Die Fenster öffnen. Das Abenteuer des Zweiten Vatikanischen Konzils, Zürich 2006 [ital. 2005] ♦ ALBERT GERHARDS/HANS HERMANN HENRIX (Hg.): Dialog oder Monolog? Zur liturgischen Beziehung zwischen Judentum und Christentum, Freiburg 2004 (QD 208) ♦ HANS HERMANN HENRIX: Judentum und Christentum: Gemeinschaft wider Willen, Kevelaer ²2008 ♦ WALTER HOMOLKA/ERICH ZENGER (Hg.): „damit sie Jesus Christus erkennen". Die neue Karfreitagsfürbitte für die Juden, Freiburg 2008 ♦ KOMMISSION FÜR DIE RELIGIÖSEN BEZIEHUNGEN ZUM JUDENTUM: „Denn unwiderruflich sind Gnade und Berufung, die Gott gewährt" (Röm 11,29). Reflexionen zu theologischen Fragestellungen in den katholisch-jüdischen Beziehungen aus Anlass des 50-jährigen Jubiläums von *Nostra Aetate* (Verlautbarungen des Apostolischen Stuhls Nr. 203), Bonn 2016 ♦ LEITLINIEN FÜR MULTIRELIGIÖSE FEIERN von Christen, Juden und Muslimen. Eine Handreichung der deutschen Bischöfe, Bonn 2003 (Arbeitshilfen 170) ♦ KARL RAHNER/HERBERT VORGRIMLER (Hg.): Kleines Konzilskompendium. Sämtliche Texte des Zweiten Vatikanums, Freiburg ²⁹2002 [1966] ♦ STEPHAN WAHLE: Gottes-Gedenken. Untersuchungen zum anamnetischen Gehalt christlicher und jüdischer Liturgie, Innsbruck/Wien 2006 (IST 73)

Im ersten Kapitel dieses Buches wurden die kulturellen Rahmenbedingungen skizziert, unter denen sich weiterhin ein beunruhigender Antisemitismus in der deutschen Gegenwartsgesellschaft findet. Dabei befasste sich die Su-

§ 15 Ein Seitenblick: Römisch-katholische Kirche und Judentum

che nach deren christlichen Wurzeln in den Paragraphen des zweiten Kapitels fast ausschließlich mit der evangelischen Theologie und Kirche. Die christlichen Einflüsse auf die Sichtweise des Judentums in Deutschland sind aber ebenso von der katholischen Theologie und Kirche geprägt. Dem soll mit diesem Paragraphen wenigstens ein kurzer Seitenblick Rechnung tragen, der sich besonders auch auf die Liturgie und Liturgiewissenschaft richtet. In der Liturgie kommt zur Darstellung, was die Gemeinschaft, die sich feiernd versammelt, glaubt und die Liturgie beeinflusst den Glauben der aktuellen und der heranwachsenden Gemeinde und Kirche.

1. Traditioneller Antijudaismus am Beispiel der Karfreitagsfürbitte für die Juden

1.1 Die römisch-katholische Theologie und Kirche ist sich einig in der Beobachtung, dass es bis zum Zweiten Vatikanischen Konzil (1962–1965) auch im deutschen Katholizismus einen weit verbreiteten, alltäglichen Antijudaismus bzw. Antisemitismus (→ § 3.1) gegeben hat: „Tatsache ist, dass bis zu diesem Konzil der unmenschliche und unchristliche Antisemitismus auch aus vielen Bestandteilen der katholischen Liturgie, Katechese und Predigt immer neue Nahrung erhielt." (RAHNER/VORGRIMLER 2002, 351). Erst Papst Johannes XXIII. (Angelo Giuseppe Roncalli, Pontifikat 1958–1963) fasste den Plan, der expliziten und impliziten Judenfeindlichkeit in der Kirche entgegenzutreten und folgte dieser Linie konsequent. Er „war wohl der erste Papst, bei dessen Tod auch Juden weinten", stellte der jüdische Publizist Günther B. Ginzel fest (in: HOMOLKA/ZENGER 2008, 42).

3. Kapitel: Der Jude Jesus Christus

Das Pontifikat von Johannes XXIII. war trotz seiner kurzen Dauer (vier Jahre und sieben Monate) entscheidend für einen Durchbruch bei der Auseinandersetzung der Kirche mit der Moderne. An die Stelle der „Gegenreformation" und des Antimodernismus trat das produktive Gespräch mit Angehörigen anderer Religionen, mit nichtkatholischen Christ:innen und mit dem modernen Denken, also die Öffnung zur Ökumene im weiten Sinne. Diese konstruktive Beschäftigung mit den kulturellen Gegenwartsströmungen hat man treffend „aggiornamento" (Aktualisierung, Überarbeitung, Änderung, von ital. „giorno", Tag) genannt. Die Leitkategorie des „aggiornamento" bestimmte die Zeit der Einberufung und Durchführung des Konzils; sie bezog sich auf Lehre, Recht und Erscheinungsweise der Kirche, insbesondere auf die Liturgie.

1.2 Dieser Aspekt war von besonderer Bedeutung, weil sich in der damaligen kirchenamtlichen Liturgie antijüdische Formulierungen fanden. Schon im ersten Paragraphen dieses Buches (→ § 1.2) war kurz auf die traditionelle Karfreitagsfürbitte für die Juden in der römisch-katholischen Liturgie hingewiesen worden. Die Einleitung zur Fürbitte für die Juden lautete im Messbuch, das von 1570 bis 1970 in Geltung stand, so:

„Lasset uns auch beten für die ungläubigen Juden *[pro perfidis Judaeis]:* Gott, unser Herr, möge den Schleier von ihren Herzen wegnehmen, auf dass auch sie unsern Herrn Jesus Christus erkennen."

In der Rubrik wurde erläuternd hinzugefügt: „Hier unterlässt der Diakon die Aufforderung zur Kniebeugung, um nicht das Andenken an die Schmach zu erneuern, mit der die Juden um diese Stunde den Heiland durch Knie-

§ 15 Ein Seitenblick: Römisch-katholische Kirche und Judentum

beugungen verhöhnten." Die sich anschließende Fürbitte selbst lautete so:

„Allmächtiger ewiger Gott, Du schließest sogar die ungläubigen Juden *[etiam judaicam perfidiam]* von Deiner Erbarmung nicht aus; erhöre unsere Gebete, die wir ob der Verblendung jenes Volkes vor Dich bringen; mögen sie das Licht deiner Wahrheit, welches Christus ist, erkennen und ihrer Finsternis *[suis tenebris]* entrissen werden."

1.4 Unmittelbar nach Antritt seines Pontifikats im Oktober 1958 ließ Papst Johannes XXIII. die Worte „perfidis Judaeis" und „judaicam perfidiam" in der Karfreitagsfürbitte streichen (Entscheidung der Ritenkongregation vom 19. Mai 1959; Text bei Homolka/Zenger 2008, 17). Außerdem knüpfte Johannes XXIII. Kontakte mit Vertretern des Judentums, um das Problem grundsätzlich anzugehen. Das nach langen Verhandlungen erreichte Ergebnis bestand u. a. in einer Reform des Messbuches, bei der antijüdische Formulierungen ersetzt wurden.

Schließlich lautete die Karfreitagsfürbitte mit Einleitung im Messbuch Pauls VI. von 1970 so:

„Lasst uns auch beten für die Juden, zu denen Gott, unser Herr, zuerst gesprochen hat *[ad quos prius locutus est Dominus Deus noster]*: Er bewahre sie in der Treue zu seinem Bund und in der Liebe zu seinem Namen, damit sie das Ziel erreichen, zu dem sein Ratschluss sie führen will.

(Beuget die Knie. – Stille – Erhebet euch.)

Allmächtiger ewiger Gott, du hast Abraham und seinen Kindern deine Verheißung gegeben. Erhöre das Gebet deiner Kirche für das Volk, das du als erstes zu deinem Eigentum erwählt hast *[populus acquisitionis prioris]*: Gib, dass es zur Fülle der Erlösung gelangt. Darum bitten wir durch Christus, unsern Herrn."

Diese Fürbitte geht nicht nur davon aus, dass die Juden bereits auf dem Weg der Erlösung sind, weil sie in der

3. Kapitel: Der Jude Jesus Christus

Treue zu Gottes Bund und in der Liebe zu ihm („seinem Namen") leben. Der Text der Fürbitte spricht darüber hinaus zweimal von einem „prius", vom prius der Offenbarung (des Wortes) an Israel und vom prius der Erwählung. Das Bekenntnis zu Jesus Christus als Bedingung für die Juden, an der Erlösung und am Heil teilzuhaben, wird dagegen nicht erwähnt. Entsprechend hat der Gesprächskreis Juden und Christen beim Zentralkomitee der deutschen Katholiken (ZdK) in einer Erklärung „Juden und Christen in Deutschland" vom 13. April 2005 formuliert: „Jesus Christus ist das ‚Ja und Amen' (2 Kor 1,20) der unwiderruflichen Treue Gottes zu Israel und der ganzen Welt. Dennoch gibt es – um der Treue desselben Gottes willen – ein Heil für Israel ohne Glauben an Jesus Christus." (zitiert nach HOMOLKA/ZENGER 2008, 12)

Entsprechend groß war die Empörung, als Papst Benedikt XVI. für den – von ihm selbst erneut erlaubten – „älteren Usus" der Messe am Karfreitag eine Fassung promulgierte, die erneut um das Bekenntnis der Juden zu Jesus Christus bittet: „Lasst uns beten auch für die Juden, dass Gott, unser Herr, ihre Herzen erleuchte, damit sie Jesus Christus als den Heiland aller Menschen erkennen." (Text bei HOMOLKA/ZENGER 2008, 20) Der jüdische Erziehungswissenschaftler und Publizist Micha Brumlik wähnte, man könne diese neuen vatikanischen Formulierungen nicht einfach als eine „Form harm- und belanglosen theologischen Geplappers" abtun, weil das Ganze mit der „grausamen Geschichte katholischer Judenfeindschaft und ihrer nachwirkend antisemitischen Kraft" zusammenhänge (Brumlik in: HOMOLKA/ZENGER 2008, 33). Doch Papst Benedikt hielt an seiner neuen Fassung der Fürbitte für den „älteren Usus" fest. Es ist vermutet worden, dass Benedikt (Joseph Ratzinger, Pontifikat 2005–

§ 15 Ein Seitenblick: Römisch-katholische Kirche und Judentum

2013) von dem Antrieb geleitet war, die Gebetsformen seiner Jugend und seiner Eltern auch weiterhin kirchenamtlich anerkannt zu wissen. Die ältere Fürbitte für die Juden sollte nach Ratzinger nicht im Nachhinein für ungültig erklärt werden. Von einem Eintritt der Juden in die Kirche ist aber auch in dieser Fassung *nicht* die Rede: „Gewähre gnädig, dass, indem die Heidenvölker in Deine Kirche eintreten, ganz Israel gerettet werde." In Anlehnung an Röm 11,25 f. ist an das endzeitliche Kommen des Erlösers „aus Zion" gedacht, der von Paulus nicht mit Christus identifiziert wird. Insofern spricht auch diese Fassung der Fürbitte nicht von der Judenmission.

Dennoch zeigten die nachfolgenden Auseinandersetzungen, wie gefährdet die seit 1965 gewachsene Gemeinschaft von römisch-katholischer Kirche und Judentum auch 2008 noch war. Zwar hatte Kardinal Kasper dazu erklärt, es handle sich bei der Bitte, die Juden möchten Jesus Christus als ihren Herrn erkennen, um eine *endzeitliche* Hoffnung, so dass die katholische Kirche keine Judenmission betreiben wolle. Walter Homolka empfand es jedoch als „höhnisch", dass ausgerechnet im Umfeld von Karfreitag und Ostern wieder „für die Erleuchtung der Juden" gebetet werden solle: „Das ist nach der Schuld, die die Katholische Kirche in ihrer Geschichte mit dem Judentum und zuletzt im Dritten Reich auf sich geladen hat, völlig unangemessen und muss auf das Schärfste zurückgewiesen werden" (in: HOMOLKA/ZENGER 2008, 61). Um diese Verärgerung zu verstehen ist es erforderlich, die Veränderungen durch das Zweite Vatikanum kurz zu skizzieren.

3. Kapitel: Der Jude Jesus Christus

2. Eine grundlegende Neubestimmung: die Konzilserklärung „Nostra Aetate" (1965)

2.1 Johannes XXIII. hatte die nationalsozialistischen Judenverfolgungen als Nuntius in Istanbul (1935–1944, mit Zuständigkeit auch für Bulgarien und Ungarn) erlebt. Er hatte vielen Juden die Ausreise ermöglicht und ihnen damit das Leben gerettet. Diese Erfahrungen prägten auch sein Pontifikat. Als der neue Papst im Januar 1959 die Einberufung des Zweiten Vatikanischen Konzils angekündigt hatte, bildete er eine „Zentralkommission" zur Vorbereitung, bei der mehrere Vorschläge zur Erneuerung des Verhältnisses der Kirche zum Judentum eingingen. Einige Forderungen stellten sich als zentral heraus: 1. ein Schuldbekenntnis zum kirchlichen Antijudaismus, der die Judenverfolgung und die Shoa mit verursacht hatte; 2. die Verurteilung des historischen und aktuellen Antisemitismus; 3. die explizite Distanzierung der Kirche vom Vorwurf des „Gottesmordes" an die Juden und 4. die Absage an die „Substitutionstheologie", der zufolge die Erwählung Israels durch die Erwählung der Kirche ersetzt worden sei.

Johannes XXIII. plante dementsprechend einen Konzilstext, der die bleibende Erwählung Israels und den ungekündigten Bund Gottes mit seinem erwählten Volk unterstreichen und dabei haltlose Vorwürfe wie den des „Gottesmords" verwerfen sollte. Diese Bestrebungen Johannes XXIII. führten nach einer komplizierten Entstehungsgeschichte während des Konzils schließlich zu der Konzilserklärung „Nostra Aetate" vom 28. Oktober 1965.

Hatte Johannes XXIII. ursprünglich die Verabschiedung eines *Tractatus de Iudaeis* vorgeschwebt, so wurde im Laufe der Beratungen aus dem geplanten Text zum

§ 15 Ein Seitenblick: Römisch-katholische Kirche und Judentum

Verhältnis von Kirche und Israel eine „Erklärung über das Verhältnis der Kirche zu den nichtchristlichen Religionen". Diese erhebliche sachliche Erweiterung ist allerdings insofern unbefriedigend, als das Judentum ja gerade keine Fremdreligion unter anderen, sondern der Ursprung Jesu Christi und des Christentums ist. Die Urfassung der Erklärung vom Juni 1962 war ausschließlich gegen den Antisemitismus gerichtet und wurde aufgrund von arabischem Protest zurückgezogen. Außerdem stellte sich im Laufe der Konzilsberatungen heraus, dass eine Verlautbarung ausschließlich über das Judentum auf Skepsis stieß. Entsprechend sollten die Aussagen über die nichtchristlichen Religionen dazu dienen, „eine möglichst große Zustimmung der Konzilsväter zu der ‚Judenerklärung'" zu gewinnen (RAHNER/VORGRIMLER 2002, 349).

2.2 Man kann bedauern, dass es sich bei „Nostra Aetate" lediglich um eine „Erklärung" des Konzils handelt und nicht um eine „Konstitution" (wie bei „Sacrosanctum Concilium" über die Liturgie und „Lumen Gentium" über die Kirche) oder um ein „Dekret" (wie bei „Unitatis redintegratio" über den Ökumenismus). Es ist darum auch von Gegnern der Erklärung „Nostra Aetate" mehrfach versucht worden, deren kirchenoffizielle Bedeutung mit dem Hinweis zu relativieren, es handle sich lediglich um eine – für die Kirche weniger verbindliche – „Erklärung". Alle Kritik ändert aber nichts daran, dass die Erklärung „in der Geschichte der Kirche, ihrer Konzilien und ihrer Theologie einzigartig ist." (RAHNER/VORGRIMLER 2002, 350) Die Erklärung markiert wie das Zweite Vatikanische Konzil insgesamt den entscheidenden Wendepunkt im Verhältnis der katholischen Kirche zum Judentum und zu den anderen Religionen.

3. Kapitel: Der Jude Jesus Christus

Zu beachten sind auch die Aussagen zum Verhältnis von Altem und Neuem Testament in der dogmatischen Konstitution über die Offenbarung („Dei Verbum"), wo es heißt: „Gott, der die Bücher beider Bünde inspiriert hat und ihr Urheber ist, wollte in Weisheit, dass der Neue im Alten verborgen und der Alte im Neuen erschlossen sei." (DV 16)

Die Erklärung „Nostra Aetate" nimmt ihren Ausgangspunkt nicht bei der christlichen Mission, sondern bei dem, „was den Menschen gemeinsam ist" und bei Gottes Vorsehung und Güte, die sich auf alle Menschen erstrecken. Die gemeinsame Aufgabe der Religionen ist es, die grundlegenden Fragen nach dem Sein des Menschen, nach Gut und Böse sowie nach dem Leid und dem Tod zu beantworten (NA 1). In NA 2 werden Hinduismus und Buddhismus gewürdigt: „Die katholische Kirche lehnt nichts von alledem ab, was in diesen Religionen wahr und heilig ist." Die Werte dieser Religionen soll man vonseiten der Kirche „anerkennen, wahren und fördern". Die Muslime werden in NA 3 „mit Hochachtung betrachtet", wobei Gemeinsamkeiten und Differenzen im Glauben zusammenfassend genannt werden.

2.3 Es folgt der maßgebliche Abschnitt NA 4 zum Judentum, der auch der umfangreichste ist. Am Anfang von NA 4 bekennt sich das Konzil dazu, dass im Auszug Israels aus Ägypten „das Heil der Kirche geheimnisvoll vorgebildet ist." Dann beruft sich der Text auf das Ölbaumgleichnis Röm 11, 17–24 sowie auf Röm 9,4–5 (Kindschaft, Herrlichkeit, Bund und Gesetz gehören den Israeliten). Auch wenn ein großer Teil der Juden das Evangelium nicht angenommen hat, sind die Juden „immer noch von Gott geliebt um der Väter willen". Man dürfe „die Juden nicht als von Gott verworfen oder verflucht darstellen"

§ 15 Ein Seitenblick: Römisch-katholische Kirche und Judentum

und es müsse dafür Sorge getragen werden, dass dergleichen in Katechese und Predigt nicht gelehrt wird. Dann heißt es explizit: Die Kirche „beklagt [...] auf Antrieb der religiösen Liebe des Evangeliums alle Hassausbrüche, Verfolgungen und Manifestationen des Antisemitismus, die sich zu irgendeiner Zeit und von irgendjemandem gegen die Juden gerichtet haben." Damit ist der Antisemitismus beim Namen genannt und verurteilt („beklagt"); ein dezidiertes Schuldbekenntnis wegen des kirchlichen Antisemitismus findet sich in der Erklärung allerdings nicht. Der absurde Vorwurf des „Gottesmordes" wird aus gutem Grund in der Schlussfassung des Dokuments nicht erwähnt.

Das Dokument endet in Abschnitt NA 5 mit der Absage an „jede Diskriminierung eines Menschen oder jeden Gewaltakt gegen ihn um seiner Rasse oder Farbe, seines Standes oder seiner Religion willen, weil dies dem Geist Christi widerspricht." Damit wird der weite ökumenische Horizont des Dokuments unterstrichen, der für die Kirche in der Gegenwart (*nostra aetate*) unhintergehbar ist.

2.4 Die Erklärung „Nostra Aetate" war der Beginn eines intensiven Studien- und Dialogprozesses. Im Oktober 1974 gründete Papst Paul VI. (Pontifikat 1963–1978) die „Kommission für die religiösen Beziehungen zum Judentum", die eng mit dem Einheitsrat („Päpstlicher Rat zur Förderung der Einheit der Christen") verbunden ist. Im März 1998 veröffentlichte die Kommission nach zehnjähriger Arbeit das Dokument „Wir erinnern uns: Nachdenken über die Shoah", in dem die Schuld von Christen gegenüber den Juden erwähnt und erstmals in einem vatikanischen Dokument der Begriff „Shoah" verwendet wird. Der Text wendet sich „an unsere Brüder und Schwestern der katholischen Kirche in aller Welt" und ruft alle Chris-

3. Kapitel: Der Jude Jesus Christus

ten auf, „gemeinsam mit uns über die Katastrophe nachzudenken, die das jüdische Volk getroffen hat, und sich der moralischen Verpflichtung bewusst zu werden". Kritiker vermissten in „Nachdenken über die Shoah" allerdings ein klares Wort zur Mitschuld und Verantwortung der Kirche.

Das lange Pontifikat von Johannes Paul II. (1978–2005) war neben der theologischen Arbeit auch von persönlichen Gesten der Wertschätzung des Judentums gekennzeichnet. Johannes Paul II. war als erster Papst im Lager Auschwitz-Birkenau und betete dort für die Opfer der Shoah. Er besuchte außerdem die Synagoge in Rom und betete im Rahmen seiner Reise nach Israel an der Klagemauer. In Rom und auf seinen Reisen besuchte er jüdische Gemeinden und traf sich mit Vertretern des Judentums. In der internationalen Gedenkstätte Yad Vaschem in Jerusalem sprach Johannes Paul II. am 23.März 2000 Klartext: „Als Bischof von Rom und Nachfolger des Apostels Petrus versichere ich dem jüdischen Volk, dass die katholische Kirche [...] zutiefst betrübt ist über den Hass, die Taten von Verfolgungen und die antisemitischen Ausschreitungen von Christen gegen die Juden [...]" (zitiert nach Henrix 2008, 78). Benedikt XVI. setzte diese Praxis fort und Papst Franziskus (seit 2013), der schon als Erzbischof von Buenos Aires im jüdisch-christlichen Dialog sehr engagiert gewesen war, folgt dieser Linie. 2016 besuchte Franziskus Auschwitz. Er verzichtete dort auf eine Ansprache und betete in der Stille.

§ 15 Ein Seitenblick: Römisch-katholische Kirche und Judentum

3. Der ungekündigte Bund mit Israel und der Evangelisierungsauftrag der Kirche

3.1 „Nostra Aetate" war für die weitere theologische Arbeit der katholischen Kirche von großer Tragweite. Das Theologumenon vom ungekündigten Bund Gottes mit Israel wurde im Laufe der nachkonziliaren Ära immer mehr bestimmend. Das zeigt sich etwa an den „Leitlinien für multireligiöse Feiern von Christen, Juden und Muslimen" der deutschen Bischofskonferenz aus dem Jahr 2003. Am Anfang dieser Schrift geht es um die Beziehung zwischen Christen und Juden (9–12) und der erste Satz lautet: „Christen stehen von Gott her in einer einzigartigen Beziehung zu den Juden, die für sie nicht Angehörige einer anderen Religion sind, da sie mit Gott in einem ungekündigten Bund stehen, der auch für uns Christen unaufgebbare Basis unseres Glaubens bleibt." (9) In diesem Abschnitt werden auch der „rassistische Antisemitismus" und die „Judenfeindlichkeit" in Deutschland beim Namen genannt (10). Die „antijüdischen Vorurteile" und die „Passivität" wirkten bei vielen Christen nach (11). Doch jetzt gebe es die Möglichkeit, gemeinsam neue Erfahrungen zu machen und die Juden – in Anlehnung an die Ansprache von Johannes Paul II. in der Großen Synagoge Roms im April 1986 – als die älteren Brüder und Schwestern zu betrachten (11). So seien gemeinsame Feiern vor dem Gott Abrahams möglich, „der für Christen auch der Gott und Vater Jesu Christi ist" (12). Bei solchen Feiern gebe es eine gemeinsame Basis, weil Christen „den Gott Israels als den Gott Jesu Christi" bekennen; gleichwohl müsse „deutlich bleiben, dass der Glaube an Jesus als den Christus und Gottessohn die Christen und Juden trennt" (21).

3. Kapitel: Der Jude Jesus Christus

Das Dokument gibt damit den theologischen Differenzen zwischen (katholischen) Christ:innen und Jüd:innen Raum, erinnert aber im Sinne von „Nostra Aetate" und anderen kirchlichen Dokumenten (s.u. 3.2) an den Umstand, dass das Judentum für das Christentum keine „Fremdreligion" ist, weil beide Glaubensweisen in einem geschwisterlichen Verhältnis zueinander stehen. Diese Verhältnisbestimmungen wird man auch aus evangelisch-theologischer Sicht gern unterstützen (→ § 2).

3.2 Im Dezember 2015, zum 50jährigen Jubiläum der Verabschiedung von „Nostra Aetate", legte die päpstliche „Kommission für die religiösen Beziehungen zum Judentum" ein Studiendokument vor, das unter Röm 11,29 im Titel eine Zwischenbilanz markiert (KOMMISSION FÜR DIE RELIGIÖSEN BEZIEHUNGEN ZUM JUDENTUM 2016). Dieser Text stellt einleitend fest, dass es bei den Beziehungen zum Judentum um nicht weniger als um das kirchliche Selbstverständnis geht: „Die Kirche stünde ohne ihre jüdischen Wurzeln in der Gefahr, ihre heilsgeschichtliche Verankerung zu verlieren und erläge damit einer letztlich unhistorischen Gnosis." (Nr. 13) Dieses Dokument von 2015 bedeutet eine ausführliche Auslegung und Weiterführung von „Nostra Aetate", die an zwei Punkten nach differenziert abwägender Diskussion unmissverständlich klar Position bezieht. Zum einen handelt es sich um die Zurückweisung der Ansicht, Israel sei ohne den Glauben an Christus vom Heil ausgeschlossen (Abschnitt 5, Nr. 35–39), zum anderen um die Absage an die institutionalisierte christliche Judenmission (Abschnitt 6, Nr. 40–43).

3.3 Zunächst wird die Sonderstellung des Judentums bekräftigt: Es gehe nicht um eine „andere Religion", sondern um die „älteren Brüder" bzw. um die „Väter im Glauben" (Nr. 14) und darum um einen interreligiösen Dialog

§ 15 Ein Seitenblick: Römisch-katholische Kirche und Judentum

„im analogen Sinn" (Nr. 15) bzw. um einen „innerfamiliären" Dialog (Nr. 20). Die Substitutionstheorie wird ausdrücklich abgelehnt (Nr. 17–18). Die Kirche ist das „neue Gottesvolk" nicht in dem Sinn, dass „das Gottesvolk Israel aufgehört hätte zu existieren" (Nr. 23). Analoges gilt für das Verhältnis beider Testamente: „Der Neue Bund hebt nicht die früheren Bünde auf, sondern bringt sie zur Erfüllung" (Nr. 27); die Ansichten Marcions (→ § 12.2) werden namentlich zurückgewiesen (Nr. 28). Schon die Bundesverheißungen der alttestamentlichen Propheten nahmen den vorherigen Bund in sich auf und legten ihn „in neuer Weise aus" (Nr. 32); dabei ist und bleibt der Abrahambund für den christlichen Glauben konstitutiv. Ohne diesen und ohne Israel stünde die Kirche in der Gefahr, „ihre heilsgeschichtliche Verortung zu verlieren" (Nr. 33). Dazu passt das Votum: Kirche und Israel haben „auf unterschiedliche Weise Anteil an diesem Bund. Die Bundeswirklichkeit umgreift beide." (HENRIX 2008, 107)

3.4 Nach diesen vorbereitenden Feststellungen kommt es in Abschnitt 5 zu den entscheidenden Thesen über das Heil in Jesus Christus und den ungekündigten Bund Gottes mit Israel. An diesem schwierigen Punkt sucht der Text zwei Einschätzungen zu vermeiden bzw. diesen explizit zu widersprechen. Zum einen gebe es nach dem Neuen Testament nicht „zwei verschiedene Heilswege", einen jüdischen ohne Christus und den durch Christus für die Völker. Durch eine solche Zweigleisigkeit wäre das „Bekenntnis zur universalen und deshalb auch exklusiven Heilsmittlerschaft Jesu Christi" gefährdet (Nr. 35). Ebenso abzulehnen sei aber die Ansicht, dass die Juden von Gottes Heil ausgeschlossen wären, „weil sie nicht an Jesus Christus als den Messias Israels und den Sohn Gottes glauben" (Nr. 36). Dem widerspreche die paulinische Ar-

3. Kapitel: Der Jude Jesus Christus

gumentation, dass Gott sein eigenes Volk keinesfalls verstoßen habe. An dieser Stelle wird nun die Wendung Röm 11,29 zitiert, die dem Dokument den Namen gegeben hat: „Denn unwiderruflich sind Gnade und Berufung, die Gott gewährt" (Nr. 36).

Was bedeutet das? Logisch ergibt die geschilderte Argumentation einen Widerspruch: Es gibt danach nur *einen* Heilsweg, den in Christus; aber die Juden, die diesen ablehnen, haben trotzdem Zugang zu Gottes Heil. Das passt nur zusammen, wenn die Logik außer Kraft gesetzt wird:

„Dass die Juden Anteil an Gottes Heil haben, steht theologisch außer Frage, doch wie dies ohne explizites Christusbekenntnis möglich sein kann, ist und bleibt ein abgrundtiefes Geheimnis Gottes. Es ist deshalb kein Zufall, dass Paulus seine heilsgeschichtlichen Reflexionen in Röm 9–11 [...] in eine großartige Doxologie münden lässt: ‚O Tiefe des Reichtums, der Weisheit und der Erkenntnis Gottes! [...]' (Röm 11,33)" (Nr. 36).

Man könnte hinzufügen, was Jesus angesichts der Gefahren des Reichtums sagt: „Was bei den Menschen unmöglich ist, das ist bei Gott möglich." (Lk 18,37) Der Mensch kann gerettet werden, auch wenn das den menschlichen Maßstäben und der menschlichen Logik widerstrebt. Es geht also nicht, so das Dokument weiter, um das missionarische Bestreben, „die Juden zu bekehren", sondern um die „Erwartung, dass der Herr die Stunde heraufführt, wenn wir alle vereint sein werden" (Nr. 37). Das logische Problem ist demnach in die eschatologische Perspektive bzw. in den Status des unergründlichen Geheimnisses überführt worden. Damit hat das Dokument einen erkennbar anderen Hintergrund als die oben erwähnte Karfreitagsfürbitte von 2008, die Juden möchten „Jesus Christus als den Heiland aller Menschen erkennen" (s. o.

1.4). Die Fürbitte negiert implizit den Anteil der Juden am Heil, indem ihr Erkennen Gottes jetzt wieder defizitär erscheint. Dagegen sucht das Dokument von 2015 beide Ansichten zu vermeiden.

3.5 Daraus ergibt sich auch der Gehalt von dessen 6. und letzten Abschnitt. Der Titel lautet nicht „Die Evangelisierung Israels" oder „Die Mission und Israel", sondern „Der Evangelisierungsauftrag der Kirche in Bezug auf das Judentum". Die Argumentation verläuft ebenso wie diejenige in Abschnitt 5 auf zwei Ebenen: Der Evangelisierungsauftrag der Kirche ist universal, aber die Kirche enthält sich der institutionalisierten Judenmission. Diese erfährt eine „prinzipielle Ablehnung"; dennoch sind die einzelnen Christen dazu aufgerufen, auch Juden gegenüber „Zeugnis von ihrem Glauben an Jesus Christus abzulegen" (Nr. 40). Die christliche Mission ist nicht von der Bekehrung anderer her zu deuten, denn sie hat „ihren Ursprung in der Sendung Jesu vom Vater her" (Nr. 41).

Am Schluss der Schrift fällt noch explizit der Begriff „Antisemitismus": Ein wichtiges Ziel im jüdisch-katholischen Dialog sei die gemeinsame Bekämpfung „aller Erscheinungen rassistischer Diskriminierung gegenüber Juden und aller Formen des Antisemitismus, der sicher noch nicht ausgerottet ist" (Nr. 47).

4. Bund, Messias, Inkarnation, Ethik: Voten aus der wissenschaftlichen katholischen Theologie

4.1 Der katholische Theologe und langjährige Aachener Akademiedirektor Hans-Hermann Henrix hat in seinem Buch „Judentum und Christentum. Gemeinschaft wider Willen" 2008 darauf hingewiesen, dass das – traditionell als konservativ geltende – Lehramt beim Reden vom un-

3. Kapitel: Der Jude Jesus Christus

gekündigten Bund Gottes mit Israel der wissenschaftlichen Theologie um einiges voraus gewesen ist. Denn sogar in den Grundlagenwerken der Theologie der Befreiung findet sich noch antijüdische Polemik. Das Voranschreiten des Lehramts dagegen betraf vor allem das Pontifikat von Johannes Paul II., der nicht nur durch öffentlichkeitswirksame Gesten seine theologische Hochschätzung Israels und des gegenwärtigen Judentums zum Ausdruck gebracht, sondern auch durch seine klare Redeweise vom christlichen Antisemitismus Maßstäbe gesetzt hatte (s. o. 2.4).

Im jüdisch-christlichen Dialog und damit auch in der katholischen wissenschaftlichen Theologie steht neben dem Thema des Bundes Gottes mit Israel die Christologie im Mittelpunkt. Hier werden vor allem die Fragen der Messianität Jesu und des erwarteten jüdischen Messias sowie die Inkarnation problematisiert. Beide Themen werden von der kirchlichen Lehrbildung und Theologie vorgegeben und erregen für den jüdischen Glauben erheblichen Anstoß. Die jüdische Messiashoffnung und der christliche Glaube an Jesus als den gekommenen und wiederkommenden Messias sind unvereinbar. Erst recht die Vorstellung von Gottes seinshaftem Eingehen in diese Welt, die Inkarnation, verletzt das jüdische Empfinden der Einzigkeit und Entzogenheit Gottes. Beide Themen werden von der christlichen Theologie ins Gespräch gebracht, wobei der Messianismus für die jüdische Theologie ein nachgeordnetes und die Inkarnation überhaupt kein Thema ist. Anders sieht es mit der Ethik aus, die sich jüdisch wie christlich auf die Tora und auf die Predigt Jesu bezieht.

Einige Überlegungen aus der wissenschaftlichen katholischen Theologie im Horizont Israels zum Messias,

§ 15 Ein Seitenblick: Römisch-katholische Kirche und Judentum

zur Inkarnation und zur Ethik werden im Folgenden kurz skizziert. Auf die traditionelle Lehre, dass alle außerhalb der katholischen Kirche, nicht nur die Heiden, sondern auch Juden und Häretiker, „des ewigen Lebens nicht teilhaftig werden" (so das Konzil zu Florenz im Jahre 1442, Henrix 2008, 111), muss nach den voranstehenden jüngsten Aussagen (s.o. 3.) nicht mehr eingegangen werden. Diese kirchliche Lehre ist implizit revidiert worden. Hier gilt de facto der Satz des jüdischen Philosophen Franz Rosenzweig (1886–1929): „Außerhalb der Kirche gibt es kein Heil – außer für die in ihrer Religion bleibenden Juden." (Henrix 2008, 133)

4.2 Die Hoffnung auf den erst noch kommenden *Messias* unterscheidet das Judentum vom christlichen Glauben an Jesus, den Christus, den gekommenen Messias. Die Formulierung im Rheinischen Synodalbeschluss von 1980 (→ § 2.1), der Jude Jesus Christus sei „als Messias Israels der Retter der Welt", fand den leidenschaftlichen Widerspruch des jüdischen Religionswissenschaftlers Pinchas Lapide (1922–1997): Es gebe sonst in der Religionsgeschichte kein Beispiel dafür, dass eine Glaubensgemeinschaft einer anderen Religionsgemeinschaft vorzuschreiben versuche, welche Rolle eine Person in deren Heilsgeschichte zu spielen habe (Henrix 2008, 141f.). So ist denn auch die Messianität Jesu kein Thema, das im jüdisch-christlichen Gespräch im Vordergrund steht.

Allerdings spielt das Messianische in der jüdischen Theologie abgesehen von der Auseinandersetzung mit der christlichen Lehre eine untergeordnete Rolle. Das liegt an den teilweise traumatischen Erfahrungen mit historischen messianischen Entwicklungen. Schon mehrfach wurde das Kommen des Messias festgestellt, was aber nachträglich in einer Katastrophe endete. Das gilt für den Bar-

3. Kapitel: Der Jude Jesus Christus

Kochba-Aufstand gegen die Römer im Jahre 132–135 n.Chr. ebenso wie für die Bewegung um Sabbatai Zwi (1626–1676).

Elie Wiesel (1928–2016), Überlebender von Auschwitz und Friedensnobelpreisträger (1986), sieht das Dilemma der messianischen jüdischen Hoffnung darin, dass die vorfindliche Welt so schrecklich ist und der Messias nicht gekommen ist. Und wenn er jetzt käme, wäre es dann nicht zu spät, sechs Millionen zu spät? Und wie ist angesichts all dessen die Rede von Christus als dem gekommenen Messias möglich? In Wiesels Roman „Die Pforten des Waldes" sagt Gregor zu seiner Frau Clara: „Ob der Messias kommt oder ob er nicht kommt, ist nicht wichtig. Wir werden ohne ihn handeln. [...] Der Messias ist nicht *ein* Mensch, er ist die Menschheit, alle Menschen. Solange Menschen sind, wird es einen Messias geben." (Zitiert nach HENRIX 2008, 155)

Trotz aller negativen Ereignisse gibt es auch eine herkömmliche messianische Erwartung im Judentum. Und damit sei es auch aus christlicher Sicht, so der Schweizer katholische Theologe Clemens Thoma, „denkbar, dass der jüdische Messias noch kommen wird" (HENRIX 2008, 147). Henrix formuliert darum im Anschluss an Thoma: „Der Christ bzw. die Christin wartet nicht auf einen anderen als den wiederkommenden Jesus Christus und achtet zugleich die jüdische Messiashoffnung als einen Akt der Treue zum Gott Israels." (149)

4.3 Die *Inkarnation*, die Menschwerdung Gottes in Jesus Christus, ist offenkundig der Punkt des schärfsten Dissenses zwischen Juden und Christen. Hier laufen alle dissentierenden Linien zwischen Judentum und Christentum zusammen. Der jüdische Religionsphilosoph Emmanuel Lévinas (1906–1995) widersprach der Idee der Inkar-

§ 15 Ein Seitenblick: Römisch-katholische Kirche und Judentum

nation grundsätzlich, weil Gott die „nichtassimilierbare Andersheit" bleibe und damit die absolute Unterscheidung zu allem, was sich in der Welt zeigt (HENRIX 2008, 158). Die christliche Lehre von Jesus Christus drohe ein „Mischelement" in Gott selbst einzutragen. Der Bonner katholische Dogmatiker Josef Wohlmuth hat darum ausgehend davon die Christologie des Konzils von Chalzedon im Jahre 451 ins Spiel gebracht: Das dort gelehrte „Unvermischte" der beiden Naturen Christi markiert nach Wohlmuth einen „Trennungsstrich" zwischen Gott und Welt, den zu überspielen der christlichen Theologie nicht erlaubt sei (HENRIX 2008, 168). Die jüngere katholische Liturgietheologie hat entsprechend in Anlehnung an Lévinas und Wohlmuth auch den Bezug des liturgischen Gedenkens auf die „Struktur des Unerinnerbaren und Unausdenklichen" angemahnt (WAHLE 2006, 417).

4.4 Hans Hermann Henrix beendet sein Buch mit einem *ethischen* Ausblick, dem Abschnitt „Von der Nachahmung Gottes" (175–192), weil er in dieser Praxis einen Konsenspunkt zwischen Juden und Christen sieht. Christsein bedeute – nach dem jüdischen Religionsphilosophen Franz Rosenzweig – eben nicht das Annehmen irgendwelcher Dogmen, sondern ein Leben unter der Herrschaft Christi (175). Die Kategorie der „Nachahmung Gottes" begegnet erstmals bei Rabbi Abba Saul in der Mitte des 2. Jahrhunderts nach Christus und geht von 3 Mose 19,2 aus: „Ihr sollt heilig sein, denn ich bin heilig, der Herr, euer Gott." (HENRIX 2008, 183) Christlich gehe es darum, „Christus in allem nachzuahmen und in eine umfassende Konformität mit Christus hineinzufinden" (188). Die christliche *imitatio Dei* sei damit der jüdischen Weise der Nachahmung Gottes nahe (191).

3. Kapitel: Der Jude Jesus Christus

So treffend die Gemeinsamkeit im Ethos in Anlehnung an die in der Bergpredigt ausgelegte Tora (Mt 5,17) auch ist, wird man an dieser Stelle aus evangelischer Sicht dennoch auf die grundlegende Unterscheidung von *imitatio Christi* und *Nachfolge Christi* verweisen. So wahr uns im Glauben die Nachfolge aufgetragen ist, so schwer diese auch fallen mag (Mk 10, 21–22), so wahr schützt der Gedanke des Unterschiedes zwischen Meister und Jünger:innen vor Selbstüberschätzung und neurotisierendem Perfektionismus (vgl. Lk 17,10). Wer nachfolgt, bleibt in einem anderen Welt- und Selbstverhältnis als der, an dem er sich orientiert. Dazu gehört das evangelisch-theologische Prinzip, dass die Heiligkeit des glaubenden Menschen eine Sache der Relationalität und viel weniger eine der moralischen Qualität ist. Der neue Mensch ist nur in Beziehung auf den dreieinigen Gott vorhanden; das Neue ist (schon) der Fall, obwohl empirisch davon (noch) wenig zu sehen ist (1 Joh 3,2).

4.5 Ganz am Schluss dieses Paragraphen stehe darum ein Zitat von Martin Buber, mit dem auch Henrix sein Buch schließt: „Kein Mensch außerhalb von Israel weiß um das Geheimnis Israels. Und kein Mensch außerhalb der Christenheit weiß um das Geheimnis der Christenheit. Aber nichtwissend können sie einander im Geheimnis anerkennen." (Henrix 2008, 201) Dieses Zitat, das den Schluss von Röm 9–11 anklingen lässt (Röm 11,33–36), verweist erneut auf die Grenzen aller theologischen Reflexionen und Dialogbemühungen.

Zusammenfassung

Auch in der katholischen Kirche gab es einen traditionellen Antijudaismus, der sich lange Zeit am Vorwurf des

§ 15 Ein Seitenblick: Römisch-katholische Kirche und Judentum

„Gottesmords" festmachte und der aus der „Substitutionstheologie", der zufolge die Kirche in der Heilsgeschichte an die Stelle Israels getreten sei, immer wieder neue Nahrung erhielt. Der entscheidende Durchbruch zur Veränderung war der Konzilstext „Nostra Aetate" des 2. Vatikanums von 1965, in dem die bleibende Erwählung Israels und die besondere geschwisterliche Gemeinschaft von Judentum und Christentum betont wurden. Entsprechend hat sich in den nachfolgenden kirchlichen Dokumenten und Texten aus der katholischen Theologie immer mehr die Redeweise vom „ungekündigten Bund" zwischen Gott und dem Judentum als christliches Bekenntnis durchgesetzt (in Anlehnung an Röm 11,29). Für den jüdisch-christlichen Dialog stehen die Themen des (gekommenen bzw. des erwarteten) Messias, die für die jüdische Theologie nicht vorstellbare Inkarnation und die Ethik (das Leben mit der Tora) zur Debatte, während die Judenmission für die heutige katholische Theologie und Kirche (wie für die evangelische) aufgrund der Rede von der bleibenden („ungekündigten") Erwählung Israels kein Thema mehr ist. Beide großen Kirchen wissen sich dazu aufgerufen, für alte und neue Strukturen und Spuren des Antisemitismus in den eigenen Reihen eine selbstkritische Aufmerksamkeit zu fördern.

§ 16 Der Glaube an Jesus Christus, den Juden, als Kraft gegen den Antisemitismus

Literatur: EVE-MARIE BECKER: Wem „gehört" Jesus von Nazareth? Historische und hermeneutische Fragen zur Gegenwart und Zukunft der Jesus-Forschung, in: ThLZ 148 (2023), 3–18 ♦ SCHALOM BEN-CHORIN: Bruder Jesus. Der Nazarener in jüdischer Sicht, München ⁴1981 [1967] ♦ RUDOLF BULTMANN: Jesus, Gütersloh ³1977 [1926] ♦ KATHY EHRENSPERGER: Jesus der Jude. Betrachtungen zu den jüdisch-christlichen Beziehungen in der gegenwärtigen Forschung, in: ThLZ 146 (2021), 21–36 ♦ WALTER HOMOLKA: Der Jude Jesus – eine Heimholung, Freiburg ⁵2021 [2020] ♦ KURT MOLITOR: „Er hat seine Knie nicht gebeugt vor Baal." Karl Kleinmann (1877–1942), Märtyrer für den Juden Jesus Christus, Ubstadt-Weiher u.a. 2014 (Veröff. des Vereins für Pfälzische Kirchengeschichte 31) ♦ ANDREAS PANGRITZ: Vergegnungen, Umbrüche und Aufbrüche. Beiträge zur Theologie des christlich-jüdischen Verhältnisses, Leipzig 2015 ♦ PETER SCHÄFER: Jüdische Polemik gegen Jesus und das Christentum. Die Entstehung eines jüdischen Gegenevangeliums, München 2017 ♦ HANS WEDER: Die Gleichnisse Jesu als Metaphern. Traditions- und redaktionsgeschichtliche Analysen und Interpretationen, Göttingen ³1984 [1978] (FRLANT 120) ♦ MICHAEL WOLTER: Jesus von Nazaret, Göttingen 2019 (Theologische Bibliothek Bd. VI)

1. Jesusglaube und Jesusforschung

1.1 Jesus von Nazareth war kein Christ, sondern Jude, so lautet die bekannte Feststellung von Julius Wellhausen

§ 16 Der Glaube an Jesus Christus, den Juden

(1844–1918, HOMOLKA 2021, 98). Jesus wird zwar seit der Bezeugung seiner Auferstehung (1 Kor 15,3b–5) als der Gesalbte, als der „Christus" bezeichnet und verehrt, hat aber keine Gruppe gegründet, die terminologisch etwas mit dem Titel „Gesalbter" zu tun gehabt hätte. Auch hat Jesus seine Selbstauslegung „zu keinem Zeitpunkt" mit diesem Titel versehen – der Überlieferung nach hat er diesem allerdings auch nicht widersprochen (WOLTER 2019, 270). Doch nach Ostern wurde „Christus" der bevorzugte Titel für Jesus, weil die ihm Nachfolgenden jetzt an ihn glaubten und damit daran, dass sein tragisch gescheitertes Leben, sein Predigen und Heilen von Gott ins Recht gesetzt worden sei. Der Christus-Titel war der Versuch, das Geschick Jesu mit der eigenen (jüdischen) kulturellen Enzyklopädie zu deuten. Diese Deutung war schnell außerordentlich erfolgreich: Schon Paulus schreibt häufiger „Christus" als „Jesus".

1.2 Wenn in diesem Paragraphen vom Glauben an Jesus, den Juden, die Rede ist, dann sind dazu drei einleitende Präzisierungen notwendig. *Erstens* ist jahrhundertelang vergessen, ja verdrängt worden, dass Jesus als Jude geboren wurde, gelebt hat, gestorben ist und nach Ostern verehrt, ja im Gebet angerufen worden ist (Joh 14,14; 16,23; Apg 7,59). Selbstverständlich war für die Jesus-Bewegung Jesu Vater (Mt 6,9–13; Lk 15,11–32) der Gott Israels und Jesus selbst Jude, ebenso wie die Angehörigen der ersten Gemeinden (Apg 2,46). *Zweitens* kann mit dem Namen „Jesus" für uns nur die Gestalt des Menschen *und* des Auferstandenen gemeint sein, wie sie uns in den Glaubenszeugnissen des Neuen Testaments begegnet. Ein historisch rekonstruierter Jesus ohne die christologische Sprache und das christologische Denken ist auch nach 250 Jahren Leben-Jesu-Forschung nicht möglich. Der

3. Kapitel: Der Jude Jesus Christus

Jude Jesus der Evangelien ist zugleich der als Christus Geglaubte und Verehrte. Und *drittens* ist die Christologie des Neuen Testaments noch einmal etwas anderes als die spätere Lehrentwicklung in den Konzilien des 4. und 5. Jahrhunderts. Dort wurde das Judesein Jesu zu einer Art Fußnote der doxologischen Aussagen über Jesus als das „Licht vom Licht", das „eines Wesens mit dem Vater" ist. Die irdische Herkunft Jesu wurde mehr und mehr von der himmlischen Abkunft überlagert.

Der dogmatisierte Christus war für die Juden in Europa „lange nichts weiter als ein Symbol christlicher Unterdrückung" – so lautet der erste Satz des Jesus-Buches von Walter Homolka (HOMOLKA 2021, 9). Die Kirche habe Jesus „1800 Jahre lang [...] entjudet, [...] hellenisiert und [...] uns allen verekelt", urteilte Pinchas Lapide (HOMOLKA 2021, 35). In der Tat leistete die „hohe Christologie" dem Antijudaismus insofern Vorschub, als sie den Schwerpunkt von der Deutung des Alltags auf die Metaphysik verlagerte. Die Christologie ermöglichte die notwendige Selbstklärung des christlichen Glaubens, tendierte dabei aber zwangsläufig zum Übergeschichtlichen, Ahistorischen. Der irdische und damit der jüdische Jesus war eine Selbstverständlichkeit, über die man meinte, sich nur wenig Gedanken machen zu müssen.

Mit der Leben-Jesu-Forschung seit der Aufklärung erfolgte dann eine Art Gegenschlag: Die metaphysische Christologie wurde dekonstruiert und der historische Jesus dem kirchlichen Christus entgegengesetzt. Doch merkwürdigerweise vernachlässigte man auch bei seiner Beschreibung die jüdischen Konturen. Das A-Jüdische war das Erbe, das der historische Jesus in der Moderne aus der metaphysischen Christologie der Kirche mitbrachte. Erst die jüdische Leben-Jesu-Forschung führte zu einer

§ 16 Der Glaube an Jesus Christus, den Juden

Wende in der Wahrnehmung. Das Projekt einer „Heimholung" Jesu in das Judentum setzt auch für die christliche Jesusforschung neue Maßstäbe (zur Herkunft des Begriffes „Heimholung" aus den USA s. Homolka 2021, 180). Die Selbstverständlichkeit, dass mit dem Leben Jesu eine jüdische Biographie rekonstruiert wird, gelangt inzwischen neu zu Bewusstsein und verändert die Fragestellungen. Die jüdische „Heimholung" zeichnet Jesus „als exemplarischen Juden, als mahnenden Propheten, als Revolutionär und Freiheitskämpfer, als Großen Bruder und messianischen Zionisten" (Homolka 2021, 97).

1.3 Auch der moderne angelsächsische Ansatz der Jesusforschung will den jüdischen Jesus unabhängig von der Entstehung des frühen Christentums profilieren und will dabei ähnlich wie die „new perspective on Paul" (→ § 6.3) innerjüdisch vorgehen, so dass man von einem „Within-Judaism"-Paradigma der gegenwärtigen, mit dem postkolonialen Identitätsdiskurs verbundenen Jesusforschung spricht (Becker 2023, 7–12). Die Forschung nach dem historischen Jesus ist neu in Bewegung geraten.

2. Der historische Jesus und der christliche Glaube

2.1 Mit alledem ist aber noch nicht die Frage gestellt oder gar beantwortet, wie sich das Judesein Jesu zum *christlichen Glauben* an Jesus, den Christus, verhält. Denn in diesem Paragraphen geht es nicht eigentlich um den historischen Jesus (s. o. 1.), sondern um den Glauben an den jüdischen Jesus als den Erlöser, also um die dezidiert dogmatische Thematik. Welche Bedeutung hat Jesus, der Jude, für das Christsein, für die Deutung der eigenen Existenz und die alltägliche Lebensführung?

3. Kapitel: Der Jude Jesus Christus

2.2 Dabei ist es von grundlegender Bedeutung, wie auf Jesus, den Juden *und* den Christus Bezug genommen wird. Als eine historische Gestalt gibt Jesus zunächst Orientierung bei Handlungsoptionen wie manches andere Vorbild – man denke an die spirituelle Konsequenz Simone Weils (1909–1943), an den Mut Dietrich Bonhoeffers (1906–1945) und an die Barmherzigkeit Albert Schweitzers (1875–1965). Trotzdem würde man nicht sagen, dass man an diese Personen als Erlöser glauben kann. Das kategorial Andere beim Leben Jesu ist, dass Christenmenschen in ihm nicht nur Orientierung für ihr Ethos finden, sondern auch die verlässliche Begegnung mit der Wirklichkeit Gottes und seiner Menschenfreundlichkeit, wie das im Neuen Testament in vielerlei Weise zum Ausdruck gebracht wird.

Die konzentriertesten Redeweisen finden sich beim Apostel Paulus, der Jesus Christus als den Versöhner („Gott war in Christus und versöhnte die Welt mit sich selber", 2 Kor 5,19) schildert und als den Überwinder der bedrohlichen Mächte („Denn ich bin gewiss, dass weder [...] Hohes noch Tiefes noch eine andere Kreatur uns scheiden kann von der Liebe Gottes, die in Christus Jesus ist, unserm Herrn", Röm 8,38 f.). Jesus Christus ist zugleich der, der „im Himmel und auf Erden und unter der Erde" der Herr ist „zur Ehre Gottes, des Vaters" (Phil 2, 10 f.). Die Mächte sind ihm untertan.

2.3 Die christliche Lehrbildung hat im Laufe der Jahrhunderte versucht, die verschiedenen Jesuserfahrungen der Glaubenden auf den Begriff zu bringen, um so der Fülle der neutestamentlichen Aussagen zu entsprechen. In diesem Zusammenhang hat sich seit der Reformation (Johannes Calvin, 1509–1564) und der lutherischen Orthodoxie (Johann Gerhard, 1582–1637) die Redeweise von

§ 16 Der Glaube an Jesus Christus, den Juden

der dreifachen Wirkungsweise des Auferstandenen (vom dreifachen „Amt", „munus triplex Christi") durchgesetzt. Jesus ist nicht nur Vorbild und Lehrer (prophetisches Amt, „munus propheticum"), sondern auch der Versöhner (priesterliches Amt, „munus sacerdotale") und der Überwinder und Beherrscher der Mächte (königliches Amt, „munus regium"). Dabei handelt es sich zwar um eine Schematisierung und latente Verkürzung, aber doch um eine hilfreiche, weil einprägsame Zusammenfassung.

Man kann diese Trias auch als Näherbestimmung des evangelischen „Christus allein" und der anderen „allein"-Formulierungen auffassen. Dass diese für die Systematisierung evangelisch-theologischer Anliegen sehr hilfreich sind, zugleich aber antijudaistische Nebenwirkungen mit sich bringen können, wurde bereits kritisch angemerkt (→ § 4). Im Folgenden soll darum der Versuch unternommen werden, die Drei-Ämter-Lehre als dogmatischen Entdeckungszusammenhang für die neutestamentliche Christologie, für die Deutung des Menschen und damit des Juden Jesus von Nazareth heranzuziehen: Es ist der Jude Jesus Christus, der die Christenheit und die Welt orientiert, versöhnt und regiert.

2.4 Kompliziert ist die Sache deswegen, weil die Realität des historischen Jesus nicht nur die Phase des vorösterlichen Menschen, sondern auch die Erfahrungen des Auferstandenen beinhaltet: Ohne das Ostergeschehen, ohne den Osterglauben gäbe es kein Neues Testament. Das führt auf zwei grundlegende Axiome für das Verständnis der neutestamentlichen Texte. *Erstens* lässt sich der historische Jesus nicht exakt von dem Christus des Glaubens trennen. Das gesamte Neue Testament ist Christologie, d. h. Auseinandersetzung mit der Tatsache, dass Jesus als der auf einmalige Weise (Hebr 9,26; 1 Petr 3,18) für Gott

3. Kapitel: Der Jude Jesus Christus

stehende Mensch erfahren und geglaubt wird. *Zweitens* ist damit der Glaube an die (leibliche) Auferstehung Jesu Christi verbunden. Jesu Tod wird als Tod für die menschlichen Sünden verstanden, wobei die heiligen Schriften durch Karfreitag und Ostern einen ganz speziellen, christologischen Sinn bekommen (1 Kor 15,3b–5). Diese beiden österlichen Grundannahmen sind für die Darstellung des Lebens Jesu im Neuen Testament entscheidend. Wer nach dem Jesus jenseits des kirchlichen Dogmas sucht, findet zuerst das Ostergeschehen und die Christologie als Darstellungsprinzipien – und zwar als historische Gegebenheiten. Gerade die strenge historische Forschung entkommt dem Dogma nicht.

Noch einmal anders formuliert: Jesus, der Jude, erscheint im Neuen Testament immer zugleich als der Christus, der Gesalbte, der Retter und Erlöser, als der Herr. Ob diese glaubende Überzeugung den Tatsachen entspricht oder nicht, das kann die historische Forschung nicht feststellen. Die Tatsache aber, dass diese Überzeugung von den neutestamentlichen Autoren geteilt wird, kann für die historische Rekonstruktion nicht zweifelhaft sein, und zwar unabhängig von den Personen, die sich mit den Texten befassen. Eine Religionswissenschaftlerin wird an diesem Punkt auf dasselbe stoßen wie eine kirchlich engagierte Neutestamentlerin oder ein neutestamentlich forschender Rabbiner: auf Christologie und Osterglauben.

2.5 Damit ist auch die konsequente Eingrenzung Jesu auf seine jüdische Herkunft ein Ding der Unmöglichkeit, und zwar aus historischen Gründen. Jesus, der Jude, begegnet uns in den Quellen immer zugleich als der geglaubte Christus. Das war seit frühester Zeit im (christlichen) Judentum und über das Judentum hinaus der Fall. Man

§ 16 Der Glaube an Jesus Christus, den Juden

kann Jesus und Christus zwar unterscheiden, aber nicht säuberlich voneinander trennen. Auch die Unterteilung: hier der historische, jüdische Jesus – dort der nichtjüdische, christliche Christus führt in die historische Aporie. Gerade die Christologie hat auch jüdische Anteile (EHRENSPERGER 2021, 25).

Wenn der Begriff der „Heimholung" Jesu in das Judentum allumfassend gemeint ist, wird dieser problematisch, weil man so die Quellen nur ausschnittweise in den Blick bekommt (BECKER 2023, 13). Sicher gehört Jesus, der Christus, in die Welt des Judentums um die Zeitenwende, aber er gehört zugleich in jene Welt, in der sich Judentum und Christentum erst in der später geläufigen Weise auszubilden und voneinander zu differenzieren beginnen. Das antike Christentum ist *auch* „ein Kapitel in der Geschichte des antiken Judentums" (EHRENSPERGER 2021, 30), aber es ist dies nicht ausschließlich. Das Christentum gehört als etwas Neues in die religionsproduktive Zeit der Spätantike.

2.6 Schließlich ist in Rechnung zu stellen, dass inzwischen schon die *Frage* nach dem Christus bzw. dem Messias eine deutliche Trennungslinie zwischen Judentum und Christentum markiert, da das Judentum im 19. und 20. Jahrhundert die Vorstellung eines persönlichen Messias „für die Erwartung des Heranbrechens eines messianischen Zeitalters" eingetauscht hat (HOMOLKA 2021, 220).

2.7 Das jüdische Engagement für die „Heimholung" Jesu in das Judentum und die christliche Suche nach Jesus können nicht anders als unter diesen höchst komplexen Verstehensbedingungen erfolgen. Wer als Christenmensch Jesus verehrt und liebt, wird möglichst viel von seinem realen, seinem jüdischen Leben wissen wollen, ohne dass seine Lebensgeschichte von den christologischen Auszeichnungen verdeckt wird. Schon Rudolf Bultmann (1884–1976) hat Jesus auch als jüdischen Rabbi dargestellt (BULTMANN 1977 [1926], 43–92). Dabei zeichnete Bultmann übrigens keineswegs eine religiöse Karikatur des Judentums zur Zeit Jesu (16–22).

Diese komplizierten Umstände kurz zusammenfassend kann man formulieren: Der Prophet, der Versöhner und der Herr Jesus, dieser nur in mehrfacher Weise zu erfassende Mensch, lebt aus seinen Wurzeln im humanen Ethos des Judentums seiner Zeit. Das christologische Darstellungsprinzip beinhaltet nicht die ganze historische Wahrheit, kann aber auch nicht ausgeblendet werden.

3. Jesus, der jüdische Lehrer des glücklichen Lebens (prophetisches Amt, munus propheticum)

„Der Glaube Jesu einigt uns […], aber der Glaube an Jesus trennt uns", lautet die einprägsame Formel des Publizisten und Gelehrten Schalom Ben-Chorin (BEN-CHORIN 1981, 11). In der Tat ist der Glaube Jesu, soweit er aus den Evangelien erschlossen werden kann, der entscheidende Ausgangspunkt für eine jüdisch-christliche Verständigung über die Person Jesu.

3.1 In der internationalen Jesusforschung wurden in den letzten Jahrzehnten zwei unterschiedliche Grundbilder zum Verständnis Jesu verwendet. *Erstens* wurde Jesus als der Prediger der Endzeit gezeichnet: „Eschatologische Botschaft ist die Verkündigung Jesu, d.h. die Botschaft, dass nunmehr die Erfüllung der Verheißung vor der Tür stehe, dass nunmehr die Gottesherrschaft hereinbreche" (BULTMANN 1977, 23). Dabei ist Jesus aber nicht nur der Überbringer einer Botschaft, sondern er nimmt für sich in Anspruch, „dass er es ist, durch den die Königsherrschaft

Gottes zu den Menschen kommt." (WOLTER 2019, 121) Auch die Gleichnisse Jesu machen deutlich, dass die Begegnung mit ihm die alten Sicherheiten erschüttert und Neuorientierung verlangt (WOLTER 2019, 189).

3.2 Daneben wurde Jesus *zweitens* als der Ausleger der Tora und als Weisheitslehrer verstanden. In der Exegese der letzten Jahrzehnte ist immer deutlicher geworden, dass Jesus sich – besonders nach der matthäischen Darstellung – tatsächlich als Interpreten der Tora verstanden hat. Dabei ist auch seine Interpretation der Gebote von einem autoritativen Selbstverständnis geprägt: Hier wird der jetzt, angesichts des kommenden Himmelreiches (Mt 4,17) gültige Wille Gottes gepredigt. In den – als „Antithesen" bezeichneten – Gegenüberstellungen (Mt 5, 21–48) macht Jesus deutlich, dass Zorn, Ehebruch, Schwören, Rache und Hass in der anhebenden Zeit Gottes ihr Recht verloren haben zugunsten von Versöhnung, Treue, klarer Rede, Selbstbeschränkung und Feindesliebe. Dies gewinnt besondere Eindringlichkeit durch Jesu Behauptung, dass die Königsherrschaft Gottes „bereits in der Welt der Menschen präsent ist, wo Jesus auftritt" (WOLTER 2019, 217). Damit setzt er die Tora aber gerade *nicht* außer Geltung, sondern er bekräftigt sie mit der Autorität seiner Person.

Das *aber* in „Ich aber sage Euch" muss dabei nicht adversativ verstanden werden, sondern kann für etwas Performatives stehen: „Wenn ihr die bisherige Auslegung im Ohr habt, so gilt Gottes Wille aus der Tora jetzt folgendermaßen…" Das *aber* betont dann nicht den Gegensatz zur Tradition, sondern den Kairos und den Anspruch des Predigers, jetzt, angesichts der nahen Gottesherrschaft, etwas Verbindliches zu sagen.

3.3 Wichtig waren für die Predigt Jesu offenbar die Hinweise auf den Weg, der zu einem erfüllten Leben führt

3. Kapitel: Der Jude Jesus Christus

(Mt 7,13 f.). Darum finden sich zu Beginn der Bergpredigt die Seligpreisungen, die das Glücklichsein mit einem bestimmten menschlichen Habitus identifizieren, u. a. mit Sanftmut, Barmherzigkeit und Friedfertigkeit (Mt 5,3–12). Der Prediger Jesus positioniert sich damit nicht außerhalb des Judentums. Ganz im Gegenteil tritt er mit der Behauptung auf, selbst für die endzeitliche Erfüllung der Tora zu stehen. Das Himmelreich ist nahe (Mt 4,17) und Jesus erhebt den Anspruch, gekommen zu sein, um die Tora zu erfüllen (Mt 5,17). Jesus nimmt – wie viele jüdische Lehrer – eine Aktualisierung in der Form einer halachischen Auslegung vor. Jesus hat kein Gebot außer Kraft gesetzt (Mt 5,17). Aber die Auslegung der Tora hat auch nicht im Mittelpunkt seiner Predigt gestanden. Mindestens ebenso wichtig waren seine Gleichnisverkündigung und die Worte, die seine Handlungen begleiteten.

3.4 Überblickt man die durchaus toratreue und toragewisse Predigt des neutestamentlichen Jesus, überrascht es nicht, dass die Christenheit 1.500 Jahre später den Begriff des „munus propheticum" einführte, um damit den Anspruch Jesu auf den Begriff zu bringen. Es ist in letzter Zeit deutlich geworden, dass dieser Aspekt aus dem zeitgenössischen Judentum des 1. Jahrhunderts hervorgeht und diesen zugleich in atemberaubender Weise akzentuiert.

4. Jesus, der jüdische Heiler und Versöhner schuldiger Menschen (priesterliches Amt, munus sacerdotale)

4.1 Jesus hat nicht nur Predigten über das gelingende glückliche Leben, ohne Feindschaft, Hass und Rache, gehalten, sondern er hat auch durch seine Taten das Lebensglück von kranken, irrenden und schuldigen Menschen ermöglicht. Der matthäische Jesus erläutert auf die Anfrage des Täufers hin sein Handeln so: „Blinde sehen und Lahme gehen, Aussätzige werden rein und Taube hören, Tote stehen auf und Armen wird das Evangelium gepredigt" (Mt 11,5). Nicht nur mit Worten macht Jesus seinen Anspruch geltend, die neue Zeit und das Lebensglück für die benachteiligten Menschen herbeizuführen. Sein Reden, aber auch sein Handeln richtet sich an die Armen, die Gefangenen, die Blinden und die Zerschlagenen – so Jesu Antrittspredigt in Nazareth nach der Darstellung bei Lukas (Lk 4,18).

4.2 Jesu Taten lassen sich insgesamt als Handlungen (Machttaten, „dynameis") gegen erlittenes, aber auch gegen selbstverschuldetes Unglück von Menschen umschreiben. Dabei muss man nicht von „Wundern" sprechen, da dieser Sammelbegriff zum einen im Neuen Testament selten ist (Mt 21, 15) und da er zum anderen die Aufmerksamkeit auf den Rezipienten legt, der „sich wundert" – und nicht auf Jesus, der die Machttaten vollbringt (WOLTER 2019, 125–130). Im Johannesevangelium werden die Machttaten Jesu ausnahmslos „Zeichen" („semeion") genannt: Sie zeigen demjenigen, der richtig sehen kann, dass Gott im Spiel ist und von einem göttlichen Menschen ins Spiel gebracht wird. Der joh Jesus offenbart mit Zeichen seine Herrlichkeit („doxa", Joh 2, 11).

4.3 Die neue Wirklichkeit des Reiches Gottes, die Jesus mit seinem Wirken herbeizuführen beansprucht, richtet sich in seinen Machttaten auf das unverschuldete Leiden von Menschen; aber seine Worte und Taten zielen auch auf Verfehlungen, auf die das Leben einschränkende Schuld von Menschen. Die Bitte um die Vergebung steht neben der Bitte um das tägliche Brot im Mittelpunkt des Vater-

3. Kapitel: Der Jude Jesus Christus

unsers (Mt 6,12; Lk 11,4). Auch drei der bekanntesten Geschichten, Jesu Predigten vom verlorenen Sohn (Lk 15,11–32) und von Pharisäer und Zöllner (Lk 18,9–14) sowie die Erzählung von Jesu Begegnung mit Zachäus (Lk 19,1–10) stellen die Vergebung der Schuld in den Mittelpunkt (Lk 15,21; Lk 18,13; Lk 19,8 kulminiert in der Rückzahlung zu Unrecht erworbenen Geldes).

4.4 Jesus als Person ist es, der die Realität von schuldig gewordenen Menschen wahrnimmt und zu überwinden hilft. Er handelt einerseits wie ein Rabbi, der lebensdienliche Hinweise gibt und andererseits verkörpert er selbst in wirksamer Weise die Macht der Versöhnung. Jesu Predigten, seine Erzählungen und sein Verhalten haben versöhnende, sühnende Wirkung. Wenn nach dem alttestamentlichen Sühneverständnis die Sühne als Handeln Gottes dann eintritt, wenn eine Bereinigung („Aufarbeitung") durch menschliches Handeln nicht möglich ist, dann lässt sich sagen, dass das Predigen und Handeln Jesu die Sühne Realität werden lässt. Nicht nur eindrücklich, sondern auch alttestamentlich präzise dichtet Jochen Klepper: „Dem alle Engel dienen, / wird nun ein Kind und Knecht. / Gott selber ist erschienen / zur Sühne für sein Recht." (EG 16,2) Jesu Handeln an und mit den Menschen macht die Sühne, die sonst am „Großen Versöhnungstag" (3 Mose 16) für das ganze Volk ihren Platz hat, zu etwas Individuellem und Lebensgeschichtlichem.

4.5 Hans Weder hat schon 1978 gezeigt, wie die Gleichnisse Jesu Gott so verständlich machen, dass sie den Menschen verändern: „Die Gleichnisse sprechen nicht den Willen des Menschen an; vielmehr sprechen sie dem Menschen eine neue Einstellung so zu, dass sich aus ihr die neue Praxis von selbst ergibt" (WEDER 1984, 280). Die Geschichte vom verlorenen Sohn fasst Weder prägnant so

§ 16 Der Glaube an Jesus Christus, den Juden

zusammen: Das „Heil kommt der Buße zuvor." (262, dort kursiv) Diese Parabel sei darum, wenn sie zum Ziel komme, selbst „ein Ereignis jener göttlichen Liebe" (260) und die Parabel von den Arbeitern im Weinberg (Mt 20,1–16) werde „selbst zum Ereignis der Güte Gottes" (227, dort kursiv), indem sie die Starken von ihrer Stärke und die Schwachen von der Last ihrer Schwäche befreie (228). Den damit verbundenen theologischen Anspruch Jesu habe die nachösterliche Christologie in angemessener Weise aufgenommen (229), indem sie die Gleichnisse nicht mehr auf das Reich Gottes, sondern auf den nachösterlichen Jesus Christus bezog (277). Die Gleichnisse wurden als Vorgriffe auf die Nähe Gottes im Osterereignis und von daher „unvermeidlich" christologisch verstanden (98).

4.6 Die Gleichnisse Jesu transportieren also – ebenso wie seine Machttaten – nicht Maximen und Reflexionen. Sie werden vielmehr mit dem Anspruch erzählt und tradiert, dass sie die Wirklichkeit in Form von Vergebung, Versöhnung und Optionen erneuerten Lebens verändern. Der Jesus der Gleichnisse handelt – wie der Lehrer der Tora (s. o.) – durchaus im Zusammenhang des zeitgenössischen Judentums. Dabei ist sein Reden und Handeln jedoch von einem solchen Gottesbewusstsein begleitet, dass es als Ereignis des Handelns Gottes selbst erfahren und nach Ostern messianisch (christologisch) interpretiert wird. Es verwundert nicht, dass man diese Zusammenhänge später mit dem „priesterlichen Amt" Christi auf den Punkt zu bringen suchte. Die alttestamentlich-jüdische Tradition des Priesteramtes wurde im Handeln des irdischen Jesus und im Wirken des auferstandenen Christus wiedergefunden. Seitdem verehrt die Christenheit den jüdischen Jesus als den priesterlichen Menschen, der die heilsame Nähe Gottes nahebringt.

3. Kapitel: Der Jude Jesus Christus

5. Jesus, der jüdische Überwinder menschlichen Unheils (königliches Amt, munus regium)

5.1 Jesu Lehren, Feiern und Helfen brachte Gottes heilsame Präsenz, das Reich oder die Königsherrschaft Gottes, so zur persönlichen Erfahrung, dass Jesus selbst als „der Herr" empfunden und geglaubt wurde. Am eindeutigsten bringt dies der so genannte Tauf- oder Missionsbefehl am Schluss des Matthäusevangeliums zum Ausdruck. Danach ist Jesus „alle Macht" (exousia) im Himmel und auf Erden gegeben (Mt 28,18). Darum spricht die evangelische Dogmatik drittens vom „königlichen Amt" Jesu („munus regium").

5.2 Die von Jesus verkündigte Königsherrschaft Gottes, für die er den Anspruch erhob, dass sie mit seiner Person wirksam zu werden beginnt (Mk 1,15), bedeutet die Überwindung von Krankheit, Armut und Schuld, also von allem Unheil, das Menschen erleben und einander antun. Jesu Wirksamkeit setzt dem Unheil etwas entgegen: „Heute ist diesem Hause Heil widerfahren, denn auch er ist Abrahams Sohn", sagt Jesus zu Zachäus (Lk 19,9). Dieser wird explizit als Angehöriger des erwählten Gottesvolkes bezeichnet, womit Lukas das Exemplarische dieser Erzählung deutlich macht.

5.3 Zur Überwindung des Unheils gehört nach dem übereinstimmenden Bericht der Evangelien auch die Beherrschung der dunklen, unberechenbaren Mächte, der bösen Geister bzw. der „Dämonen". Mit Jesu Herrschaft über diese hebt die umfassende Befreiung an: „Wenn ich nun mit dem Finger Gottes die Dämonen austreibe, so ist ja die Königsherrschaft Gottes zu euch gekommen" (Lk 11,20; nach der Überlieferung in Mt 12,28 spricht Jesus vom „Geist" statt vom „Finger" Gottes). Bemer-

§ 16 Der Glaube an Jesus Christus, den Juden

kenswert ist jedenfalls, dass Jesus *erstens* selbst die Dämonen austreibt, dass er *zweitens* in göttlicher Vollmacht handelt und dass das *drittens* weitaus mehr bedeutet als dieses einzelne Geschehen: Über die aktuelle Befreiung hinaus beginnt das Reich der Freiheit.

5.4 Die neutestamentlichen Episteln haben die befreiende Königsherrschaft Jesu ins Prinzipielle und Kosmische erhoben. Noch nahe an persönlichen Erfahrungen der Liebe Gottes in Jesus ist die Passage in Röm 8,38f., während der Hymnus Phil 2,5-11 (Jesu Herrschaft über alle Mächte im Himmel, auf Erden und unter der Erde) schon weit ins Metaphysische ausgreift. Besonders im Epheserbrief ist dann die Rede von der kosmisch umfassenden Herrschaft Christi (Eph 1,20–23; 3,10f.). Im Kolosserbrief heißt es sogar, dass alle Herrschaften, Mächte und Gewalten „durch ihn und zu ihm geschaffen" sind (Kol 1,16). Bei dieser christologischen Sprache droht der jüdische Mensch Jesus hinter der Fülle der Prädikationen und Doxologien zu verschwinden. Dennoch bleibt es bei dem einhelligen Befund, dass nach dem Neuen Testament im Leben Jesu eine neue Welt beginnt, so dass mit dem Leben und Wirken Jesu die Herrschaft Gottes anhebt.

5.5 Im Hinblick auf das Gespräch mit dem Judentum wird man auch die kosmisch umfassenden Stellen im Neuen Testament als Ausdruck der Erfahrungen mit der heilsamen Kraft des Mannes aus Nazareth einzuordnen haben. Darüber soll das Menschliche, die Zuwendung Jesu zu den Starken und den Schwachen, wie diese aus dem Geist der Tora kommt (3 Mose 19,18), nicht vergessen werden. Wenn der Glaube an Jesus Judentum und Christentum trennt, dann verbindet beide doch das Menschliche, das Heilsame und das zutiefst Wahre dieses jüdischen Lebens, das sich auch unabhängig von der dogmatischen Verdichtung und Zuspitzung erschließt.

6. Glauben mit Jesus – Glauben mit Israel

6.1 Der Glaube Jesu eint Judentum und Christentum. Der christliche Glaube an Gott kann jedenfalls kein Glaube sein, der dem Glauben des historischen Jesus zuwider ist. Das ist so, obwohl der Glaube nach Ostern ein qualitativ anderer ist als zu Lebzeiten Jesu. Aber der nachösterliche Glaube *an* Jesus steht mit dem Glauben Jesu, wie er sich etwa in den Gleichnissen, in den Seligpreisungen und Antithesen der Bergpredigt sowie im Vaterunser darstellt, in enger Verbindung. Er ist wie der Glaube Jesu ein Glaube an die Geltung des Doppelgebotes der Liebe (Mt 22,35–40) und daran, dass Gott ein liebenswerter Gott, ein gebender, schenkender und kein verlangender, nehmender Gott ist, so dass die Sorge um das eigene Leben in Gott aufgehoben ist (Mt 6,25–34). Der Glaube mit Jesus kann von einer grundlegenden Heiterkeit geprägt sein, denn das Böse gibt es nur im Modus der Erlösung (Mt 6,13). Wer den Juden Jesus kennt und ihm glaubt, kann darum nicht pessimistisch sein und wird nicht mit der Dauerhaftigkeit des Bösen rechnen.

6.2 Das Leben Jesu, des Juden, ist für die Christenheit zugleich der Impuls für eine dauerhafte Selbstkritik. Der heilende und versöhnende, der priesterliche und der königliche Jesus ist immer begleitet vom prophetischen Jesus. Zur Überlieferung der Worte Jesu gehören auch die Weherufe an die Reichen und Satten, die jetzt selbstzufrieden lachen (Lk 6,24–26). Diese werden es sehr schwer haben, in das kommende Reich zu gelangen (Mk 10,23 par.). In der Predigt Jesu lebt die prophetische Kritik Isra-

§ 16 Der Glaube an Jesus Christus, den Juden

els weiter, wie sie seit der klassischen Prophetie Israels bekannt ist (Am 8,4–8; Mi 2,1–3; Jes 3,16–26). Für den Glauben mit Jesus in einer immer noch reichen Kirche ist das eine dauerhafte Infragestellung. Wer den Juden Jesus kennt und ihm glaubt, kann nicht stolz und geldgierig sein.

6.3 Den wahren Glauben an den Gott Israels und an den Vater Jesu kennzeichnet dagegen ein großes Maß an Barmherzigkeit gegenüber dem Nächsten. Der Mensch ist nicht ganz geglückt. Er lebt von der Güte und Barmherzigkeit anderer. Gott selbst ist barmherzig, gnädig und von großer Güte, heißt es mehrmals im Psalter (Ps 103,8; 86,15; 116.5; 145,8). „Gutes und Barmherzigkeit werden mir folgen ein Leben lang", formuliert der kirchlich bekannteste Psalm (Ps 23,6). Entsprechend gebietet Jesus in der lukanischen Feldrede: „Seid barmherzig, wie auch euer Vater barmherzig ist" (Lk 6,36).

Gnade, Geduld und Barmherzigkeit Gottes bestimmten schon die Glaubenserfahrung des Mose, als er nach dem Abfall Israels wegen des goldenen Stierbildes erneut mit den Gesetzestafeln vor Gott trat (2 Mose 34,6). Gott vergibt nicht nur, sondern er ist innerlich beteiligt am Leiden der Menschen, am körperlichen und seelischen Leiden an anderen und sich selbst. Der Schwache und Gescheiterte wird von Gott nicht verworfen. Das schönste Bildwort des Alten Testaments ist Jes 42,3. Dort heißt es über Gottes Knecht: „Das geknickte Rohr wird er nicht zerbrechen, und den glimmenden Docht wird er nicht auslöschen." Bei Matthäus wird dieser Satz zum Interpretament des heilenden und versöhnenden Handelns Jesu (Mt 12,20). Die Gedrückten und Geknickten sollen es erfahren. Was schwach ist vor der Welt, das hat Gott erwählt, stellt Paulus fest (1 Kor 1,27) – und wenn sich ein Christenmensch

3. Kapitel: Der Jude Jesus Christus

einer Sache rühmen will, dann am besten seiner Schwachheit (2 Kor 12,5). Der Reiche aber rühme sich seiner Niedrigkeit, denn er wird wie eine Blume des Grases vergehen, fügt Jakobus hinzu (Jak 1,10).

6.4 Der Glaube mit Jesus und mit Israel führt damit an die humanen Traditionen Israels und des Alten Testaments heran. Dem Anhänger der ganzen Heiligen Schrift begegnet ein Gott, der den Menschen sucht und ihm nachgeht, der vergibt und heilt, der sein Leben vom Verderben erlöst und ihn krönt mit Gnade und Barmherzigkeit (Ps 103,4). Wer den Juden Jesus kennt und ihm glaubt, kann darum nicht hartherzig und selbstbezogen sein.

7. Glauben an Jesus, den Juden, und der moderne Antisemitismus

7.1 Damit kommt die Sichtung der biblischen Quellen zu dem entscheidenden Schluss: Nicht nur jegliche Form von Hass verbietet sich vom Jesusglauben her (Mt 5,43), sondern auch jede Form von Verachtung anderer. Nach der Bergpredigt Jesu erhält und begleitet Gott die Menschen unabhängig von ihrer Qualität und ihrem Charakter: Er lässt seine Sonne über Böse und Gute aufgehen (Mt 5,45).

7.2 An Jesus, den Juden, glauben, bedeutet nicht nur, den Lebensweisungen Jesu (seiner Tora) zu folgen. Es bedeutet auch, ihn als historische, zeit- und ortsgebundene Person zu verehren und zu lieben. Die kirchliche Zwei-Naturen-Lehre, die sich in den ersten vier Jahrhunderten der Kirchengeschichte herausgebildet hat – und die die Kirche vom Judentum trennt –, will unterstreichen, dass in der Jesusgeschichte die Gottesgeschichte verlässlich auf uns zukommt. Die Zwei-Naturen-Lehre besagt aber auch, dass Jesus Christus, „wahrhaftiger Gott vom Vater in

§ 16 Der Glaube an Jesus Christus, den Juden

Ewigkeit geboren und auch wahrhaftiger Mensch von der Jungfrau Maria geboren" (so Luthers Erklärung zum 2. Glaubensartikel), *in seiner irdischen, menschlichen und jüdischen Identität* Gegenstand des christlichen Glaubens, der christlichen Liebe und Hoffnung ist. Kurz und einfach: *Auch Jesus als der Christus ist Jude.* Wer an Jesus glaubt, glaubt auch an den jüdischen Weg Gottes zu den Menschen, an die Wahrheit und das Leben als jüdische Verheißungen. Insofern verbindet auch der Glaube *an* Jesus die Christenheit und das Judentum, weil er den Glauben an Gott über den Juden Jesus und damit über das Judentum realisiert.

7.3 Das Wort des johanneischen Jesus aus den Abschiedsreden: „Wenn ihr mich liebt, werdet ihr meine Gebote halten" (Joh 14,15) muss darum auch umgekehrt gelten: Jesu Gebote zu halten, impliziert die Liebe zu Jesus mit seiner Herkunft, mit seinem Charakter und seiner kulturellen Zugehörigkeit und schließlich ein positives emotionales Verhältnis zu den Quellen, aus denen er geschöpft hat. Wer Jesus kennt und ihm glaubt, kann dies nicht ohne Liebe zu Israel und dem Judentum.

7.4 Daraus ergibt sich endlich die weitergehende, allgemeine Folgerung: Wer den Juden Jesus kennt, kann überhaupt nicht missgünstig und verächtlich gegenüber anderen Menschen sein. Wer sich an ihm orientiert, lernt Demut (Mt 11,29) und wer an ihn glaubt, wird niemanden diskriminieren – und wer glaubt, kann niemals Antisemit sein.

Zusammenfassung

Jesus von Nazareth ist mit dem Judentum und dem Christentum auf engste Weise verbunden und es ist nicht mög-

3. Kapitel: Der Jude Jesus Christus

lich, den jüdischen und den christlichen Anteil in der Überlieferung genau zu trennen. Dasselbe gilt für die beiden Aspekte des historischen Jesus und des auferstandenen Christus: In den neutestamentlichen Quellen finden sich beide Aspekte eng miteinander verbunden. Hat der reformatorische Glaube das Wirken Jesu in der Christenheit mit den Kategorien des prophetischen, des priesterlichen und des königlichen Amtes zu erfassen gesucht, so ist deutlich, dass diese drei Dimensionen von den alttestamentlichen Texten her verstanden werden müssen. Lässt sich allgemein sagen, dass der Glaube mit Jesus Judentum und Christentum verbindet, während der Glaube an Jesus trennt, so ist auch festzuhalten, dass der Glaube an Jesus als Wertschätzung des Judentums und als Liebe zu dem jüdischen Menschen Jesus Christus etwas Verbindendes hat. Auf jeden Fall kann, wer an Jesus glaubt, kein Antisemit sein.

Bibelstellen

Altes Testament

5 Bücher Mose
1 Mose 6–9	248
1 Mose 27	248
2 Mose 3,1–14	219, 277
2 Mose 7–12	248
2 Mose 21,24	9
2 Mose 34,6	321
3 Mose 16	316
3 Mose 19,2	301
5 Mose 26,5–9	117

Psalmen
Ps 23,6	321
Ps 48,3	45
Ps 48,12f.	45
Ps 86,15	321
Ps 103	219
Ps 103,4	322
Ps 103,8	62, 257, 321
Ps 111,4	62
Ps 112,4	62
Ps 116,5	62
Ps 119	101
Ps 126,1	45
Ps 130,1	17
Ps 139	222
Ps 139,24	66
Ps 145,8	321

Das Hohelied Salomos
Hld 2,8–13	248

Der Prophet Jesaja
Jes 1,10–17	219
Jes 3,16–26	321
Jes 42,3	63, 321
Jes 53	257, 270
Jes 53,4–6	270
Jes 53,5f.	269
Jes 53,7	269
Jes 53,11f.	270
Jes 54,8	62
Jes 54,10	62
Jes 63,15	257

Der Prophet Jeremia
Jer 2,3	45
Jer 23,29	198
Jer 29,11–14	257
Jer 31	32, 112
Jer 31,33	70

Der Prophet Amos
Am 1,1–2,12	126
Am 5,18–27	126
Am 8,4–8	321
Am 9,1–4	126
Am 9,4	257

Bibelstellen

Neues Testament

Matthäusevangelium

Mt 2,15. 17. 23	264
Mt 4,17	313f.
Mt 5,1–12	219
Mt 5,6	269
Mt 5,10	269
Mt 5,3–16	279, 314
Mt 5,17	70, 78, 302, 314
Mt 5,20	269
Mt 5, 21–48	313
Mt 5,22	220
Mt 5,28	220
Mt 5,32	220
Mt 5,34	220
Mt 5,39	220
Mt 5,43	131
Mt 5,44	210, 220
Mt 5,45	322
Mt 6,9–13	305
Mt 6,12	272, 316
Mt 6,13	320
Mt 6,24	189
Mt 6,25–34	320
Mt 7,13f.	314
Mt 8,12	257
Mt 11,5	315
Mt 11,29	323
Mt 12,20	63, 321
Mt 12,28	318
Mt 15,1–20	269
Mt 21,15	315
Mt 22,35–40	320
Mt 25,41	257
Mt 28,18	318
Mt 28,20	278, 280

Markusevangelium

Mk 1,15	318
Mk 2,5	272
Mk 4,17	129
Mk 10,21–22	302
Mk 10,23	320

Lukasevangelium

Lk 1,1	258
Lk 2,15	257
Lk 4,18	315
Lk 6,24–26	320
Lk 6,36	321
Lk 11,4	316
Lk 11,20	318
Lk 15,11–32	305, 316
Lk 15,20f.	64
Lk 17,10	302
Lk 17,21	153
Lk 18,9–14	316
Lk 18,37	296
Lk 19,1–10	316, 318
Lk 23,33f.	270
Lk 24,27	257

Johannesevangelium

Joh 1,1	123
Joh 1,1–4	123
Joh 1,1–18	122f., 260
Joh 1,3	277
Joh 1,5	122
Joh 1,11	121, 125
Joh 1,29	270
Joh 1,31	121
Joh 2,11	124, 315
Joh 2,13–25	121
Joh 3,16	128, 269

Bibelstellen

Joh 3,18f.	125	*Apostelgeschichte*	
Joh 3,18–21	127	Apg 1,8	120
Joh 3,36	125	Apg 2,46	305
Joh 4,5	125	Apg 9,20	120
Joh 4,22	26, 119, 122, 206	Apg 11,19	120
Joh 4,25	125	Apg 17,27f.	265f.
Joh 5,2	125	Apg 19,21	120
Joh 5,31–47	125	Apg 26,20	120
Joh 7,13	125		
Joh 8	126	*Römerbrief*	
Joh 8,23	127	Röm 1,3	258
Joh 8,31	129	Röm 1,16	106
Joh 8,31–39	128	Röm 1,17	113
Joh 8, 31–45	127, 129	Röm 2,1	66
Joh 8,31–59	131	Röm 2,14–16	69
Joh 8,32f.	128	Röm 2,16	271
Joh 8,34	130	Röm 2,17–29	106
Joh 8,37	129	Röm 2,28f.	110
Joh 8,37–45	130	Röm 3–4	115
Joh 8,44	118, 130–132	Röm 3,9	30
Joh 9,22	125	Röm 3,16	266
Joh 10,30	123	Röm 3,21–31	108
Joh 12,42	121, 125	Röm 3,22f.	111, 115, 280
Joh 13,1	270	Röm 3,23	105, 111
Joh 13,23	124	Röm 3,24	271
Joh 14,6	26	Röm 3,27	220
Joh 14,14	305	Röm 3,28	60, 62, 76, 115
Joh 14,15	323	Röm 3,30	105
Joh 15,4f.	129, 280	Röm 3,31	116
Joh 15,13	270	Röm 4,1–5	130
Joh 16,2	121, 125	Röm 4,25	269
Joh 16,23	305	Röm 5,2	279
Joh 16,33	125	Röm 5,12	280
Joh 18,31–33	124	Röm 5,17	108
Joh 18,37–38	124	Röm 6,14	63
Joh 19,12	133	Röm 6,23	266
Joh 20,19	125	Röm 7,6	108, 223

Bibelstellen

Röm 7,7–25	107
Röm 7,10	107
Röm 7,12	66, 116, 220
Röm 8,1f.	108, 111
Röm 8,9	274, 277
Röm 8,14	274
Röm 8,20f.	266, 274
Röm 8,20–24	279
Röm 8,24	266, 274
Röm 8,38f.	266, 308, 319
Röm 9–11	25, 61, 109, 111, 120, 296, 302
Röm 9,1–3	110
Röm 9,1–29	110
Röm 9,4	106, 109
Röm 9,4–5	290
Röm 9,6b	109
Röm 9,14–16	266
Röm 9,21	266
Röm 9,27	110
Röm 10,4	60, 103, 116, 221, 225
Röm 10,6	110
Röm 10,10–13	77
Röm 10,12	30, 111
Röm 10,17	61, 74
Röm 11,1f.	37, 110
Röm 11,6	62
Röm 11,11	110
Röm 11,17–24	110, 290
Röm 11,18	23, 25
Röm 11,25–27	110, 287
Röm 11,27	112
Röm 11,25–32	29
Röm 11,29	110, 225, 260, 278, 294, 296
Röm 11,33–36	31, 302
Röm 11,35	296
Röm 14,10	271

1. Korintherbrief

1 Kor 1,23	117, 261
1 Kor 1,26ff.	234, 321
1 Kor 1,30	270
1 Kor 5,13	251
1 Kor 10,12	72
1 Kor 10,18	120
1 Kor 12	274
1 Kor 12,3	274
1 Kor 12,13	111
1 Kor 13	257
1 Kor 14,34	251
1 Kor 15,3b–5	305, 310
1 Kor 15,14	205
1 Kor 15,28	110

2. Korintherbrief

2 Kor 1,20	286
2 Kor 5,10	271
2 Kor 5,14–21	272
2 Kor 5,17	105, 256, 270
2 Kor 5,18f.	225
2 Kor 5,19	110, 270, 277, 308
2 Kor 5,21	270
2 Kor 12,1	109
2 Kor 12,5	3222
2 Kor 12,7–10	63
2 Kor 12,9	109

Galaterbrief

Gal 1,12	227
Gal 2–4	115
Gal 2,15f.	115

Bibelstellen

Gal 3,6–14	112, 261	*1. Petrusbrief*	
Gal 3,8	115	1 Petr 2,24f.	269
Gal 3,19	223	1 Petr 3,15	255, 257
Gal 3,24–26	115f.	1 Petr 3,18	309
Gal 3,26	112		
Gal 3,28	112, 161	*2. Petrusbrief*	
Gal 4,4f.	32, 117, 260, 277	2 Petr 3,13	279
Gal 4,21–31	107	*1. Johannesbrief*	
Gal 5,6	77	1 Joh 3,2	279, 302
Gal 5,22	280	1 Joh 4,16	257, 269
Gal 6,14	109		
		Hebräerbrief	
Epheserbrief		Hebr 1,1f.	258, 260
Eph 1,20–23	319	Hebr 1,1–4	32
Eph 2,8	67	Hebr 7,27	117
Eph 3,10f.	319	Hebr 8,8–13	261
		Hebr 9	120
		Hebr 9,26	309
Kolosserbrief			
Kol 1,16	319	*Jakobusbrief*	
		Jak 1,10	322
Philipperbrief			
Phil 2,5–11	123, 319	*Offenbarung des Johannes*	
Phil 2,10	308	Offb 11,15	277
Phil 3,4	108f.	Offb 21,1–4	279
Phil 3,6	108		
Phil 3,7	108	*Lieder im Evangelischen Gesangbuch (EG) von 1993*	
Phil 3,8	106	EG 16,2	316
Phil 4,4f.	266	EG 84,3	134
		EG 295	67
1. Thessalonicherbrief		EG 295,3	101
1 Thess 2,14	107	EG 362,4	85
1 Thess 2,15	107	EG 395,3	278
1 Thess 2,14–16	132	EG 479,1	237
1 Thess 5,21	257		

Personen

Abba Saul 301
Adorno, Theodor W. 136, 138, 144, 216
Ahrens, Jehoschua 20, 23 f.
Aland, Kurt 59
Alberigo, Giuseppe 282
Andersen, Friedrich 42, 229
Arendt, Hannah 235
Aristoteles
Augustin 114, 175

Bach, Johann Sebastian 33, 132–134
Baeck, Leo 66, 159, 163, 179, 245, 254, 263–281
Baeumler, Alfred 215
Balfour, Arthur James 48
Bamberger, Ludwig 169
Barth, Karl 104, 197, 202 f., 229
Barth, Markus 118, 124 f., 127
Bauch, Bruno 214
Bayer, Oswald 59, 65, 263
Becker, Eve-Marie 304, 307, 311
Beckmann, Klaus 218, 222, 224–226

Ben-Chorin, Schalom 263, 269, 272, 304, 312
Bergson, Henri 213
Bernhard aus Göppingen 86 f.
Beutel, Albrecht 80, 85, 136, 141, 145, 150
Böckel, Otto 43
Boehlich, Walter 159, 165–169
Bonhoeffer, Dietrich 213, 308
Brandt, Henry G. 10
Brenner, Michael 38, 46–48, 51
Breßlau, Harry 169
Brumlik, Micha 32, 118, 132, 286
Buber, Martin 23, 147
Bultmann, Rudolf 29, 100, 108 f., 116, 118, 127, 130, 218 f., 231, 235–241, 304, 312

Calvin, Johannes (Jean) 31, 59, 70 f., 263, 274, 308
Cassirer, Ernst 136, 149 f., 152
Cazès, Laura 3

Personen

Chamberlain, Houston Stewart 42, 161, 164, 172–180, 205, 229
Cohen, Hermann 41, 44, 168, 214
Colli, Giorgio 197
Conrad, Ruth 181, 183, 189
Conzelmann, Hans 118, 128
Crüsemann, Frank 245, 260
Cusanus, Nicolaus 267

Deeg, Alexander 20, 245, 258f.
Deissmann, Adolf 100, 105, 107
Dibelius, Martin 100, 104, 108
Dilthey, Wilhelm 212
Dohm, Christian Wilhelm von 129

Ebeling, Gerhard 59, 65, 263
Ehrensperger, Kathy 304, 311
Eichholz, Georg 100, 108, 110, 115
Ericksen, Robert P. 218, 231
Eucken, Rudolf 213

Feiner, Shmuel 136, 139, 141, 145f.
Fichte, Johann Gottlieb 166, 231
Figal, Günter 197f., 212, 216
Fischer, Mario 20
Fleischer, Margot 197
Flex, Walter 214

Förster, Bernhard 207f., 213
Förster-Nietzsche, Elisabeth 213–215
Freud, Sigmund 114
Frey, Thomas 42, 80, 97, 200
Fricke, Michael 245, 248
Friedman, Michel 38f.
Friedrich, Martin 20
Friedrich Wilhelm III. von Preußen 139
Fritsch, Theodor 42, 80, 97, 200

Gerhard, Johann 308
Gerhards, Albert 282
Gertz, Jan C. 246
Glaidt, Oswald 91
Goethe, Johann Wolfgang von 123, 166, 173, 175, 213f.
Goldschmidt, Georges-Arthur 55
Gräb-Schmidt, Elisabeth 21, 245
Gräßer, Erich 28
Graetz, Heinrich 166f.
Grossmann, Juna 3, 6
Gunneweg, Antonius H.J. 27
Gurion, David Ben 49

Haendler, Klaus 59
Hammann, Konrad 218, 235f.
Harlan, Veit 23
Harnack, Adolf von 36, 159, 172–182, 184, 212, 219, 226–231, 236, 240, 246f., 249f. 253, 264

Personen

Hartenstein, Friedhelm 245, 252f., 255
Hasters, Alice 38, 51f.
Hegel, Georg Friedrich Wilhelm 151, 157
Heinemann, Gustav 23
Hengstenberg, Ernst Wilhelm 97
Henrix, Hans Hermann 282, 292, 295, 297, 299f., 301f.
Heraklit 215
Hermle, Siegfried 20f., 23
Herz, Henriette 222
Herzl, Theodor 46
Hirsch, Emanuel 59, 65, 218f., 230–236, 241, 259
Hitler, Adolf 44, 173, 195, 214, 216
Holl, Karl 229, 231
Homolka, Walter 3, 10, 159, 164, 263, 265, 269, 282f., 285–287, 304–307, 311
Horkheimer, Max 136, 138, 144, 216
Hübner, Hans 197, 203

Joseph II. (Kaiser) 139
Jung-Stilling, Heinrich 149

Käßmann, Margot 18
Kant, Immanuel 136–138, 141–158, 173, 202, 273
Kasper, Walter 287
Kaube, Jürgen 136, 151
Kaufmann, Thomas 80, 82–84, 87–89, 91, 95–97
Kermani, Navid 33

Kessler, Martin 80, 82
Kierkegaard, Sören 231f.
Kinder, Ernst 59
Kinzig, Wolfram 20, 29, 159, 173–175, 179, 181, 184, 193f., 218, 227–229
Kleinmann, Karl 304
Knolle, Theodor 81
Knura, Tabea 197, 201
Köster, Peter 197, 202
Körtner, Ulrich H.J. 59
Kramer, Friedrich 18
Kraus, Wolfgang 20f., 100, 118
Krause, Reinhold 78, 231
Krieger, Karsten 159, 169
Kriener, Katja 20, 26, 29
Krummacher, Christoph 118, 133
Kümmel, Werner Georg 100, 104, 108

Lagarde, Paul de 44, 103f., 160, 171, 173, 233
Langton, Daniel R. 100, 102
Lapide, Pinchas 299, 306
Lavater, Johann Caspar 136, 141–148
Lessing, Gotthold Ephraim 139, 141
Lévinas, Emmanuel 300f.
Lichtenberg, Georg Christoph 141
Liebermann, Max 164
Liedtke, Barbara 159, 173f.
Lisco, Gustav 169
Lücke, Friedrich 218, 224

Personen

Lueger, Karl 46
Luther, Martin 17, 31, 59, 62–76, 80–99, 103, 113f., 133, 148, 221, 225, 231, 234, 241, 249, 259, 271

Mann, Thomas 44, 216
Markion (Marcion) 175, 226–230, 232f., 240, 249
Marquardt, Friedrich-Wilhelm 23
Marr, Wilhelm 41, 164
Meister, Ralf 18
Mendelssohn, Moses 136, 139, 141–149, 166, 189
Merkel, Angela 4f., 8
Mette, Hans-Joachim 197
Molitor, Kurt 304
Mommsen, Theodor 169, 180
Montinari, Mazzino 197
Morgenstern, Christian 216
Müller, Hans Martin 218, 233
Müller, Ludwig 231
Müntzer, Thomas 69
Mulert, Hermann 218

Neuhaus, Dietrich 118f.
Niemeyer, Christian 197, 200
Nietzsche, Friedrich 44, 197–217
Nipperdey, Thomas 159, 161f., 164, 170–172, 181, 183f., 187, 197, 199, 201, 216
Nowak, Kurt 38

Oeming, Manfred 245, 250, 252f., 257, 259

Offenbach, Jacques 209
Otto, Rudolf 136
Overbeck, Franz 203f.

Päpste
Papst Benedikt XVI. 4, 10, 286
Papst Franziskus 292
Papst Johannes XXIII. 283–285, 288
Papst Johannes Paul II. 59, 77, 292f.
Papst Paul VI. 285, 291

Pangritz, Andreas 21, 23, 59, 66, 263, 304
Paulus (Apostel) 203–205, 207, 271
Pawlikowski, John T. 38
Peters, Albrecht 59
Philo von Alexandria 178
Prager, Dennis 55f., 59, 61, 73, 80f., 97, 159
Preul, Reiner 21, 245, 260
Proksch, Otto 230, 233

Rad, Gerhard von 263
Rahner, Karl 282f., 289
Redeker, Martin 218
Reinhartz, Adele 118, 122f., 132
Ringleben, Joachim 118, 123
Ritschl, Albrecht 153
Rohling, August 43f.
Rosenberg, Alfred 104, 205, 215
Rosenzweig, Franz 181, 299

Personen

Roth, Claudia 13
Rothgangel, Martin 59

Sabbatai Zwi 300
Sacks, Jonathan 102
Safrai, Chana 26
Safranski, Rüdiger 197, 208, 215 f.
Sanders, E. P. 100, 105, 108, 114 f.
Schäfer, Barbara 38, 47
Schäfer, Peter 3, 5, 38, 40–43, 80, 90, 118 f., 131, 136, 139, 159, 304
Scheib, Imke 181, 185, 188, 192
Schilling, Heinz 80, 95
Schleiermacher, Friedrich 136, 155–158, 218 f., 221–227, 231, 234, 240, 247, 249, 251, 273
Schmeidler, Johannes 169
Schmid, Konrad 245
Schmidt, Johann Michael 20, 26, 29
Schmidt, Thomas E. 3, 13
Schoeps, Hans-Joachim 66
Scholder, Klaus 59, 78
Schopenhauer, Artur 202
Schröder, Christoph 3, 9
Schüler-Springorum, Stefanie 3, 11
Schütz, Heinrich 33
Schulte, Christoph 136
Schwarz-Friesel, Monika 3, 7, 11, 14 f., 38, 52

Schweitzer, Albert 100, 105, 308
Semler, Johann Salomo 226
Sieg, Ulrich 38, 41, 43 f., 159, 171, 173, 197, 214
Sievers, Jonah 11
Simmel, Georg 216
Simojoki, Henrik 59
Slenczka, Notger 21, 36, 245–251
Sokrates 141 f.
Spinoza, Baruch 102, 209
Steinmeier, Frank Walter 12
Stendahl, Krister 100, 114
Stoecker, Adolf 146, 164, 179, 181–196, 198, 206, 212
Strauß, Richard 212
Streicher, Julius 81
Sumalvico, Thea 136, 146 f., 152
Sznaider, Natan 3, 11

Telushkin, Joseph 55 f., 59, 61, 73, 80 f., 97, 159
Thoma, Clemens 300
Thyen, Hartwig 118, 122, 124, 129 f.
Tillich, Paul 213
Tilly, Michael 20, 22, 100, 118
Töllner, Axel 20, 22, 100, 118
Treitschke, Heinrich von 41, 146, 164–172, 174, 183 f., 186, 194, 200, 206, 212
Troeltsch, Ernst 44

Personen

Vorgrimler, Herbert 282f., 289

Wagner, Erika 172
Wagner, Richard 42, 160, 172
Wahle, Stephan 282, 301
Weber, Max 216
Weber, Otto 263, 274f.
Weder, Hans 304, 316f.
Weil, Simone 308
Weischedel, Wilhelm 136
Wellhausen, Julius 304f.
Wengst, Klaus 118, 125, 129, 132
Wilhelm I. (Kaiser) 185
Wilhelm II. (Kaiser) 57, 173, 187
Williamson, Richard 4

Witte, Markus 246
Wobbermin, Georg 235
Wohlmuth, Josef 301
Wolff, Jens 80
Wolffsohn, Michael 38f., 50f., 55f., 59
Wolter, Michael 100, 107–110, 112, 304, 313

Zahn-Harnack, Agnes von 159, 177
Zar Alexander II. 45
Zenger, Erich 3, 9, 282f., 285–287
Zimmermann, Mirjam 246, 248
Zimmermann, Ruben 246, 248

Sachen und Orte

Aberglaube 146
Absage an den Teufel 146
Aggiornamento 284
Alexandria 178
Alija 48
Antiochia 120
Antike 38
Antikolonialismus 14
Antirationalismus 147
Atheismus 202 f.
Auferstehung Jesu 310
Aufklärung 73, 90, 170, 178, 192, 202, 234, 306

Balfour-Erklärung 49
Basel 47
BDS 5, 12, 14 f.
Bekenntnis 255
Bergpredigt 314
Berlin 142, 161, 185
Beten s. Gebet
Bibeldidaktik 247 f.
Böckenförde-Theorem 143
Brandenburg 16
Bund, Bundestheologie 29, 111 f., 230, 293–300

Christologie 268–272, 309–324
Christusmystik 105

Deutsche Sprache 7 f.
Dialektik der Aufklärung 138, 158, 216
Dionysos, dionysisch 199
Dreifaches Amt Christi 309
Dualismus (im JohEv) 127

Entwicklungsgedanke 157
Erbsünde 273, 279
Erwählung Israels 24, 57, 286
Eschatologie 278–280

Föderaltheologie 230
Frankreich 183
Funktionale Religionstheorie 150

Gebet 244
Geltungsbedürfnis 238
Gerechtigkeit 271
Gesetz 61, 63 f., 65–73, 100–117, 144, 154, 205, 220, 226 f., 232, 236, 238, 253 f., 259
Gesetz und Evangelium 29, 221, 225, 259
Gesetzlichkeit 40, 233
Gleichnisse Jesu 314, 316 f.

Sachen und Orte

Haskala (jüd. Aufklärung) 142
Heiliger Geist 272–275
Hoffnung 265, 279

Inkarnation 298–300

Judenmission 24

Kanonizität 252
Kirche und Staat 143 f., 149
KLAK 34 f.
Köln 16
Königsberg 142
Kreuz, Kreuzestheologie 83, 95, 151, 203, 205, 238, 266, 272
Kultur 214

London 193 f.

Machttaten Jesu („Wunder") 315
Marburg 43
Messianität Jesu 125
Messias, Messianismus 298–300
Moral, Moralkritik 204

Nachfolge Christi 302
Naturrecht 69
Nostra Aetate 288–294

Österreich-Ungarn 183
Offenbarung 144
Opfer 120
Othering 52

Palästina 48
Perikopenordnung 33
Populismus 182, 187–190
Predigt 222, 258–262
Preußen 162

Rechtfertigungslehre 62
Rom 33, 292
Russland 183

Scheitern (Israels) 239 f.
Schriftprinzip 252
Sozialdemokratie 171
Staat und Kirche 143 f.
Struktureller Antisemitismus 39
Substitutionstheorie 31
Sühne 316

Talionsformel 9
Talmud 42, 74, 89, 94, 273
Taufe 163, 192
Tel Aviv 48
Theologie 8, 106
Toleranz 148
Tora 67–73, 100–117, 125, 220, 254, 269, 272 f., 275, 279, 298–300, 313 f., 317, 322
Trinität, trinitarisch 275–278
Tun-Ergehens-Zusammenhang 156

Uganda 47
Universum 155
Unsterblichkeit 142, 149, 152

Sachen und Orte

Usus politicus legis 64
Usus elenchticus legis 64

Vergeltungsdogma 156
Verheißung und Erfüllung 259
Vernunft 144
Versöhnung 271 f.

Werkgerechtigkeit 76
Wittenberg 16, 18, 94

Yad Vaschem 292

Zentrum (Partei) 171
Zeugnis 255
Zivilisation 214
Zweites Vatikanisches Konzil 283–291